भारत 2020

और उसके बाद

आनेवाले कल की तस्वीर

भारत 2020 और उसके बाद

आनेवाले कल की तस्वीर

डॉ. ए.पी.जे. अब्दुल कलाम
डॉ. वाई.एस. राजन

प्रभात प्रकाशन

प्रकाशक • **प्रभात प्रकाशन प्रा. लि.**
4/19 आसफ अली रोड,
नई दिल्ली–110002

संस्करण • 2025
मूल्य • तीन सौ पचास रुपए
आवरण चित्र • गेटी इमेजेज
अनुवाद • सौरभ दास
मुद्रक • नरुला प्रिंटर्स, दिल्ली

पूर्व में यह पुस्तक पेंगुइन बुक्स द्वारा पेपरबैक संस्करण में प्रकाशित हो चुकी है।

BHARAT 2020 AUR USKE
by Dr. A.P.J. Abdul Kalam and Y.S. Ranjan ₹ 350.00
Published by Prabhat Prakashan Pvt. Ltd., 4/19 Asaf Ali Road, New Delhi-2
by arrangement with Penguin Book India
e-mail: prabhatbooks@gmail.com ISBN 978-93-5186-525-4

अनुक्रम

महर्षि पतंजलि ने लगभग 2500 वर्ष पहले ये गूढ़ उद्‌गार व्यक्त किए थे :

> जब आप किसी महान उद्देश्य, किसी असाधारण कार्य के लिए प्रेरित होते हैं तो आपके सारे विचार अपनी सीमाएं तोड़ देते हैं। आपका मस्तिष्क सीमाओं से परे निकल जाता है, आपकी चेतना प्रत्येक दिशा में फैल जाती है, और आप स्वयं को एक नए, महान और अदभुत संसार में पाते हैं। सुप्त बल, शक्तियां और गुण जीवंत हो जाते हैं, और आप स्वयं को उससे उत्तम व्यक्ति पाते हैं जितना अब तक आपने अपने होने की कल्पना की थी।

हमारे वर्तमान और भावी नेता, भले ही वे किसी भी दल के हों, हमारा वैज्ञानिक समुदाय, हमारा औद्योगिक नेतृत्व, और हमारे किसान एवं अधिकारी, और सर्वोपरि हमारे साठ करोड़ शक्तिशाली युवा प्रतिदिन इस शानदार संदेश को क्यों नहीं देखते जो एक महान संत भारत को और विश्व को देकर गया था?

अगर राष्ट्र का प्रत्येक नागरिक कहे 'मैं यह कर सकता हूं!' तो इसकी परिणति हम सबके यह कहने में होगी 'हम यह कर सकते हैं!' और अंततः परिणाम होगा 'राष्ट्र यह करेगा!'

प्रस्तावना

ए.पी.जे. अब्दुल कलाम

हमारी पुस्तक *2020 और उसके बाद* में पंद्रह अध्याय हैं जिनमें विस्तार से बताया गया है कि उद्योगों, सेवाओं और कृषि के मिशनों को शीघ्रता से पूरा कर के किस तरह देश को प्रगति से प्रगति की ओर ले जाया जाए। मुझे लगता है कि हमारे देश में योजनाओं की कमी नहीं, बल्कि योजनाओं को लागू करने के लिए सही कार्यप्रणाली पर पहुंचना और यह समझ पाना एक बड़ी ज़रूरत है कि उन लोगों तक लाभ कैसे पहुंचे जिनके लिए योजनाएं बनाई गई हैं।

आज भारत के सामने और वस्तुतः हर देश के सामने चुनौती लक्षित वर्ग तक सुधारों और लाभों को पहुंचाना है। अपने अध्यापन और शोध संपर्कों के दौरान भारतीय और विदेशी विश्वविद्यालयों के साथ किए अपने काम के आधार पर मैं इस निष्कर्ष पर पहुंचा हूं कि एक दीर्घकालिक विकास प्रणाली के ढांचे को विकसित करना आवश्यक है, उसी तरह जैसे ग्रामीण क्षेत्रों में शहरी सुविधाएं प्रदान करने (पुरा) की परियोजना ने भारत में जड़ें जमा ली हैं। दीर्घकालिक विकास किस तरह हमारे देश की लक्षित जनसंख्या तक पहुंच सकता है, इस विषय में बहुत शोध एवं कार्य करने की ज़रूरत है। इसलिए, हमने दो अदभुत प्रणालियां विकसित की हैं: एक का नाम है 'प्रयोक्ता समुदाय पिरामिड' और दूसरी है 'सामाजिक विकास रडार।'

पिरामिड के निचले स्तर पर मौजूद संभावित प्रयोक्ताओं के साथ दीर्घकालिक विकास के लिए प्रौद्योगिकियों एवं अनुप्रयोगों पर आधारित प्रयोक्ता समुदाय पिरामिड (यूसीपी) एक एकीकृत हल है। आपको स्वयं से पूछना होगा कि जल, ऊर्जा, अपशिष्ट, प्रदूषण, गतिशीलता और जैव विविधता के क्षेत्रों में आप किस क़िस्म के अनुसंधान पर फोकस कर सकते हैं, और किस तरह यह प्रयोक्ता समुदाय से जुड़ सकता है। दूसरी प्रणाली, सामाजिक विकास रडार (एसडीआर) पुनर्विलोकन एवं परिवीक्षण करता है कि किस प्रकार प्रयोक्ता समुदाय यूसीपी से लाभान्वित हुआ है। अपने अनुभव और उसके बाद मिले फ़ीडबैक के आधार पर मैं दोनों प्रणालियों के बारे में बताऊंगा जिनसे एक पुस्तक *टार्गेट 3 बिलियन*[1] अस्तित्व में आई थी।

प्रयोक्ता समुदाय पिरामिड

दीर्घस्थायी विकास मानव विकास की एक प्रणाली को व्यक्त करता है जिसमें संसाधन पर्यावरण का संरक्षण करते हुए मानव आवश्यकताओं को पूरा करने के लिए लक्ष्यों का प्रयोग करते हैं ताकि ये आवश्यकताएं न केवल वर्तमान में बल्कि आने वाली पीढ़ियों के लिए भी पूरी हो सकें। अब तक विश्व ने सामाजिक, आर्थिक और राजनीतिक क्षेत्रों में तीव्र विकास देखा है। लेकिन क्षीण होते प्राकृतिक संसाधनों और तेज़ी से बढ़ती आबादी (वर्तमान में विश्व की सात अरब से अधिक) के कारण आज मानव जीवन के हर पक्ष में और अर्थव्यवस्था के हर क्षेत्र में दीर्घस्थायी विकास के बारे में सोचना अनिवार्य हो गया है। मैं अक्सर ख़ुद से पूछता हूं, अनेक स्थलीय और मोबाइल नेटवर्कों, रिमोट सैंसिंग और संचार उपग्रहों, अनेक स्थलीय सैंसरों, उड़ान प्रणालियों और विभिन्न डाटा ग्रहण करने वाली प्रणालियों से प्राप्त सारे डाटा से हम क्या सीखते हैं? जब हम डाटा का विश्लेषण करते हैं, तो उससे मिलने वाले वे लाभ क्या हैं जिन्हें दुनिया की तीन अरब ग्रामीण आबादी के जीवनस्तर को बेहतर बनाने के लिए उन्हें सूचना, ज्ञान और बुद्धि से सशक्त करने के लिए उन तक पहुंचाया जा सकता है? यूसीपी आने वाली पीढ़ियों के लिए प्राकृतिक संसाधनों का अधिकतम उपयोग करके विकास को लोगों तक पहुंचाने के लिए प्रौद्योगिकियों के समागम का प्रयोग करता है।

यूसीपी संरचना की मेरी परिकल्पना निम्न को जोड़ती है:

1. प्राकृतिक संसाधन
2. सूचना एवं संचार
3. प्रौद्योगिकियों का समागम
4. सामाजिक व्यापारिक मॉडल
5. अनुप्रयोग
6. प्रयोक्ता

अब हम विस्तार में चर्चा करेंगे कि दिए गए प्रयोक्ता समुदाय पिरामिड में कैसे दीर्घस्थायी विकास प्राप्त किया जा सकता है। प्रौद्योगिकियों की सहायता से पर्यावरण की रक्षा करने और दीर्घस्थायी विकास लाने के लिए ज़मीनी स्तर पर अनेक राष्ट्रीय उपक्रम काम कर रहे हैं, उदाहरण के लिए :

- सुरक्षित पेयजल और सिंचाई के जल के लिए दीर्घस्थायित्व
- प्रौद्योगिकी और उत्कृष्ट व्यवहार द्वारा प्रदूषण को कम करना
- जीवाश्म ईंधन पर निर्भरता कम करने के लिए पुनर्नवीकरणीय ऊर्जा स्रोतों को अपनाना
- चल संसाधनों का प्रबंधन करना ताकि वे पर्यावरण को प्रभावित न करें और स्वास्थ्य और पर्यावरण को और अधिक हानि न पहुंचाएं।
- जैव विविधता को समृद्ध करें, और उसके द्वारा देश में शांति और आर्थिक समृद्धि लाएं।

यूसीपी का उद्देश्य इन उपक्रमों को प्रयोक्ता समुदाय के दीर्घकालीन लाभ की दिशा में फ़ोकस करना है।

यूसीपी के घटक इस प्रकार हैं:

पिरामिड का आधार: यूसीपी में प्रयोक्ताओं को पिरामिड का आधार कहते हैं—वे सभी आर्थिक गतिविधियों की अहम कड़ी और दीर्घस्थायी विकास के हितभागी हैं।

संसाधन: प्राकृतिक संसाधन दीर्घस्थायी विकास का आधार हैं। हमारे पास समुद्र, भूमि, नदियां, पहाड़, वन और जलवायु परिवर्तन जैसे प्राकृतिक संसाधन हैं। पर्यावरण को प्रोत्साःहन देने और उसके संरक्षण के लिए ऊपर दिए गए प्रत्येक पक्ष में दीर्घस्थायी विकास आवश्यक है। विज्ञान और प्रौद्योगिकी की सहायता से और उनके प्रयोग से हम मानव जाति के विकास के लिए प्राकृतिक संसाधनों का प्रयोग करते रहे हैं। लेकिन इसी के साथ, हम कार्बन डाईऑक्साइड

प्रयोक्ता समुदाय पिरामिड

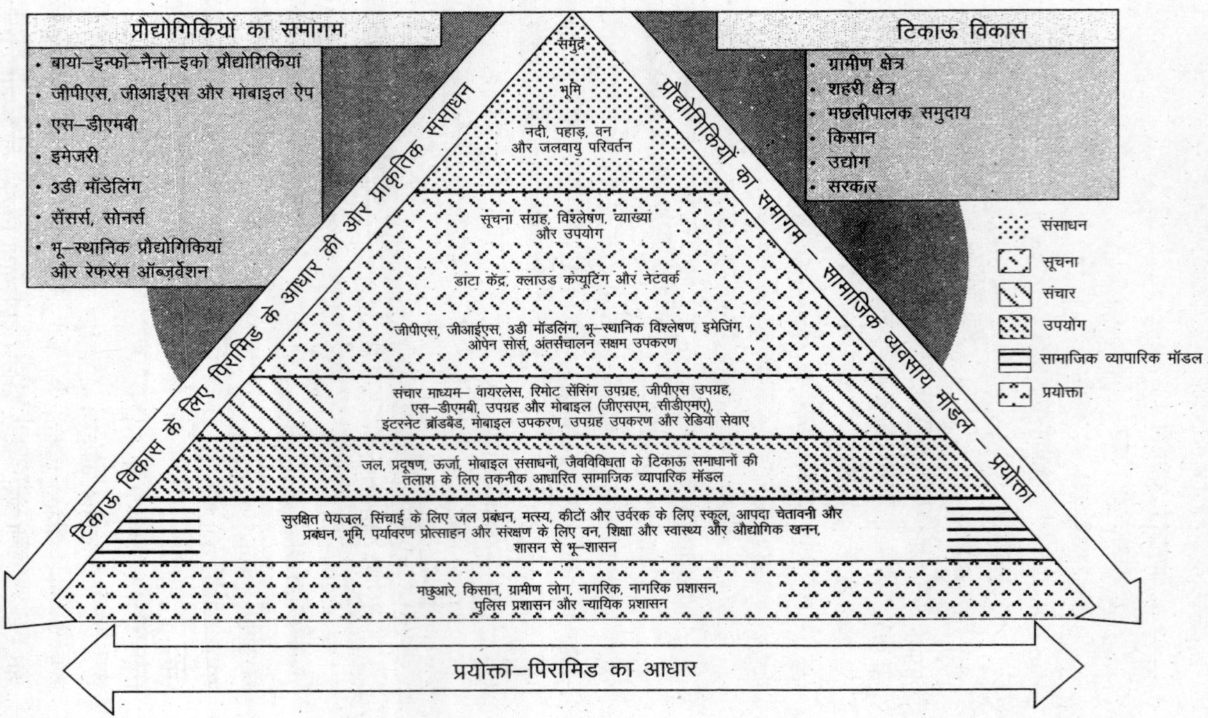

उत्सर्जन, वनों की कटाई, औद्योगिक और शहरी अपशिष्ट एवं उर्वरकों से भूमि, समुद्र और नदियों के प्रदूषण के रूप में पर्यावरण को प्रदूषित करते रहे हैं। आज, पृथ्वी के प्राकृतिक संसाधन क्षीण हो रहे हैं और पर्यावरण प्रदूषित हो रहा है, जिससे वैश्विक तापमान बढ़ रहा है।

प्रौद्योगिकियों का समागम: आज, प्रौद्योगिकियों के समागम के कारण, जैसे जैव-सूचना-नैनो एवं पर्यावरणीय नवीन खोजों से, हमारे पास जल, ऊर्जा, पर्यावरण, प्रदूषण, अपशिष्ट प्रबंधन, जैव विविधता और स्वास्थ्य की देखरेख के अनेक उत्पादों और प्रणालियों के लिए स्वच्छ एवं हरित तकनीकें हैं। उदाहरण के लिए, सौर प्रौद्योगिकी ने गुजरात में देश को इसका पहला 700 मेगावाट का सौर पार्क दिया है; नैनो-फ़िल्टर तकनीक ने हमें स्वच्छ पेयजल का हल दिया है; नैनो-पैकेजिंग और पर्यावरणीय प्रौद्योगिकियों ने हमें बायोडिग्रेडेबल पैकेजिंग हल प्रदान किए हैं। प्रौद्योगिकियों के समागम के प्रयोग से अनुसंधान एवं विकास प्रगति कर रहे हैं जो मानवता को और अधिक स्वच्छ और हरित उत्पाद प्रदान करेंगे। अब हमें सुनिश्चित करना है कि ये प्रौद्योगिकियां सूचना एवं संचार प्रौद्योगिकियों का प्रयोग करके और एक सामाजिक बिज़नेस मॉडल विकसित करके प्रयोक्ता समुदाय तक पहुंचें।

सूचना एवं संचार: संचार नेटवर्कों और स्थलीय एवं उपग्रहीय नेटवर्किंग में अपनी प्रौद्योगिकियों के माध्यम से, सूचना संग्रहण, उत्पादन एवं प्रसार ने भू-स्थानिक प्रौद्योगिकियों के समागम के कारण नए आयाम प्राप्त कर लिए हैं। यह प्राकृतिक संसाधनों का निरीक्षण करने और उन्हें खोजने में, और पर्यावरण को सुधारने और जैव विविधता को समृद्ध करने की योजना बनाने में मदद करता है। प्राप्त सूचना और इसका विशेलषण ज्ञान में परिवर्तित होता है। सूचना और संचार प्रणालियां स्थलीय और वायरलैस तकनीकों के माध्यम से धरती और अंतरिक्ष से डाटा संग्रहीत करती हैं। उपग्रह नेटवर्क का प्रयोग करके भूमि, जल और समुद्र के संसाधनों का पता लगाने समेत जीआईएस (ज्यॉग्रैफ़िक इन्फ़ॉर्मेशन सिस्टम), जीपीएस (ग्लोबल पोज़ीशनिंग सिस्टम) और भू-स्थानिक प्रौद्योगिकियां रिमोट सैंसिंग उपग्रहों से डाटा प्राप्त और उन्हें विश्लेषित कर सकती हैं। आधुनिक भू-स्थानिक विश्लेषक उपकरण प्राप्त डाटा की पूंजी का विश्लेषण कर सकते हैं जो इस ज्ञान को बढ़ा सकते हैं कि कैसे अपशिष्ट, प्रदूषण, ऊर्जा, गतिशीलता और जैव विविधता जैसे अनेक क्षेत्रों में दीर्घस्थायी विकास लाया जाए। सूचना

और संचार प्रौद्योगिकियों का प्रयोग करके हमें एक नया सामाजिक व्यापार मॉडल विकसित करना होगा ताकि प्रौद्योगिकियों के समागम के अनुसंधान परिणामों को दीर्घकालिक रूप में मानव विकास के लिए प्रयोग किया जाए।

सामाजिक व्यापार मॉडल: एक छोर पर प्रौद्योगिकी आधारित प्रणालियां वैज्ञानिक अनुसंधान से विकसित होती हैं; दूसरे पर, हमें एक नए व्यापारिक मॉडल का विकास करना होगा जो दीर्घस्थायी विकास प्रणालियों के निर्माण के लिए प्रौद्योगिकियों को प्रयोक्ताओं तक ले जाएगा। हम इस अनूठे सामाजिक व्यापार मॉडल से सामाजिक-आर्थिक अनुप्रयोगों को देख रहे हैं जो किसानों, मछुआरों, दक्ष कामगारों, और ग्रामीण क्षेत्रों में रहने वाले लोगों जैसे प्रयोक्ताओं को सशक्त और समृद्ध करेंगे। जब दीर्घस्थायी विकास सामाजिक व्यापार मॉडल लागू किया जाएगा तो इसका परिणाम उपलब्ध प्राकृतिक संसाधनों के अधिकतम प्रयोग, पर्यावरण को दूषित किए बिना उनके नवीकरण और साथ ही उन्हें भावी पीढ़ियों के लिए उपलब्ध बनाने में होगा जिससे वैश्विक शांति और समृद्धि सुनिश्चित होगी।

अंततः अनुसंधान के परिणामों को प्रदूषण मुक्त हरित पर्यावरण, सुरक्षित पेयजल और साथ ही जल संसाधन प्रबंधन से लोगों को लाभ प्रदान करना होगा। शून्य अपशिष्ट निस्सरण प्रणालियां ऐसी प्रौद्योगिकियों का प्रयोग करके जो कार्बन उत्सर्जन कम करती हैं, पर्यावरण को प्रदूषित नहीं करेंगी। ऊर्जा आत्मनिर्भरता प्राप्त करने के लिए नवीकरणीय ऊर्जा स्रोतों का प्रयोग और चल संसाधनों के प्रयोग को अधिकतम करने के लिए मार्गदर्शन और संसाधन खोजी अनुप्रयोग, जैसे जल के अधिकतम प्रयोग के लिए नदी का प्रवाह, अंततः पर्यावरण को समृद्ध बनाकर जैव विविधता को सुधारेंगे जो कि इसके विकास और जीवन-चक्र संतुलन का प्रबंध करने के लिए अनुकूल हैं। संसाधनों में कोई कमी लाए बिना, स्वच्छ और हरित प्रौद्योगिकियों के प्रयोग से भावी पीढ़ियों के लिए मौजूदा प्राकृतिक संसाधनों का दीर्घकालिक प्रयोग करके दीर्घस्थायी प्रौद्योगिकियों को लोगों के रहन-सहन की स्थितियों की गुणवत्ता सुधारने में मदद करनी होगी। तब दीर्घस्थायी विकास के लिए पिरामिड के आधार तक पहुंचना संभव होगा जो कि परिभाषित प्रयोक्ता समुदाय पिरामिड का आधारभूत लाभ है।

सामाजिक विकास रडार

सामाजिक विकास रडार स्थापित करने का उद्देश्य इस बात का पुनर्विलोकन एवं निरीक्षण करना है कि प्रयोक्ता समुदाय पिरामिड ने किस तरह प्रयोक्ताओं को लाभान्वित किया है। विकास रडार पर हमारा रवैया आठ आवश्यक सशक्तीकरण विशिष्टताओं पर आधारित है जो हमारे लक्ष्य—पिरामिड के आधार से शुरू होने वाला एक ख़ुशहाल, समृद्ध और शांतिपूर्ण समाज—को साकार करने के लिए महत्वपूर्ण हैं। ये विशिष्टताएं हैं:

1. भोजन और पोषण की उपलब्धता
2. पीने और सिंचाई दोनों के लिए, और साफ़-सफ़ाई के लिए जल की उपलब्धता
3. स्वास्थ्यसेवा की उपलब्धता
4. आय-अर्जन की उपलब्धता
5. शिक्षा और क्षमता निर्माण की उपलब्धता
6. उत्तम विद्युत एवं संचार अनुप्रयोगों की उपलब्धता
7. सामाजिक टकरावों को टालना
8. वित्तीय सेवाओं की उपलब्धता

एसडीआर में हमने तीन लक्ष्य दिए हैं जैसा कि रडार पर दिखाया गया है। पहला, आठ सामाजिक विशिष्टताओं की वर्तमान स्थिति दर्शाता है। दूसरा, मध्य

सामाजिक विकास राडार
वुनियादी सशक्तीकरण विशेषताएं

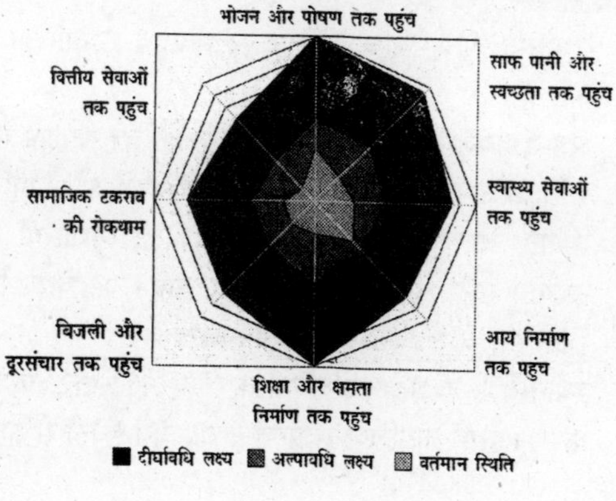

अवधि के लक्ष्य हैं। तीसरा, लंबी अवधि के लक्ष्य हैं जिनका एक निश्चित कार्यक्रम है। ऐसी प्रौद्योगिकियों को विकसित करते हुए जो समाज के लिए रूपांतरकारी हैं, हम पहले ही रूपेखा बना सकते हैं कि कौन से अनुप्रयोग यूसीपी को सशक्त करेंगे, और परिणामों को एसडीआर के माध्यम से खोजा और जांचा जा सकता है।

इन साधनों के साथ वैज्ञानिक और प्रौद्योगिकी समुदाय को इस बात पर पुनः फ़ोकस करना चाहिए कि उन समस्याओं का समाधान करते समय जो शायद उन्नीसवीं या बीसवीं सदी से जुड़ी हैं, इक्कीसवीं सदी में प्रौद्योगिकी का प्रयोग किस तरह से करना चाहिए। हमें पुनर्विचार करना होगा कि किस प्रकार हमारे पास मौजूद प्रौद्योगिकियों का समागम, हमारे आसपास के पर्यावरण को नुक़्सान पहुंचाए बिना, विश्व की तीन अरब ग्रामीण आबादी की कुछ समस्याओं को हल कर सकता है और अपनी क्षमता सामने लाने में उनकी मदद कर सकता है, जिससे पूरे विश्व में मानव जीवन बेहतर होगा।

निष्कर्ष: पिरामिड के आधार पर सुविधाएं उपलब्ध करवाना

आज हमारे सामने मुख्य चुनौती विश्व की तीन अरब ग्रामीण आबादी तक शहरी स्तर की सुविधाएं पहुंचाना है। यह एक फ़ौरी चुनौती है जो जब पूरी कर ली जाएगी तो अमीर और ग़रीब, शहरी और ग्रामीण के बीच की दरार को पाट देगी। अपनी पुस्तक *टार्गेट 3 बिलियन* में मैंने दर्शाया था कि स्वच्छ जल, पौष्टिक भोजन और स्वास्थ्य सेवा जैसी बुनियादी सुविधाओं के लिए विश्व के सबसे ग़रीब लोग वास्तव में प्रति यूनिट अधिक पैसा ख़र्च करते हैं। इक्कीसवीं सदी की इस विडंबनापूर्ण वास्तविकता से हम कैसे पार पा सकते हैं?

तीन संभावित कार्य-विधि हैं जिन पर भारतीय सामाजिक रूपांतरणकर्ता काम कर सकते हैं:

1. क्षेत्र में पेयजल की उपलब्धता की स्थिति को समझने में मदद करना। भूमि के ऊपर और भूमि के नीचे दोनों जलों की आपूर्ति, प्रदूषण की स्थिति, जल के माध्यम से फैलने वाली बीमारियों का पैटर्न और उपयोग डाटा भी सम्मिलित किया जाए। यह पेयजल के ग्रिड को विकसित करने का आधार हो सकता है।
2. स्थानीय ऊर्जा उत्पादन क्षमता के लिए 'हॉटस्पॉट' पहचानने में मदद करना। इसमें अपशिष्ट से प्राप्त ऊर्जा, जैव ईंधनों से प्राप्त ऊर्जा जिन्हें

अनुर्वर भूमि पर उगाया जा सकता है, छोटे स्तर के हाइड्रो प्लांट आदि सम्मिलित हो सकते हैं।

3. ग्रामीण क्षेत्रों के दीर्घस्थायी विकास के लिए डिज़ाइन की गई प्रौद्योगिकियों में ग्रामीण आबादी के लिए रोज़गार संभावना बढ़ाने की शक्ति होनी चाहिए।

हमारी पुस्तक *2020 और उसके बाद* आर्थिक रूप से विकसित दर्जे के साथ भारत को विश्व स्तर पर प्रतिस्पर्धात्मक देश बनाने के, और हमारे लिए समृद्धि के अगले स्तर तक पहुंचने के संभावित रास्तों की चर्चा करती है जहां हमारी गिनती विश्व के आठ विकसित देशों के साथ की जाएगी।

अध्याय–1

2014 में भारत

एक महान उपलब्धि जिस पर किसी का ध्यान नहीं गया

27 मार्च 2014 भारतीय समाज के लिए एक महान दिन था। अफ़सोस कि यह एक ऐसा दिन था जिस पर लगभग किसी ने ध्यान नहीं दिया। यह ऐसा दिन था जिसका जश्न सारे भारत में मनाया जाना चाहिए था क्योंकि यह एक ऐसी उपलब्धि का दिन था जो सरकार के उच्चतम स्तर से लेकर प्रत्येक गांव, क़स्बे और शहर की प्रशासनिक संस्थाओं की बरसों की मेहनत का नतीजा था; ग़ैर-सरकारी संस्थाओं (एनजीओज़) ने अपनी कार्यकर्ता सरगर्मी को एक ही उद्देश्य की सकारात्मक दिशा में मोड़ दिया था, और प्रत्येक परिवार ने—भारत से पोलियो के उन्मूलन—के इस ऐतिहासिक प्रोजेक्ट में भाग लेकर इसे संभव बनाया था।

हम दोनों ने ही पोलियो की इस बला को प्रत्यक्ष रूप से देखा है। इसने बहुत से भारतीयों को अपंग बनाया, और उन्हें जीवन भर के लिए दूसरों पर निर्भर कर दिया। बहुत से बच्चों ने अपना बचपन खो दिया: दिल में दर्द लिए इन बच्चों को फ़र्श पर बेढंगेपन से रेंगना या लकड़ी के सहारे लंगड़ाते हुए चलना पड़ता था, जबकि दूसरे बच्चे दौड़ते फिरते थे और खेल रहे होते थे।

दशकों तक कई संस्थाओं और लोगों के संगठित प्रयास की बदौलत भारत अब पोलियो से आज़ाद है। इसकी घोषणा विश्व स्वास्थ्य संगठन (डब्ल्यूएचओ)

ने 27 मार्च 2014 को की। अभी भी विश्व में कई ऐसे देश हैं जहां पोलियो ख़त्म नहीं किया जा सका है। इनमें कुछ देश हमारे पड़ोसी हैं। भारत सरकार ने इन देशों में जाने वाले भारतीयों के लिए वहां जाने से पहले पोलियो का टीका लगवाने की शर्त लगा दी है, बिल्कुल उसी तरह जिस तरह विश्व के कुछ देशों में जाने से पहले भारतीयों को पीले बुख़ार का टीका लगवाना पड़ता है।

भारत जैसे विशाल देश के लिए सफलता के साथ पोलियो का उन्मूलन कर लेना एक महान उपलब्धि है, लेकिन पोलियो-मुक्त स्थिति को बनाए रखना भी उतना ही चुनौतीपूर्ण काम है। इससे पहले, 1980 में, भारत शेष संसार के साथ चेचक-मुक्त हो गया था। देश में कई अन्य संचारी रोग नियंत्रण में हैं; कुष्ठरोग लगभग ग़ायब हो चुका है।

कोई जश्न किसलिए नहीं मनाया गया?

भारत में सार्वजनिक स्वास्थ्य सेवा में बहुत सी उपलब्धियां हासिल की जा चुकी हैं। लेकिन हम उनका उत्सव मनाने जैसा महसूस नहीं करते, क्योंकि मध्यवर्गीय भारतीयों—जिनकी तादाद इस समय दसियों करोड़ के लगभग है—के सामने रोज़मर्रा की ज़िंदगी में अन्य अनेक बड़ी समस्याएं हैं: मुद्रास्फीति, रोज़गार असुरक्षा, लगातार महंगी होती स्वास्थ्य सेवाएं, बच्चों को पढ़ाने में आने वाली अनेक दिक़्क़तें, वग़ैरा। और ज़िंदगी के अधिकांश क्षेत्रों में नीचतापूर्ण भ्रष्टाचार से सामना होने के साथ-साथ महा-घोटालों की ख़बरें सुनकर उनका क्रुद्ध होना वाजिब है।

उन लोगों के सामने जो कल्याण के सूचकों के बारे में जानते हैं, बहुत से ऐसे आंकड़े आ जाते हैं जो हमारे पोलियो-मुक्त होने की ख़बर की ख़ुशी को मंद करने के लिए काफ़ी हैं। इसी भारत में, वर्ष 2014 में, लगभग पंद्रह लाख बच्चे डायरिया से मर जाएंगे—वह बीमारी जिसे सफ़ाई व्यवस्था को बेहतर बनाकर, परिवारों और बच्चों को बेहतर आवास प्रदान करके और उन तक पीने का स्वच्छ पानी पहुंचाकर बड़ी आसानी से क़ाबू किया जा सकता है। लेकिन यह काम पल्स-पोलियो अभियान चलाने की तुलना में नीरस और ज़्यादा समय लेने वाला है। भारत में अन्य बहुत से लोग डायरिया के हमलों से तो बच जाते हैं लेकिन जीवन भर आंत्रिक रोगों से पीड़ित रहते हैं, जिससे उनके पोषण में कमी आ जाती है। खाद्य सुरक्षा का मतलब प्रत्येक नागरिक को अनाज उपलब्ध करवा देना भर नहीं है। भोजन को शरीर में जज़्ब होना चाहिए ताकि वह पोषण दे सके; इसके

लिए आवश्यक है कि शरीर स्वस्थ हो और दुर्बल करने वाली बीमारियों से मुक्त हो।

निराशा या विकास ?

1994-95 में टैक्नोलॉजी, इन्फ़ॉर्मेशन, फ़ोरकास्टिंग एंड एसेस्मेंट काउंसिल (टीआईएफ़एसी) द्वारा आयोजित टैक्नोलॉजी विज़न फ़ॉर इंडिया 2020 (टीवीआई 2020) नामक उपक्रम में सक्रिय भागीदार होने के नाते, हमें जीवन के विभिन्न क्षेत्रों के लगभग पांच हज़ार विशेषज्ञों और सामान्यज्ञों से यह जानकर ख़ुशी हुई कि भारत प्राकृतिक संसाधनों और मानव संसाधनों की अपनी अक्षय निधि की शक्ति का पूर्ण उपयोग करने और विश्व में एक बड़ी आर्थिक और सामरिक शक्ति बनकर उभरने के लिए बिल्कुल तैयार है। उस समय दुनिया एक वित्तीय संकट का सामना कर रही थी, जिसे एक बड़ा संकट माना जा रहा था; इसका अधिकांश प्रभाव दक्षिण-पूर्व एशियाई देशों पर था जो तेज़ी से बड़ी आर्थिक शक्तियों के रूप में उभर रहे थे। भारत इससे प्रभावित नहीं हुआ क्योंकि अपने गंभीर घरेलू आर्थिक संकट के बाद, 1991 ही में अपनी अर्थव्यवस्था का उदारीकरण करने के कारण भारत का वैश्वीकरण हुए बहुत समय नहीं हुआ था। भारत के वैश्विक संपर्क सीमित थे।

लेकिन चार दशक लंबे लाइसेंस-परमिट-कोटा-इंस्पेक्टर राज के कारण भारतीय नागरिकों ने कभी उच्च आर्थिक विकास दर का आनंद नहीं उठाया था। वास्तव में विकास दर आबादी की विकास दर से बस कुछ ही अधिक थी। इसलिए एक मध्यवर्गीय या ग़रीब व्यक्ति के लिए जीवन स्तर काफ़ी नीचा था। टीवीआई 2020 के लिए बातचीत के दौरान हमें जब भी अर्थव्यवस्था और सकल घरेलू उत्पाद (जीडीपी) के लिए एक निश्चित विकास दर निर्धारित करनी होती थी, तो इस पर गर्मागरम बहसें छिड़ जाती थीं: पांच प्रतिशत विकास को अधिकतर आर्थिक विशेषज्ञों द्वारा बहुत ज़्यादा महत्वाकांक्षी माना जाता था। हमें एक बीच का रास्ता अपनाना पड़ा: हमने उन प्रौद्योगिकियों को निर्धारित न करने की कोशिश की जिन्हें ज़्यादा विकास दर—छह-सात प्रतिशत—की आवश्यकता होती। तो यह राष्ट्रीय उपक्रम ऐसे आम निराशावाद—या सावधानीपूर्ण आशावाद—की हालत में किया गया था। लेकिन जैसा कि हमने 1998 की अपनी किताब *इंडिया 2020: ए विज़न फ़ॉर द न्यू मिलेनियम* में दर्शाया था, भारत के लिए कुछ अपेक्षाएं अंततः कहीं अधिक साबित हुईं, शायद इसलिए कि आज़ादी के कई दशक बाद तक

भी देश की संभावनाओं का पूरी तरह लाभ नहीं उठाया गया था। टीवीआई 2020 उपक्रम में भाग लेने वाले अधिकांश लोग योजनाबद्ध अर्थव्यस्था के दौर में बड़े हुए थे, और उदारीकरण की उन शक्तियों को जो अर्थव्यस्था को आज़ाद करके बाज़ार की शक्तियों के संपर्क में ला रही थीं और वैश्वीकरण को जो अन्य देशों के बाज़ार की शक्तियों को हमारी अर्थव्यवस्था में भी काम करने योग्य बना रहा था, अच्छी तरह नहीं समझते थे।

बहरहाल, आर्थिक विकास के बुनियादी तत्वों—कृषि, खनन, निर्माण, बुनियादी ढांचा और सेवाओं—में अर्थव्यस्था के सभी क्षेत्रों की प्रौद्योगिकी शक्ति में विकास भी शामिल था। सामरिक क्षेत्र ने भी आर्थिक विकास में एक महत्वपूर्ण भूमिका निभाई। यह उन सभी देशों के अनुभव से साबित होता है जो तब 'बिग लीग' में शामिल थे और अभी भी शामिल हैं।

अर्थव्यवस्था के प्रत्येक तत्व के बारे में बारीकी से बात करने के बजाए हमने विज़न 2020 प्रयोग के द्वारा भारतीयों को सोचने का एक नया ढंग दिया। टीवीआई 2020 में भाग लेने या इससे जन्मी हमारी किताब को पढ़ने के बाद अधिकांश भारतीयों को विश्वास होने लगा था कि भारत 2020 तक एक विकसित देश बन सकता है। कुछ लोग भारत की बात करते हुए 'सुपरपावर' शब्द का भी प्रयोग करने लगे थे!

भारत विश्व में

कुल मिलाकर, भारत में 1996 के बाद से बहुत बड़ा बदलाव आया है, जब तत्कालीन प्रधानमंत्री द्वारा टीवीआई 2020 की रिपोर्टें राष्ट्र को समर्पित की गई थीं।

आज भारत दुनिया में दूध का सबसे बड़ा उत्पादक है (यह प्रतिवर्ष 105 करोड़ टन दूध का उत्पादन करता है)। यह फल-सब्ज़ियों (प्रतिवर्ष 15 करोड़ टन) में दूसरे, खाद्यान्न (प्रतिवर्ष 23 करोड़ टन) में तीसरे और मछली उत्पादन (प्रतिवर्ष 70 लाख टन) में तीसरे स्थान पर है। विज़न 2020 उपक्रम के समय में भारत दूध के उत्पाद में दूसरे स्थान पर था। ये उपलब्धियां (2012-13 के आंकड़े) सामान्य परिस्थितियों में निश्चित तौर से सराहनीय हैं। लेकिन जब इनकी तुलना हमारे लोगों की खपत की आवश्यकताओं के आंकड़ों से की जाती है (यह मानते हुए कि 2020 तक भारत की आबादी 130 करोड़ हो जाएगी), तो दूध का उत्पादन लगभग 30 प्रतिशत और खाद्यान्न का उत्पादन लगभग 15 प्रतिशत

कम पड़ जाता है। 2020 तक आबादी 130 करोड़ से भी अधिक हो सकती है। इतनी भारी कमी का अर्थ यह है कि भारतीय आबादी की प्रति व्यक्ति खपत कम ही रह जाती है।

इंडिया 2020 लिखने के दौरान जब हम भविष्य की ओर देख रहे थे, तो खाद्यान्न और दूध इत्यादि जैसी चीज़ों के उत्पादन को ज़्यादा निर्धारित किया गया था ताकि भारत निर्यातक भी बन सके। अभी कुछ निर्यात हो रहे हैं, जो प्रशंसनीय है। लेकिन ये भी अभी इतनी मात्रा में नहीं हैं जिनसे हमारे लोगों को बेहतर आमदनी में मदद मिल सके। शायद उत्पादन के आंकड़े वहां तक नहीं पहुंच सके हैं जहां तक *इंडिया 2020* में देश की घरेलू खपत के लिए आंके गए थे। यह आय के विकास में मंदी की ओर संकेत करता है। *इंडिया 2020* में हमारे संदर्भ आंकड़े (अध्याय 4, पृष्ठ 63, सारणी 42) आय में सात प्रतिशत विकास के अनुमान से घरेलू मांग में वृद्धि पर आधारित थे। आय में वास्तविक वृद्धि बहुत कम रही है।

कृषि क्षेत्र में नाकामियों को आमदनी के इस सुस्त विकास का ज़िम्मेदार नहीं ठहराना चाहिए। आर्थिक मंदी के वर्तमान दौर में भी कृषि क्षेत्र ने स्थिर रूप से विकास किया है। जबकि भारतीय मिट्टी, जल संसाधन और हमारी जलवायु के कारण हमेशा फ़सल की अधिक पैदावार की उम्मीद की जाती है, लेकिन पिछले वर्ष में मुख्यतः कृषि क्षेत्र में ही विकास अच्छा रहा है। कपास, मक्का और सोयाबीन के लिए यह बहुत अच्छा वर्ष रहा है।

वास्तव में, अगर हम 1995 से कृषि उत्पाद में विकास दर को देखें, तो हमें पता चलता है कि कृषि उत्पाद में निरंतर विकास होता रहा है। यह अच्छा समाचार है। कृषि ने अच्छा किया है, लेकिन यह और भी बेहतर कर सकती है। भारत की ग़रीबी को तभी ख़त्म किया जा सकता है जब भारतीय किसान और खेत मज़दूर अच्छी कमाई कर सकें और समृद्ध बन सकें।

अन्य क्षेत्रों में, विशेष रूप से निर्माण में, भारत का प्रदर्शन चिंताजनक रहा है। पूर्व में, आर्थिक संकट से पहले अनुमानित विकास आंकड़े भी बड़ी हद तक अनेक उपकरणों और सामग्रियों के आयात पर निर्भर करते थे। खनन और बुनियादी सुविधाओं के क्षेत्रों का प्रदर्शन भी विभिन्न कारणों से बाधित रहा है।

खनन क्षेत्र में, चाहे वह कोयला हो या लौह अयस्क इत्यादि हों जो भारत में भारी मात्रा में उपलब्ध हैं, उनकी उपयोगिता और मूल्य संवर्धन की गुंजाइश

पर्यावरणीय मंज़ूरियों और विरोध प्रदर्शनों से लेकर प्रशासनिक विलंबों, अदालती आदेशों और भ्रष्टाचार के आरोपों जैसी जटिल समस्याओं में घिरी रही है। एक ऐसा महत्वपूर्ण प्राकृतिक संसाधन जो भारत को इसकी संभावित शक्ति देता है, वह निष्क्रिय, और समृद्धि व रोज़गार के अवसरों के बिना पड़ा हुआ है। इसी प्रकार से, मूलभूत संरचनात्मक क्षेत्र में भी कई परियोजनाओं को समस्याओं का सामना करना पड़ा है।

अब एक नज़र वैश्विक संदर्भ में कुछ प्रदर्शन संकेतकों पर डालते हैं।

सारणी 1.1

क्र.सं.	वस्तु*	विश्व	चीन	यूएसए	ईयू	भारत	ब्राज़ील	दक्षिण अफ़्रीका
1.	इस्पात	1607.20	779.0	87.0	165.60	81.20	34.20	7.22
2.	रसायन**	3842.00	1029.0	572.2	755.00	108.00	123.00	—
3	अल्युमीनियम	49.70	24.34	4.90	13.20	3.8	1.44	1.00
4	दूध	724.0	40.0	91.0	210.0	120.0	32.3	3.3
5	चावल	719.74	204.20	9.00	—	153.00	11.50	26.8
6	गेहूं	671.00	121.00	62.00	196.00	95.00	—	1.9
7	बड़े फल	287.40	50.30	77.5	39.0	35.0	26.4	3.12
8	सब्जियां	797.0	296.0	66.80	149.4	90.50	10.50	3.44

*मिलियन मीट्रिक टन (एमएमटी) में

**अरब अमेरिकी डॉलर में

स्रोत: सीएमआईई, एफ़एओ, प्लानिंग कमीशन इत्यादि, 2010 के आंकड़े। सौजन्य टीआईएफ़एसी की निर्मला कौशिक और सुमित्रा विश्वास।

इस सारणी पर कुछ बात करना अच्छा रहेगा। पहले इस्पात के उत्पादन पर बात करते हैं। 1997 में वैश्विक उत्पादन 750 एमएमटी रहा था। चीन 100 एमएमटी पर था, और भारत 24 एमएमटी पर। *इंडिया 2020* (अध्याय 5, पृष्ठ 113, सारणी 51) में भारत के लिए 2010 का अनुमान था 60 एमएमटी—जिसके साथ एक प्रश्न था, 120 एमएमटी क्यों नहीं? पिछला निम्न अनुमान इसलिए था कि हमें सार्वजनिक क्षेत्र के इस्पात उत्पादन की उल्लेखनीय उपलब्धियों से निर्दिष्ट होना था जिसमें टाटा ने छोटी सी भूमिका निभाई थी। बाद में निजी क्षेत्र को अधिक

अवसर दिए गए। हमारा 120 एमएमटी का लक्ष्य इस तथ्य पर आधारित था कि कुछ विशेषज्ञों का विचार था कि उच्च गुणवत्ता वाले लौह अयस्क की प्रचुरता के कारण इसे आसानी से हासिल किया जा सकता है। लेकिन 2010 में वास्तविक प्राप्ति 81 एमएमटी रही—जो कि एक ख़राब आंकड़ा नहीं है, लेकिन ज़रा इसकी तुलना चीन से करें जो 1997 में 100 एमएमटी के मुक़ाबले अब 779 एमएमटी का उत्पादन कर रहा है। कहने की आवश्यकता नहीं कि इस्पात अब प्रत्येक क्षेत्र में प्रमुख संरचनात्मक सामग्री है।

अल्यूमीनियम में हमने अपने *इंडिया 2020* के अनुमान (अध्याय 5, पृष्ठ 114, सारणी 5.2) से बेहतर किया है—2010 के लिए 1.3 एमएमटी के अनुमानित आंकड़े (1997 का उत्पादन 0.6 एमएमटी था) की तुलना में हमने 38 एमएमटी का उत्पादन किया। रसायनों में भी हमने अच्छा किया, लेकिन अब आयातित कच्चे माल पर निर्भरता बढ़ गई है। फिर भी रसायन निर्यात में हमारी वैश्विक स्थिति अच्छी है।

सारणी 1.1 हमारे लिए एक चेतावनी होनी चाहिए, और हमें इस चेतावनी पर अभी ध्यान देना होगा। अधिकतर श्रेणियों में, लगभग 35-35 करोड़ आबादी वाले अमेरिका और यूरोपियन यूनियन (ईयू) के आंकड़े हमसे कहीं बेहतर हैं। अधिकांश निर्मित भौतिक वस्तुओं में उनकी प्रति व्यक्ति ऊर्जा खपत प्रति टन और प्रदूषण के स्तर बहुत कम हैं। चीन के साथ ऐसा नहीं है—लेकिन देखिए हमारी तरह एक अरब से ऊपर इतनी बड़ी आबादी होने के बावजूद उनकी उपलब्धियां क्या हैं। क्या हम अपने मानव संसाधनों और संपन्न प्राकृतिक संसाधनों का अच्छा इस्तेमाल कर रहे हैं? इस सवाल का जवाब निर्धारित करेगा कि क्या भारत एक विकसित राष्ट्र बनेगा, और इससे भी महत्वपूर्ण यह कि क्या भारत के लोग अधिक आमदनी प्राप्त कर सकेंगे। धन प्राकृतिक संसाधनों में वर्धित मूल्य संवर्धन द्वारा बढ़ता है। लोगों के उत्पादक कार्यों के माध्यम से प्राप्त ज़्यादा धन से लोगों को अच्छा जीवन, अधिक आत्मसम्मान और भविष्य के लिए बेहतर उम्मीद मिलती है।

आइए, आधुनिक अर्थव्यवस्था के एक और महत्वपूर्ण पक्ष पर नज़र डालते हैं जो स्वास्थ्य और शिक्षा सहित प्रत्येक क्षेत्र के लिए अहम है: विद्युत शक्ति।

वेबसर्च से हमें विश्व भर में बिजली के उत्पादन के बारे में यथोचित विश्वसनीय आंकड़े प्राप्त हुए हैं। नीचे दिए गए आंकड़े हमने सीआईए वर्ल्ड फ़ैक्ट बुक से लिए हैं।

सारणी 1.2
अरब किलोवाट घंटे में बिजली उत्पादन के संदर्भ में देश
(1 जनवरी 2012 तक)

1.	चीन	4977
2.	यूएसए	4099
3.	ईयू	3255
4.	रूस	1057
5.	जापान	936
6.	भारत	835

ये आंकड़े अपनी कहानी ख़ुद बयान कर रहे हैं। हम अक्सर पूछते हैं, भारत के ज़्यादा तेज़ विकास में क्या अड़चन है? पाठक ख़ुद हिसाब लगा सकते हैं— इन देशों के बीच प्रति व्यक्ति तुलना बड़ी आसानी से ऊपर दिए गए आंकड़ों को उन देशों की जनसंख्या से भाग देकर निकाली जा सकती है। जहां 12 अरब आबादी वाला भारत 835 अरब केडब्ल्यूएच बिजली का उत्पादन करता है, वहीं इज़रायल जैसा एक छोटा सा देश (लगभग 60 लाख जनसंख्या) 53 अरब केडब्ल्यूएच बिजली का उत्पादन करता है।

प्रति व्यक्ति आकलन करते ही दुनिया में भारत की श्रेणी बहुत नीचे गिर जाती है। हमें याद रखना चाहिए: सिर्फ़ इस बात पर गर्व करना काफ़ी नहीं है कि भारत दूध के उत्पादन में दुनिया में पहले या दूसरे स्थान पर है। प्रति व्यक्ति गणना करना महत्वपूर्ण है—यह देखने के लिए कि प्रत्येक नागरिक तक उत्पादन का कितना भाग पहुंचता है।

सकल घरेलू उत्पाद

विभिन्न स्रोतों से उपलब्ध कुछ भिन्न प्रकार के सकल घरेलू उत्पाद (जीडीपी) आंकड़े हैं। हम पीपीपी (क्रय शक्ति समता) आंकड़ों के बजाए नाममात्र के जीडीपी आंकड़ों के प्रयोग को तरजीह देते हैं। पीपीपी आंकड़े कभी-कभी उपशामकों जैसे दिख सकते हैं, जो हमें बेहतर स्थिति में दिखाते हैं। लेकिन वास्तव में, जीवन निर्वाह लागत आंकड़ों में कई व्यापक मान्यताएं होती हैं: उदाहरण के लिए यह

कि विभिन्न देशों में उपलब्ध भोजन या पानी या सामान की गुणवत्ता एक जैसी होती है। ज़रा सा आगे बढ़कर सीधे अल्पमात्र डॉलर के आधार पर अपनी तुलना करते हैं।

इंडिया 2020 (पृष्ठ 11-12, सारणियां 12, 13) में, 1995-2000 के लिए 2.5 प्रतिशत, 2000-2010 के लिए 3 प्रतिशत और 2010-2020 के लिए 3.5 प्रतिशत विकास दर मानते हुए, विश्व जीडीपी को 46,689 अरब अमेरिकी डॉलर निर्धारित किया गया था। वास्तव में, विश्व जीडीपी इससे ज़्यादा तेज़ी से बढ़ा है और अब 72,690 अरब अमेरिकी डॉलर पर है। जीडीपी में सबसे प्रमुख पंद्रह देश में अमरीका 17,528 अरब अमरीकी डॉलर से पहले स्थान पर है। चीन दूसरे पर 10,028 अरब अमरीकी डॉलर जापान 4846 अमरीकी डॉलर से तीसरे स्थान पर है।

भारत 1996 अरब अमरीकी डॉलर के जीडीपी के साथ दसवें पायदान पर है और इसके पहले जर्मनी, फ्रांस, यूके, ब्राज़ील, इटली और रूस है।

इंडोनेशिया से शुरू होते हुए शेष 178 देश 1000 अरब अमेरिकी डॉलर से नीचे हैं।

इंडिया 2020 ने बिग लीग देशों (बीएलसी) की संख्या का अनुमान 2010 तक अड़तीस और 2020 तक बयालीस लगाया था, और बीएलसी की परिभाषा के तहत उन देशों को रखा था जिनका जीडीपी 100 अरब अमेरिकी डॉलर या इससे अधिक हो। अच्छी ख़बर यह है कि इस परिभाषा के आधार पर संयुक्त राष्ट्र की सूची में साठ देश आ चुके हैं। जी हां, अब और अधिक देश ज़्यादा समृद्ध बन चुके हैं।

भारत प्रमुख दस जीडीपी देशों की सूची में सबसे नीचे है, जैसा कि हमने *इंडिया 2020* (पृष्ठ 14, आकृति 1.1) में अनुमान लगाया था। यह 1996 में पंद्रहवें स्थान पर था और 2010 में पांच पायदान चढ़कर नंबर 10 पर पहुंच गया, जहां 2012 में भी क़ायम है। इसके अलावा हमारा अनुमान था (*इंडिया 2020* में) कि भारत चौथे या पांचवें स्थान पर पहुंच जाएगा और 2007-11 में 8 प्रतिशत और 2012-20 में 9 प्रतिशत विकास दर प्राप्त कर लेगा। भारतीय अर्थव्यवस्था की वर्तमान मंदी और अनेक मोर्चों पर गंभीर आंतरिक घरेलू दिक़्कतों के चलते, क्या हम वाक़ई चौथे या पांचवें स्थान पर पहुंच सकते हैं, चीन के बाद तीसरा स्थान तो रहने ही दें?

सूची में जो हमसे नीचे हैं वे भी बहुत बुरा नहीं कर रहे हैं। प्रति व्यक्ति गणना तुरंत स्पष्ट कर देती है कि इनमें से कई देश वास्तव में भारत से बेहतर हैं। हमारी आबादी का बेहद विशाल आकार हमें काम पर लगाए रखता है और काम करने की उम्र का प्रत्येक भारतीय और यहां तक कि साठ साल से अधिक के लोग भी जीडीपी में वृद्धि के लिए कुछ न कुछ उत्पादक काम करते रहते हैं—वर्ना वे अपना जीवन निर्वाह ही नहीं कर सकेंगे। मगर सवाल यह है कि क्या वे और ज़्यादा मूल्य-वर्धक ढंग से काम कर सकते हैं। जितना अधिक मूल्य-वर्धन होगा, उतना ही जीडीपी में योगदान अधिक होगा।

बहुत से चीनी लोगों को मूल्य-वर्धक निर्माण, कृषि और सेवा क्षेत्र में काम करने के लिए सुयोग्य बनाकर ही चीन ने दूसरा स्थान प्राप्त किया है। ध्यान दें कि, जैसा कि हमने पहले भी कहा है, चीन न केवल निर्माण और बुनियादी सुविधाओं में एक विशाल शक्ति है बल्कि कृषि उत्पाद के क्षेत्र में भी बहुत अच्छा करता है। आर्थिक विकास को अवरुद्ध करने वाली गंभीर समस्याओं के बावजूद, जिनमें से कुछ समस्याएं बूढ़ी होती आबादी (कुल आबादी का लगभग एक-तिहाई हिस्सा) के कारण हैं, हमसे आबादी के दसवें भाग के बराबर आबादी वाला जापान भी सूची में हमसे ऊपर है। आप अंदाज़ा लगा सकते हैं कि एक जापानी व्यक्ति अर्थव्यवस्था में कितना मूल्य-वर्धन करता है।

भारत कब भारतीय कार्यबल के लिए इतने उच्च मूल्य-वर्धित उत्पादक काम के स्तर पर पहुंचेगा?

प्रौद्योगिकी और अर्थव्यवस्था से परे

जैसा कि बहुत से देशों का इतिहास दर्शाता है, समाज में तीव्र आर्थिक विकास और प्रौद्योगिकीय प्रसार मध्यवर्ग—अर्थात प्रयोज्य आय वाले लोग—के तेज़ विकास की ओर ले जाता है। उनकी आवश्यकताएं 'रोटी, कपड़ा और मकान' जैसे घिसे-पिटे नारों से परे होती हैं।

1991 के उपरांत उदारीकरण और वैश्वीकरण के नतीजे में मध्यवर्ग का तीव्र विकास हुआ। बहुत से युवा लोगों को उनके पिता के रिटायर होने के समय से अधिक आमदनी प्राप्त होने लगी। बहुत सी युवतियां कार्यबल में प्रवेश कर गईं विशेषकर आउटसोर्स होने वाले आईटी (सूचना प्रौद्योगिकी) उद्योग में। बेहतर आमदनी वाली नौकरियों के अवसर के ऐसे तेज़ विकास का अर्थव्यवस्था पर

सोपानी प्रभाव हुआ: अब लोगों की पहुंच दुपहिया वाहनों, कारों, संसाधित खाद्य पदार्थों, अनेक विकल्पों वाले बेहतर कपड़ों और जूतों, और कुल मिलाकर विभिन्न विकल्पों वाली उपभोक्ता वस्तुओं तक होने लगी। अब भारत दो प्रकार के दुपहिया वाहनों, दो प्रकार की कारों, लंबे प्रतीक्षा समय वाले कुकिंग गैस सिलिंडरों के मात्र एक स्रोत, और तीन से चार साल तक के कनेक्शन विलंबों वाले एकमात्र टेलीफ़ोन सेवा प्रदाता वाला देश नहीं रहा था।

पहले, अधिकतर अनिवार्य चीज़ें सीमित रहती थीं, विकल्प कम थे। इसलिए 'संपर्कों' के माध्यम से 'जुगाड़' बहुत अहम था। 1991 में जो लोग 20–30 वर्षीय थे, वे अचानक प्रचुरता की दुनिया देखने लगे। लोगों में *इंडिया 2020* पुस्तक के लोकप्रिय होने का एक कारण यह भी था कि अच्छी आय वाले नौजवानों को और उनके उन बुज़ुर्गों को भी जिन्होंने 1960 या 1970 के दशकों में कार्य जीवन में प्रवेश किया था (और सारे जीवन कमियों से जूझते रहे थे) को भारत में एक नई उम्मीद दिखाई देने लगी। उन्हें ऐसा लगने लगा कि नौकरियों के अच्छे अवसरों और बेहतर आमदनी वाले 'विकसित देश' का नागरिक बनना अब उनकी पहुंच में है।

माता-पिता अपने बच्चों को अच्छी व्यावसायिक शिक्षा देने के लिए कुछ विलासिताओं का त्याग करने के लिए तैयार रहने लगे। यही कारण था कि उच्चतर माध्यमिक स्तर के स्कूलों में, और उससे भी अहम, कॉलेजों के इंजीनियरिंग, मैडिकल, बिज़नेस मैनेजमेंट और कॉमर्स विभागों में अधिक दाख़िले होने लगे। अधिक नई संस्थाएं निजी क्षेत्र द्वारा वित्तपोषित थीं और माता-पिता बढ़ी हुई फ़ीसों के माध्यम से सेवाओं का भुगतान करने लगे।

इसके साथ ही मनोरंजन के विकल्पों में भी अचानक वृद्धि हुई—टीवी चैनलों में तेज़ वृद्धि जिनकी संख्या अब 100 को पार कर गई थी, जो पुराने दिनों के एकमात्र दूरदर्शन चैनल से एकदम भिन्न था। बहुत से चैनल तो भारतीय भाषाओं में भी थे।

निस्संदेह, उदारीकरण की बदौलत बहुत से ग़रीब लोग (निम्न) मध्यवर्ग तक पहुंच गए—इस उम्मीद के साथ कि उनकी अगली पीढ़ी मध्यवर्ग के स्तर को प्राप्त कर लेगी।

कुछ करोड़ भारतीयों के लिए बहुत तेज़ी से बहुत सी अच्छी चीज़ें हो रही थीं। ऐसे में अपेक्षाएं बढ़ती हैं! लोग और ज़्यादा चाहते हैं, और भी बेहतर जीवन

बिताना चाहते हैं। कई और करोड़ लोग जो अभी तक इन उपायों से लाभान्वित नहीं हो सके हैं, अपेक्षाएं करने, और कई मामलों में, मांगें करने लगते हैं।

जब व्यवस्था-देने में नाकाम रहती है, तो रोष फैलता है। दोषियों की तलाश करना भी एक स्वाभाविक मानव प्रवृत्ति है। 'ज़िम्मेदारी तय करना' एक मांग बन जाती है। कम ही समझ पाते हैं कि व्यवस्था बहुत ज़्यादा जटिल है। संवैधानिक प्रक्रियाओं पर आधारित एक प्रजातंत्र में एक व्यक्ति अकेला न तो सारे निर्णय ले सकता है और न ही परियोजनाओं को कार्यान्वित कर सकता है, चाहे वह कितनी भी अच्छी तरह जानता हो कि क्या करना चाहिए। साथ ही, सभी समस्याओं पर लागू करने के लिए कोई एक सरल सा उपाय उपलब्ध नहीं होता। जीवन जटिल है, अर्थव्यवस्था जटिल है, और प्रौद्योगिक प्रक्रियाएं जटिल ढंग से आगे बढ़ती और प्रभावी बनती हैं। इसलिए देश के सामने जो समस्याएं हैं वे बहुमुखी हैं।

आंकड़ों के भावहीन आधार पर, राष्ट्रव्यापी संख्या कम हो सकती है। लेकिन इनमें से किसी को भी नकारा नहीं जा सकता। एक राष्ट्र के रूप में, हमें सामान्यीकरण करने के बजाए सूक्ष्म-परिस्थिति के अनुसार हल खोजने चाहिए। साथ ही, यह भी याद रखना महत्वपूर्ण है कि ज़रूरी नहीं है कि जो चीज़ सूक्ष्म स्तर पर सही हो वही हर स्तर पर सही हो।

इसी तरह, भ्रष्टाचार जैसे मुद्दे के लिए समाधान सरल नहीं हैं। बेशक भ्रष्टाचार की गुंजाइश को कम करने के लिए अनुमोदन और अन्य प्रशासनिक प्रक्रियाओं को सरल बनाने की बहुत गुंजाइश है। लेकिन अभी मौजूद बहुत सी प्रक्रियाओं और अनुमोदन-निरीक्षण चक्रों में कमी के बाद भी, कुछ ऐसी अलघुकरणीय चीज़ें हैं जिन पर अधिकारी को फ़ैसला लेना ही पड़ता है। ऐसे हर फ़ैसले को ऐसे सरल फ़ॉर्मूले में नहीं बदला जा सकता जिसके समाधान विशिष्ट हों।

चिंता का एक बड़ा विषय भारत की सीमाओं के भीतर और बाहर दोनों ही जगह भारतीय-स्वामित्व वाला काला धन है। एक हालिया (दिसंबर 2013) समाचार के अनुसार, 2011 में चार लाख करोड़ रुपए से अधिक धन भारत से बाहर गया। यह अनुमान अंतरराष्ट्रीय प्रहरी ग्लोबल फ़ाइनैंशियल इंटैग्रिटी (जीएफ़आई) द्वारा एक कठोर पद्धति पर आधारित है, जिसमें दुनिया भर में विभिन्न वित्तीय लेनदेनों पर नज़र डाली जाती है। भारत से बाहर काला धन जाने के कई माध्यम हैं, जैसे तस्करी, हवाला द्वारा नक़दी का ट्रांसफ़र, इत्यादि। भारतीयों

द्वारा जमा किए गए काले धन के बहुत भिन्न-भिन्न अनुमान हैं। शायद इसमें बहुत सा पैसा बैंकों में न हो। हो सकता है इसे दुनिया भर की कंपनियों, संपत्तियों और अन्य चीज़ों में निवेश किया गया हो। सारी दुनिया में कई लाख करोड़ अवैध धन फैला हुआ है। इसका अर्थव्यवस्था, शासन प्रणाली, राजनीति, मीडिया और भारतीय जीवन के अन्य कई सांस्कृतिक व सामाजिक पक्षों पर गंभीर रूप से हानिकारक प्रभाव पड़ता है। भारतीय समाज को कुछ ऐसे नए और व्यावहारिक तरीक़े ढूंढ़ने होंगे जिससे उस पैसे को भारत में नए उद्यम स्थापित करने और इस तरह भारतीयों के लिए नौकरी के अवसर पैदा करने के लिए उपयोग में लाया जा सके। हमारा अनुमान है कि अगर यह काम ठीक ढंग से किया जाए, तो जीडीपी विकास दर 3 प्रतिशत बढ़ जाएगा, जो मंद पड़ती अर्थव्यवस्था के लिए एक अत्यावश्यक बूस्टर शॉट होगा।

उपसंहार

विज़न 2020 प्रयोगों के बाद भारत ने आगे की ओर चलना आरंभ कर दिया था। बेशक, उसी दौरान दुनिया के अन्य देश, विशेषकर चीन, तेज़ी से दौड़ रहे थे। भारत आगे बढ़ा और फिर बीच में कहीं, अच्छे जीवन और बेहतर समृद्धि पर पहली नज़र पड़ते ही, हम शिथिल से पड़ने लगे। इससे भी बदतर यह कि हम अपनी दिशा से भटक गए और आपस में ही झगड़ने लगे।

भले ही हमने कुछ क़ीमती वर्ष खो दिए हैं, मगर भारतीय अर्थव्यवस्था, राष्ट्रीय संसाधनों और मानव क्षमताओं की बुनियादी शक्ति अभी भी बाक़ी है। नौजवान आबादी एक और प्रतिस्पर्द्धात्मक बढ़त है, बशर्ते कि यह आबादी तैयार हो और इसका सही मार्गदर्शन किया जाए।

विज़न 2020 में निर्धारित बिंदुओं पर कई प्रोजेक्ट अभी आरंभ किए जाने बाक़ी हैं। नए उद्यम भी अपनी उपस्थिति दर्ज करा सकते हैं, और शैक्षिक और दक्षता प्रदान करने वाली नई संस्थाएं एक बड़ा अंतर ला सकती हैं।

तो क्या हम भविष्य के लिए तैयार हैं? ऑन योअर मार्क्स गेट सैट एंड गो!

अध्याय-2

खोए हुए अवसरों से सीखना

भारत कुछ ऐसे अद्‌भुत प्राकृतिक संसाधनों से संपन्न है, जो पृथ्वी के एक बड़े भाग के जीवन निर्वाह के लिए पर्याप्त होंगे। भारत की जैव विविधता उल्लेखनीय है; साल भर प्रचुर मात्रा में धूप उपलब्ध रहती है; और मिट्टी का एक बड़ा भाग कृषि-योग्य है। बहुत कम देश इतने प्राकृतिक संसाधनों से संपन्न होते हैं।

भारत के लोग बहुत लचीले हैं और उनमें एक अंतर्जात बुद्धिमत्ता है। वे शीघ्रता से सीखते हैं और बदलाव के साथ तेज़ी से सामंजस्य बिठा लेते हैं। जिस प्रकार से केबल टेलीविज़न और मोबाइल टेलीफ़ोन कुछ ही वर्षों के अंदर भारत के हर कोने तक फैल गए, वह उल्लेखनीय है। मुंबई के डब्बावालों ने दशकों पहले नए शहरीकृत बॉम्बे में प्राप्त अवसर के साथ तालमेल बिठा लिया। आम लापरवाही के बावजूद, ज़्यादातर पारंपरिक समझ और काम के प्रति दृढ़ता की बदौलत भारत के किसान और खेतिहर मज़दूर देश की निरंतर बढ़ती आबादी का पेट भरते रहे हैं।

भारतीय सभ्यता और संस्कृति की विरासत देश के हर भाग में देखने को मिलती है। हमारे पूर्वजों द्वारा छोड़ी गई कलाकृतियां आधुनिक दुनिया के लिए अजूबे हैं। ये मात्र कुछ चीज़ें हैं जिन्होंने भारत को दुनिया में एक विशेष स्थान दिलाया है।

अगर आप किताबों या लगभग पांच दशक पूर्व लिखे गए सरकारी दस्तावेज़ों पर नज़र डालें, तो इस देश और इसके लोगों की महानता के ऐसे ही बहुत से दूसरे वर्णन देख सकेंगे। आज़ादी के बाद के दशकों में बहुत से सब्ज़ बाग़ दिखाए गए कि किस तरह इन संभावनाओं को लाभों में बदला जा सकता है। *इंडिया 2020* ने भी भारत की कई संभावनाओं के बारे में विस्तारपूर्वक बात की थी और कहा था कि कैसे इन्हें विकास और प्रगति के लिए, और सबसे बढ़कर, लोगों को समृद्धि प्रदान करने के लिए इस्तेमाल किया जा सकता है।

पिछले कुछ दशकों में भारत ने मुख्य क्षेत्रों में क्या विकास किया है। अगर आप किसी भारतीय से पूछें, तो वह बहुत से गंवाए अवसरों के बारे में और कुछ खास उपलब्धियों के बारे में बता देंगे।

इलेक्ट्रॉनिक्स की कहानी

जब हम गंवाए अवसरों के बारे में सोचते हैं, तो दिमाग़ में एक साथ कई चीज़ें आ जाती हैं। लेकिन हम इलेक्ट्रॉनिक पुर्ज़ों, माइक्रोइलेक्ट्रॉनिक्स और कंप्यूटर से शुरू करेंगे।

होमी भाभा ने 1960 के दशक में ही इलेक्ट्रॉनिक्स को भविष्य का एक महत्वपूर्ण तत्व बता दिया था; भाभा की दूरदर्शिता पर काम करते हुए विक्रम साराभाई ने 1970 के दशक में केंद्रीय सरकार में इलेक्ट्रॉनिक्स का विभाग भी बना दिया। उस समय भारत के पास इलेक्ट्रॉनिक वॉल्व के साथ एक छोटा सा रेडियो उद्योग था। वह उद्योग दक्षिण कोरिया के बराबर या उससे बेहतर था। वे दिन इलेक्ट्रॉनिक्स के विकास में तेज़ी लाने के दिन थे; इंटीग्रेटेड सर्किट्स (आईसी) जैसे नए उद्योग और नए उत्पाद सामने आ रहे थे।

1960 के दशक में, टाटा इंस्टीट्यूट ऑफ़ फ़ंडामेंटल रिसर्च (टीआईएफ़आर) ने एक वॉल्व-आधारित कंप्यूटर बनाया। यह दुनिया के सबसे पहले कंप्यूटरों में से एक था; यह दुनिया भर में पढ़ी जाने वाली *एडवांसेज़ इन इलेक्ट्रॉनिक्स* नाम की किताबों की श्रृंखला में स्थान मिलने लायक़ बड़ी उपलब्धि थी।

और भारत में माइक्रोचिप के निर्माण की क्या स्थिति है? माइक्रोइलेक्ट्रॉनिक्स और आईसी, कंप्यूटर और सूचना प्रौद्योगिकी (आईटी) उद्योग के मांस-मज्जा हैं। एक हालिया लेख विश्व की वर्तमान परिस्थिति का वर्णन करता है और इस क्षेत्र में, बहुत सारी रियायतों के साथ निवेशकों को आकर्षित करने की भारत सरकार

की कोशिशों के बारे में बताता है। लेख इस दयनीय तथ्य के बारे में बताता है कि 'सरकार को उम्मीद है कि 2020 तक भारत 300 अरब अमेरिकी डॉलर क़ीमत का इलेक्ट्रॉनिक सामान आयात करेगा। आयात का बिल तेल के बिल से भी ज़्यादा हो सकता है।'[1]

भारत में इलेक्ट्रॉनिक्स उद्योग का क्या हुआ? 1970 के दशक से ही, बहुत से नीतिगत उपायों और प्रक्रियात्मक बाधाओं के द्वारा, हमने उन विदेशी कंपनियों को भारत में काम शुरू करने की इजाज़त नहीं दी जिन्होंने आईसी बनाना शुरू ही किया था। साथ ही, भारत में बड़े कंप्यूटर बनाने की कोई गंभीर कोशिश नहीं की गई, न विदेशी सहयोग के साथ, न बिना विदेशी सहयोग के। आत्मनिर्भरता ('हमें भारत के अपने ख़ास डिज़ाइन आने का इंतज़ार करना चाहिए, उसके बाद हम अपना उत्पादन करेंगे') से लेकर घरेलू खपत पर ध्यान देने ('हम दूसरों की नक़ल क्यों करें? हमें चीज़ें भारत के लिए बनानी चाहिए—अपने प्रयास निर्यात पर क्यों बर्बाद करें?') जैसे तर्क दिए जाते रहे।

हम दोनों को अच्छी तरह याद है कि उन दिनों भारतीय अंतरिक्ष अनुसंधान संस्थान (इसरो) के लिए कंप्यूटर हासिल करना कितना कठिन होता था। इसरो की ओर से, लोकल कंप्यूटर (टीडीसी सीरीज़) बनाने के लिए—अधिकतर पीडीपी कंप्यूटर सीरीज़ की रिवर्स इंजीनियरिंग द्वारा—इलेक्ट्रॉनिक्स कॉरपोरेशन ऑफ़ इंडिया (ईसीआईएल) को मदद दी गई। इसरो के सीमित बजट के साथ भी, हमने उन्हें भारत के पहले उपग्रह प्रक्षेपण यान प्रोजेक्ट एसएलवी-3 के बैकअप के रूप में ईसीआईएल से प्राप्त किया (विकास लागत और तकनीकी जोखिमों के साथ)।

हम भारत में पूर्ण आकार की माइक्रोइलेक्ट्रॉनिक्स उत्पादन सुविधा स्थापित करने से संबंधित बहुत से दूसरे अवसरों के बारे में जानते हैं जिन्हें हम चूक गए। मसलन, सेमीकंडक्टर कंप्लैक्स लि (एससीएल) की स्थापना बस कुछ सीमित उद्देश्यों तक थी, दुनिया के रुझान के साथ नहीं थी।

अब दुनिया में माइक्रोइलेक्ट्रॉनिक्स की बहुतायत है, और चीन व ताइवान विश्व भर के केंद्र बन चुके हैं। हम मौक़ा चूक गए हैं। हमें एकमात्र तसल्ली इस बात की है कि 'हमारे पास न केवल चिप के पार्ट्स बनाने की बल्कि पूरी चिप बनाने की प्रतिभा और विशेषज्ञता उपलब्ध है उदाहरण के लिए, वैश्विक सेमीकंडक्टर डिज़ाइन व निर्माण कंपनी टैक्सस इंस्ट्रुमेंट मोबाइल हैंडसेटों के लिए अपनी पूरी चिप बंगलौर में सुविधा से बनाती है।'[2] लेकिन बड़ी मात्रा में अधिकतर

निर्माण भारत से बाहर किया जाता है; नतीजतन, भारतीय कितनी उच्च-कौशल नौकरियों से वंचित रह जाते हैं?

हम भारत में विदेशी सहयोग से माइक्रोइलेक्ट्रॉनिक्स और कंप्यूटर बनाने के क्षेत्र में प्रवेश करने की संभावनाओं के बारे में जानते थे, लेकिन यह नीति-निर्धारकों के रडार पर नहीं था, जो अन्य, अधिक आवश्यक मुद्दों (जिनमें से कई आपातस्थिति तक इसलिए पहुंचे थे कि उन्हें बीते समय में नज़रअंदाज़ कर दिया गया था!) के आपातकालीन हल निकालने में लगे हुए थे। अब नुक़्सान हो चुका है: कंप्यूटर और चिप का आयात भारत के विदेशी मुद्रा भंडार को बुरी तरह प्रभावित करने वाला है।

अभी भी, कुछ समाधान संभव हैं। लेकिन आवश्यक क़दम उठाने के लिए एक साहसी लीडर की ज़रूरत है। हम इस बारे में इस किताब में आगे कहीं बात करेंगे। भारत, घरेलू खपत और निर्यात दोनों के ही लिए इलेक्ट्रॉनिक्स हार्डवेयर निर्माण को नज़रअंदाज़ नहीं कर सकता, विशेषकर इसलिए कि बायोमैडिकल उपकरणों से लेकर मनोरंजन और सुरक्षा प्रणालियों तक ज़्यादातर आधुनिक 'स्मार्ट' प्रणालियों के केंद्र में इलेक्ट्रॉनिक हार्डवेयर और कंप्यूटर चिप्स हैं।

आईटी के प्रति मोह

इलेक्ट्रॉनिक्स में खो दिए गए बड़े अवसर की ही तरह, भारत में 1995 से अब तक सारे ही निर्माण क्षेत्र की पूर्ण उपेक्षा भी है। इसका प्रभाव कहीं ज़्यादा विनाशकारी है। आर्थिक मंदी और बड़े पैमाने पर बेरोज़गारी जैसी हमारी बहुत सी वर्तमान समस्याएं इसी घोर उपेक्षा का नतीजा हैं।

हमारे राजनीतिज्ञ, योजनाकार, अर्थशास्त्री और अन्य नीति-निर्धारक 1990 के दशक के मध्य में आईटी उछाल पर बहुत ज़्यादा मोहित थे, जो अमेरिकी क़ंपनियों द्वारा भारत में प्रोजेक्टों को आउटसोर्स करने पर आधारित था और जिसमें बड़ी संख्या में कामगारों द्वारा काम किया जाता था। भारत के पास अंग्रेज़ी-भाषी लोगों की श्रेष्ठता थी, और हमारे यहां एक विशाल और युवा कार्यबल था जो उच्च आय प्राप्त करके ख़ुश था। अमेरिका की तुलना में भारत का विश्व के दूसरे कोने पर होना भी एक अतिरिक्त बढ़त थी: जब अमेरिका में वहां के कर्मचारी अपना काम बंद करते थे, तो भारत में सवेरा हो जाता था, और भारत में आधारित तकनीकी कामगारों के लिए काम शुरू करने का समय हो जाता था। इसके

अतिरिक्त, भारतीय तकनीकी कामगारों का एक दल रात में भी काम करने को तैयार था, जिससे उनके अमेरिकी सहकर्मी उनसे सीधे संपर्क साध सकते थे। प्रभावी रूप से, भारतीय कामगार चौबीस घंटे काम करते थे; उनके लिए यह 'सपाट दुनिया' में 'प्रकाश की गति से बिज़नेस' था।

यह निश्चित रूप से बिज़नेस का एक बहुत अच्छा अवसर था जिसका हमने फ़ायदा उठा लिया; उन उद्यमियों और व्यवसायियों की प्रशंसा होनी चाहिए जिन्होंने आर्थिक उदारीकरण के बाद के वर्षों में इस मौक़े का लाभ उठाया। यहां यह भी ध्यान देने योग्य है कि भारत के बदनाम स्व-वित्तपोषित प्राइवेट सेक्टर इंजीनियरिंग कॉलेजों ने आउटसोर्स होने वाले आईटी के कामों में से अधिकतर के लिए कुशल नौजवानों की विशाल सेना का अधिकांश भाग प्रदान किया। उनमें से बहुत से अपने कामों के सिलसिले में अमेरिका भी गए। लाखों भारतीय आईटी कर्मी जो आज अमेरिका, यूरोप, ऑस्ट्रेलिया, सिंगापुर और विश्व के अन्य भागों में काम कर रहे हैं, केवल आईआईटी से ही नहीं हैं, बल्कि इन 'साधारण' कॉलेजों से भी हैं।

युवा लोगों के हाथों में अच्छी आय का एक तुरंत प्रभाव भी हुआ: घरेलू सामान और वाहनों की ख़रीदारी, और यात्रा, मनोरंजन व निजी चीज़ों की ख़रीदारी में अचानक वृद्धि हुई। भारत में उन लोगों को भी रोज़गार प्राप्त हुए जिनके पास कॉलेज शिक्षा नहीं थी। नई कंपनियों की विशाल मशीनरी की मुंहभराई के लिए, बहुत से स्व-वित्तपोषित स्कूल, कॉलेज और कोचिंग संस्थाएं भी उठ खड़ी हुईं। विकासशील कंपनियां रोज़गार प्रदाता और आय प्रदाता भी थीं, जिससे जीडीपी में वृद्धि हुई। अर्थशास्त्री और नीति-निर्धारकों को विकास के इन आंकड़ों से प्रसन्नता हुई।

यह विकास बेशक स्वागत योग्य था, लेकिन जिस विकास की कल्पना *इंडिया 2020* में या विज़न 2020 दस्तावेज़ में की गई थी, वह केवल वृहत आंकड़ों का विकास नहीं था। हमारी कल्पना में कृषि, खनन, निर्माण, बुनियादी सुविधाएं, सामरिक उद्योगों और सेवाओं के क्षेत्र के संभावित विकास का ब्योरा भी शामिल था। यह एक संतुलित विकास होना था, ताकि विकास की कहानी को स्थिर रखा जा सके। लेकिन जो लोग केवल वृहत आंकड़ों पर ही ध्यान देते हैं, अक्सर अपनी बेसब्री के कारण उप-तत्वों के घटकों पर ध्यान नहीं देते हैं। इसलिए सूक्ष्म, लघु और मध्यम उद्यमों (एमएसएमई) के क्षेत्रों, हार्डवेयर निर्माण,

खनन में मूल्य संवर्धन इत्यादि को तकनीकी ब्योरों के रूप में नज़रअंदाज़ कर दिया गया। इन क्षेत्रों को जर्जर उद्योगों के रूप में नकार दिया गया। विशेषज्ञों ने दावा किया कि भारत ने, ज्ञान का देश होने के नाते, कृषि और निर्माण के 'गंदे' चरणों को बाईपास करके सीधे सेवाओं द्वारा निर्धारित विकास के युग में प्रवेश कर लिया है।

हममें से एक 1990 के दशक के अंत में आईटी व्यवस्था पर प्रधानमंत्री के कार्यबल में था। कार्यबल ने सॉफ़्टवेयर आधारित उद्योगों और हार्डवेयर (निर्माण) के लिए कुछ सिफ़ारिशें प्रस्तुत की थीं। इसने दोनों को ही समान महत्व दिया था। सिफ़ारिशों का सॉफ़्टवेयर वाला भाग बिना किसी आपत्ति के स्वीकार कर लिया गया, और इस विषय में सारी सरकारी अधिसूचनाएं तेज़ी के साथ पूरी कर ली गईं। इसके नतीजे में आईटी-समर्थित सेवाओं और बीपीओ क्षेत्र का तेज़ी के साथ विकास हुआ, जो अच्छी बात थी। लेकिन हार्डवेयर से संबंधित सिफ़ारिशें बस धूल ही खाती रहीं। ऐसी अफ़वाहें सुनने में आईं कि बड़ी आईटी कंपनियों ने सरकार से हार्डवेयर के उपक्रमों को स्थगित कर देने का निवेदन किया था, क्योंकि शायद उनकी प्रमुख कंपनियां (आउटसोर्स करने वाली अमेरिकी और यूरोपीय कंपनियां) अपने द्वारा आउटसोर्स किए गए काम में भारत में बने हार्डवेयर का इस्तेमाल किया जाना पसंद न करें, और इस तरह भारत को आउसोर्स हो रहे बिज़नेस में कुछ नुक़्सान पड़ सकता है।

निर्माण की अनदेखी

एमएसएमई और बड़ी निर्माण कंपनियों की भी इसी तरह अनदेखी की गई। ऑटो क्षेत्र और विकासशील औषधि क्षेत्र का विकास जो सफलतापूर्वक विश्व बाज़ार में प्रवेश कर चुका था, निर्माण क्षेत्र में भारत के गौरव को संतुष्ट करने के लिए काफ़ी था। मशीन यंत्र क्षेत्र जो कि निर्माण का केंद्र है, शिथिल पड़ा रहा। भारत में मशीन यंत्र निर्माण के आधार को बनाने के लिए कोई विशेष प्रयास नहीं किए गए। भारत में स्वतंत्रता के बाद मशीन यंत्र बनाने के लिए स्थापित की गई सरकारी क्षेत्र की यूनिट हिंदुस्तान मशीन टूल्स (एचएमटी) शुरू में आयातित प्रौद्योगिकी की मदद से अच्छा काम करती रही। लेकिन यह शोध एवं विकास तो दूर, उन्नयन के भी साथ नहीं चल सकी। एक स्थिति ऐसी आई कि यह आयात के लिए एक स्रोत एजेंट भर बनकर रह गई, और एजेंसी के कमीशन से संतुष्ट रही।

1995 के आसपास भारत का स्थानीय उत्पादन में एक अच्छा अनुपात था, लेकिन अब हम अधिकांशत: आयात पर निर्भर हैं क्योंकि भारतीय मशीन यंत्र उत्पादन उद्योग प्रौद्योगिकी और उत्पाद इंजीनियरिंग में पिछड़ रहे हैं। इसकी तुलना में चीन न केवल मशीन यंत्रों की खपत और स्थानीय उत्पादन में विश्व के शिखर पर है बल्कि निर्यात में भी बहुत ऊपर है। एक दशक पहले तक चीन भारी मात्रा में आयात पर निर्भर करता था।

नीचे दी गई सारणी[3] विश्व में भारत की स्थिति को दर्शाती है।

सारणी 2.1

प्रमुख उपभोक्ता: स्थापित मशीन यंत्रों का मिलियन अमेरिकी डॉलर में मूल्य

क्र.सं	देश	खपत	*बदलाव	डॉलर/व्यक्ति
1.	चीन	38,510.2	−1%	29
2.	अमेरिका	8,722.5	19%	28
3.	जापान	7,462.8	1%	59
4.	जर्मनी	6,400.2	0%	78
5.	कोरिया गणतंत्र	4,646.0	−11%	96
6.	भारत	2,286.1	2%	2
7.	इटली	2,172.0	−15%	37
8.	ब्राज़ील	1,867.2	−22%	9
9.	ताइवान	1,844.0	−7%	80
10.	मैक्सिको	सी1,360.9	0%	12
11.	तुर्की	1,344.3	0%	18
12.	रूस	1,317.0	0%	9
13.	कनाडा	सी1,255.6	10%	37
14.	फ्रांस	1,118.1	−8%	17
15.	स्विट्ज़रलैंड	1,034.4	−14%	136
16.	यूनाइटेड किंगडम	816.2	11%	13
17.	ऑस्ट्रिया	586.0	2%	71
18.	स्पेन	392.0	−1%	10

19.	चेक गणराज्य	348.5	–4%	34
20.	स्वीडन	344.4	0%	38
21.	नीदरलैंड्स	343.1	7%	21
22.	अर्जेंटीना	261.3	24%	6
23.	बेल्जियम	246.8	–9%	24
24.	रोमानिया	सी243.0	0%	11
25.	ऑस्ट्रेलिया	210.0	–1%	10
26.	फ़िनलैंड	140.1	1%	27
27.	पुर्तगाल	137.5	26%	13
28.	डेनमार्क	39.8	0%	7

प्रत्यक्ष खपत = घरेलू उत्पाद + आयात – निर्यात
*2011 से बदलाव, रिपोर्टिंग मुद्रा में मापित
खपत प्रति व्यक्ति 2011 के आबादी के अनुमानों पर आधारित
सी = लगभग; भिन्न रिपोर्टों से मोटा-मोटा अनुमान

एक ऐसी स्थिति की कल्पना करें जहां दो डॉलर प्रति व्यक्ति खपत की वर्तमान दर को बढ़ाकर हम पंद्रह या बीस डॉलर प्रति व्यक्ति के एक अधिक स्वीकार्य वैश्विक आदर्श तक ले जाना चाहें। तो आयात कितना होगा?

क्या यह स्पष्ट नहीं है कि हमें भारत में उच्च गुणवत्ता मशीन उत्पादन व्यवसाय के लिए माहौल बनाने को वरीयता देने की आवश्यकता है? इस बिज़नेस का बड़ा भाग बहुराष्ट्रीय कंपनियों के द्वारा या बहुराष्ट्रीय कंपनियों के साथ संयुक्त उपक्रम के रूप में चलाया जा सकता है; महत्वपूर्ण चीज़ यह है कि उत्पादन का एक बड़ा भाग स्थानीय हो। यह उद्योग रोज़गार के बहुत से अवसर पैदा करेगा। साथ ही, चूंकि मशीन यंत्र निर्माण के केंद्र में हैं, इसलिए उद्योग को भारत के भीतर ही अनेक एमएसएमई की स्थापना को प्रोत्साहित करना होगा। आयात के व्यय को कम से कम आंशिक रूप से संतुलित करने के लिए इन यूनिटों को निर्यात के लिए भी प्रयास करना होगा।

गतिहीन निर्माण

गंवाए हुए अवसरों का यह संभवतः सबसे बड़ा उदाहरण है।

भारत में गतिहीन पड़े निर्माण के विषय में शताब्दी-परिवर्तन के समय से ही आगाह किया जा रहा था, लेकिन इन चेतावनियों को अनसुना कर दिया गया, 'सेवा-चालित विकास' के शोर में दबा दिया गया। हाल के वर्षों में, बातचीत 'अधिकार-चालित विकास' की ओर झुक गई है। इसके लिए विचार कुछ इस तरह से है: अगर निर्माण क्षेत्र में गंभीर समस्याओं की वजह से लोग रोज़गार गंवाते हैं तो इसका हल उसी धन को सौ दिन के लिए रोज़गार गारंटी योजना के तहत संवितरित कर देना है। लेकिन वर्ष के शेष 265 दिन क्या होगा? साथ ही, अगर कृषि और निर्माण क्षेत्र शिथिल पड़ेंगे तो धन कहां से आएगा? कृषि कम से कम निजी किसानों के हाथ में है, इसलिए यह अस्तित्व में बनी रही और धीरे-धीरे बढ़ती रही। लेकिन निर्माण का एक बड़ा भाग असंगठित क्षेत्र में होने के बावजूद यह कच्चे माल, बिजली, ऊर्जा, परिवहन आदि की उपलब्धता पर निर्भर रहता है; मूलभूत सुविधाओं के सहयोग के बिना उद्योग के रूप में निर्माण जीवित नहीं रह सकता।

ग़ैर-विनिर्माण पर हाल ही में आई एक ई-बुक में संपादक निष्कर्ष निकालते हैं :

> भारतीय निर्माण क्षेत्र गतिहीन रहा है और इसने रोज़गार, निवेश (घरेलू एवं विदेशी दोनों) और निर्यातों को प्रतिकूल रूप से प्रभावित किया है। इसने भारतीय आयात एवं निर्यातों के बीच एक बड़ी दरार पैदा की है, जिससे विदेशी मुद्रा का संकट सामने आया। मज़बूत और सक्रिय निर्माण क्षेत्र के बिना भारतीय राष्ट्रीय पूंजी का विकास नहीं हो सकता। निर्माण के क्षेत्र में गिरावट का मुख्य कारण संचालन तंत्र एवं नीतिगत शिथिलता है।[4]

इसी पुस्तक में एन.एस.सिद्धार्थन अपने लेख 'व्हाट एल्स मैन्युफ़ैक्चरिंग' में लिखते हैं:

> यूरोप और जापान समेत अधिकांश देशों में विकास का अवलोकन निर्माण को विकास का प्रमुख चालक दर्शाता है। दीर्घकालीन तीव्र आर्थिक वृद्धि की अवधियों के दौरान राष्ट्रीय पूंजी में कृषि की भागीदारी और कुल रोज़गार में कृषि रोज़गार की भागीदारी घटती है। कृषि द्वारा रिक्त की गई जगह पर मुख्यतः निर्माण अधिकार कर लेता है। राष्ट्रीय पूंजी में निर्माण की भागीदारी तेज़ी से बढ़ती है और फिर तीस प्रतिशत पर पहुंचकर स्थिर

हो जाती है। इसके बाद सेवा क्षेत्र जगह संभाल लेता है।[5] तीन बड़े क्षेत्रों के बीच गतिकी का यह बहुत ही स्पष्ट गठजोड़ है।

भारत में, 1993-94 के 28.9 प्रतिशत की तुलना में 2009-10 में कृषि की भागीदारी लगभग 14.6 प्रतिशत रह गई थी। निर्माण 1993-94 के 14.2 प्रतिशत से बढ़कर 2009-10 में 15.9 प्रतिशत हो गया। सेवा क्षेत्र की भागीदारी के 44.1 से बढ़कर 2009-10 में 57.3 प्रतिशत पर पहुंच गया था।[6]

जैसा कि एनएस सिद्धार्थन इंगित करते हैं, सेवा क्षेत्र विभिन्नताओं का मिश्रण है: इसमें आईटी सेवाएं और सरकारी वेतनभोगी सेवाएं शामिल हैं, लेकिन शेष क्षेत्र का एक बड़ा भाग असंगठित है, जिसमें स्वरोज़गार करने वाले निर्धन हैं जो गुज़र-बसर करने लायक़ मज़दूरी पर निर्वाह करते हैं।

भारत में कृषि क्षेत्र ने विकास करना बंद नहीं किया है, भले ही विकास धीमा रहा हो। लेकिन लोग कृषि से निर्माण क्षेत्र की ओर जाने में समर्थ नहीं हो पाए हैं क्योंकि निर्माण क्षेत्र गतिहीन रहा है। इसलिए भारत के निर्धन लोग धीमी गति से प्रगति करने, कम आमदनी वाले कृषि क्षेत्र से आजीविका कमाने के लिए विवश हैं जो अपने ऊपर आश्रित हद से ज़्यादा लोगों (ग्रामीण निर्धनों) का बोझ कम करने में असमर्थ है। जबकि निर्माण क्षेत्र, असंगठित निर्माण क्षेत्र सहित, (शहरी एवं ग्रामीण निर्धनों को प्रभावित करते हुए) गतिहीन पड़ा है। सेवा क्षेत्र में (जो शहरी निर्धनों को रोज़गार देता है), निर्वाह-योग्य वेतन देने वाले सेवा प्रदाता या स्वरोज़गार में लगे निर्धन कर्मी के भाग्य में भी कोई सुधार नहीं आया है। स्वयं सेवा क्षेत्र ने भी स्थिर विकास नहीं देखा है, और हाल के समय में इसका विकास निरंतर कुंठित रहा है।

हम किस दिशा में जा रहे हैं? क्या केवल सरकारी सेवाएं और आईटी सेवाएं ही समुचित रोज़गार एवं आय प्रदान करके भारतीय लोगों को बचा सकती हैं? यह बमुश्किल ही मुमकिन है। फ़ौरी आवश्यकता ऐसी नीति बनाने की है जो तकनीकी क्षमताएं हासिल करके भारतीय एमएसएमई की सहायता कर सके।

कृषि

पांच-छह साल पहले तक भी यद्यपि भारत को अच्छी-ख़ासी मात्रा में खाद्य पदार्थों का आयात करना पड़ता था, लेकिन आज भारत विश्व में चावल का सबसे बड़ा और गेहूं एवं चीनी का दूसरा सबसे बड़ा निर्यातक है; कृषि के निर्यात से होने

वाली आय लगभग 232,000 करोड़ रुपए प्रतिवर्ष है।[7] अनियमित मानसून के कारण कम रही कृषि वाले वर्ष में भी खाद्य सुरक्षा बिल द्वारा कृषि क्षेत्र पर आरोपित मांगों की वजह से हमारे सामने उत्पादन बढ़ाने के अलावा और कोई रास्ता नहीं है। हमें सिंचाई, बिजली के लिए और पूंजी उपलब्ध करवानी होगी, नए क़िस्म के बीज विकसित करने के लिए शोध एवं विकास पर बड़े स्तर पर ध्यान केंद्रित करना होगा।

पदार्थों ने हमारी बहुत मदद की है। अगर जीएम कपास को देखें तो जीएम के फायदे साफ दिखेंगे। सात साल पहले भारत कपास का आयात कर रहा था आज वो दूसरा सबसे बड़ा निर्यातक है।[8] पदार्थों को लेकर भारत बहुत संकीर्ण है। आज तक हम केवल एक फ़सल, कपास, को ही स्वीकृत कर पाए हैं। पिछले वर्ष, हमने कपास की आठ करोड़ दस लाख गांठें निर्यात की थीं, जिसने हमें विश्व का दूसरा सब्रसे बड़ा निर्यातक बना दिया था। 2003–04 में 137 लाख गांठों के कुल कपास उत्पादन में बीटी कपास का क्षेत्र 123 प्रतिशत था। 2012–13 में यह 91 प्रतिशत हो गया है और उत्पादन 352 लाख गांठों का हुआ है। यह बढ़त दिखाती है कि किसान ने बीटी कपास को स्वीकार कर लिया है जिसने उत्पादकता को प्रभावित किया है।[10]

अगर हम कृषि में ऐसे मौकों को न गंवाएं और योजनाबद्ध तरीक़े से काम करे तो ग्रामीण दरिद्रता को शीघ्र ही एक भूली-बिसरी चीज़ बना सकता है।

छोड़ने या नई शुरुआत करने का समय?

गंवाए हुए अवसरों के इन उदाहरणों से हमें चेत जाना चाहिए। भारत द्वारा इन अवसरों को गंवा देने का कारण यह नहीं था कि हम विज्ञान की नई खोजों का या इंजीनियरिंग के नए आविष्कारों का इंतज़ार कर रहे थे। गंवाए हुए अवसरों में से अधिकांश भावी घाटों को लेकर काल्पनिक भयों, काल्पनिक दर्प कि हम हर चीज़ के लिए भारत का अनूठा मार्ग खोज लेंगे, दूसरों से न सीखने के अनुचित घमंड और ग़रीबों की व्यावहारिक ज़रूरतों के प्रति घोर उपेक्षा का परिणाम थे।

क्या हम दूसरे देशों से सीखने के लिए तैयार हैं? दशकों प्रगति से वंचित रहने के बाद क्या अब हम तेज़ी से आगे बढ़ने के लिए तैयार हैं? या हम उम्मीद से कम प्रतिफल पाकर, असल स्थिति को जन-उपभोग की सांख्यिकीय तिकड़मबाज़ी से ढांपकर ही ख़ुश हैं?

इस संदर्भ में, गत वर्ष के *बिज़नेस स्टैंडर्ड* में प्रकाशित एक लेख में डाटा के विशेष रूप से स्पष्ट विश्लेषण को देखना दिलचस्प होगा।[9] लेखक ने भारत की अर्थव्यवस्था में उछाल के वर्षों की तुलना पूर्व एशियाई 'टाइगर्स' (चीन, ताइवान, इंडोनेशिया, मलेशिया, थाईलैंड, दक्षिण कोरिया, सिंगापुर) की अर्थव्यवस्थाओं से की है।

> एक ज़्यादा बड़ी अवधि में (1979 के बाद) अपने एशियाई मित्रों की तुलना में भारत का विकास पूरी तरह अनुल्लेखनीय रहा था। लेकिन *इंडिया शाइनिंग* वर्ष भी कम चमकदार मालूम होते हैं। वस्तुतः माना यह जाता था कि भारत ने चीन के सिवा अन्य सभी देशों से बेहतर प्रदर्शन किया है। उचित रूप से आंका जाए तो भारत ने अच्छा प्रदर्शन तो किया था लेकिन उतना अच्छा नहीं जितना एशियाई टाइगर्स ने अपने विकास के तुलनीय उछाल के दौरान किया था।

लेख में ही कहीं वे दर्शाते हैं कि अगर भारत ने कमतर प्रदर्शन नहीं किया होता तो भारत की प्रति व्यक्ति सकल घरेलू उत्पाद दर 4000 डॉलर के बजाए 15000 डॉलर होती। अवसरों को गंवाने से हुए हमारे नुक़्सान का कुल निष्कर्ष यही है।

इस बिंदु पर हम सोलह साल पहले अपने द्वारा लिखी *इंडिया 2020* (पृष्ठ 154) से एक अनुच्छेद उद्धृत करना चाहेंगे :

> स्वतंत्रता प्राप्ति के बाद के पांच दशकों के दौरान हमारे सामने सुलझाने के लिए अनेक बड़ी समस्याएं थीं। पीछे देखें तो हमारे अंदर उस तरह का संकल्प भी नहीं था जो सदियों के गतिरोध को मिटाने और एक उत्साही समाज के रूप में उभरने के लिए आवश्यक होता है। प्रौद्योगिकी के साथ-साथ व्यापार और वाणिज्य द्वारा प्रस्तुत बहुत से अवसरों को हमने हाथ से निकल जाने दिया है। गंवाए हुए अवसरों की सामान्यतया उसी रूप में पुनरावृत्ति नहीं होती है। प्रतिद्वंद्वितापूर्ण दुनिया में बहुत से दूसरें लोग इन अवसरों को लपकने की ताक में रहते हैं। इन चूके हुए अवसरों का बहुत बड़ा दुष्परिणाम राष्ट्रोय या बुद्धिजीवियों के दर्प पर आघात से कहीं ज़्यादा राष्ट्र का नुक़्सान है। धीमे आर्थिक विकास ने सबसे ज़्यादा ग़रीब तबक़े को प्रभावित किया है। अगली चौथाई सदी में हमारा सबसे ज़्यादा ध्यान

विकास की इन समस्याओं पर और ग़रीबी मिटाने पर होना चाहिए। ऐसा करने के लिए हमें विश्व से बहुत सी चीज़ें अपनानी होंगी, साथ ही भविष्य के रचनात्मक साहसिक कार्यों के लिए ख़ुद को तैयार करना होगा।

अन्य देश भी विकास कर रहे हैं, हालांकि जब वे उच्चतर स्तरों पर पहुंचते हैं तो उनकी विकास दर धीमी पड़ सकती है। लेकिन हम अभी भी निचले स्तर पर ही हैं। बराबरी पर आने के लिए हमें दो दशक तक लगातार रेस लगानी पड़ेगी।

क्या आप तैयार हैं? हमारा विश्वास है कि युवा भारतीय तैयार हैं, वे कोई भी अवसर न गंवाने, और इसके बजाए हर मौक़े को दोनों हाथों से लपकने के लिए तैयार हैं।

परिवर्तन का समय अभी है। विकल्प स्पष्ट और भयानक है। अगर हम वर्तमान ढर्रे पर ही चलते रहे तो विश्व के अन्य लोग हमसे आगे निकल जाएंगे। हम भुगतान की समस्याओं के संतुलन में फंस जाएंगे। और इस सबसे ज़्यादा, ग़रीबी और बेरोज़गारी और ज़्यादा बढ़ जाएगी, जो हमारे समाज को अंत:स्फोट की ओर ले जाएगी।

और अगर हम बदलाव लाएंगे तो हम वास्तविक प्रगति कर पाएंगे: निर्वाह के स्तर से स्थायी संतोषजनक स्तर तक; ग़रीबी से समृद्धि तक; गतिरोध से तीव्र विकास की ओर।

अब समय है नए सिरे से शुरुआत करने का, कमर कसने और आगे बढ़ने का।

अगले अध्याय में हम देखेंगे कि किस तरह हम वेग को बनाए रख सकते हैं।

अध्याय-3

कृषि की मुक्ति

शहरी क्षेत्रों के अधिकांश भारतीयों के लिए, और मीडिया में होने वाली बौद्धिक बहसों में भी भोजन की उपलब्धता ऐसी चीज़ है जिसे सहजता से प्राप्त मान लिया जाता है। हममें से अनेक लोग यह भूल गए मालूम होते हैं कि हमारे देश ने स्वतंत्रता-प्राप्ति के आसपास के समय में व्यापक अकाल देखे थे, और 1960 के दशक में भी खाद्य पदार्थों की भारी कमी और राशन व्यवस्था देखी थी। कृषि क्षेत्र की सफलता ने ही हमारे खाद्य सुरक्षा के बोध को सशक्त किया है।

1960 के दशक के उत्तरार्ध में आई हरित क्रांति ने, जिसे स्वर्गीय सी. सुब्रह्मण्यम ने निडरतापूर्वक आरंभ किया था, खाद्य उपलब्धता के संदर्भ में तस्वीर को बदल दिया था। इसके बाद देश भर में व्याप्त 'आयात पर निर्भर' अस्तित्व का संकट नहीं रहा था। खाद्यान्न की घोर कमी को दूर करने के लिए हम अमेरिका से आए खाद्यान्न की खेपों पर निर्भर नहीं रहे थे।

1998 में जब तक हमने *इंडिया 2020* पूरी की थी, खाद्य उपलब्धता कोई मुद्दा नहीं रहा था। लेकिन वे लोग जो खाद्यान्न उगाते हैं, किसान और खेतिहर श्रमिक, जो अपने परिवारों के साथ भारत की जनसंख्या का दो-तिहाई हिस्सा हैं, वे बहुत अच्छी स्थिति में नहीं थे। बड़े और मंझोले किसान तो समृद्ध थे लेकिन अन्य अधिकांश—जो बहुसंख्या में थे, किसानों की कुल संख्या का लगभग सत्तर

प्रतिशत—बहुत छोटे किसान हैं जिनके पास बहुत थोड़ी सी भूमि है।

साथ ही हरित क्रांति का विस्तार 1990 के दशक तक थम गया था, और बड़े खलिहान पंजाब, हरियाणा, पश्चिमी उत्तर प्रदेश और आंध्रप्रदेश तक सिमटकर रह गए थे जहां उच्च पैदावार वाली कृषि भूमि की उर्वरता के चुकने की समस्याएं दिखने लगी थीं। अच्छी फ़सल पाने में लगने वाली लागत बढ़ने लगी थी।

स्वर्गीय प्रोफ़ेसर एस.के. सिन्हा के नेतृत्व में विज़न 2020 के दल ने इन मुद्दों को समग्र रूप से देखा था। उनकी मुख्य सिफ़ारिशें यहां दोहराए जाने के योग्य हैं (*इंडिया 2020,* अध्याय 4, पृ 84–85 से पुनः प्रस्तुत)।

- भारत को कृषि क्षेत्र में विश्व का मुख्य खिलाड़ी और खाद्यान्न एवं अन्य कृषि–उत्पादों का अग्रणी निर्यातक बनने का लक्ष्य रखना होगा।
- पूर्वी भारत को गेहूं का बड़ा उत्पादक बनना होगा।
- चावल उत्पादक क्षेत्रों को बड़े स्तर पर हाइब्रिड बीजों का प्रयोग करना होगा।
- केंद्रीय भारत को सब्जियों, फलों, दालों और मोटे अनाजों का केंद्र बनाना होगा।
- कंदिल फ़सलों पर ज़्यादा बल देना होगा।
- जल को राष्ट्रीय संसाधन—जल प्रबंधन को कृषि समृद्धि की कुंजी के रूप में देखना होगा।
- फ़सल उपरांत की मूलभूत तकनीकों में निपुणता पानी होगी और उन्हें प्रसारित करना होगा।
- अगर आवश्यक हो तो यात्रा करने का, और परस्पर संवाद को सुगम बनाने के लिए अंतरिक्ष प्रौद्योगिकी का प्रयोग करने और किसानों को प्रश्न करने और अनुभव बांटने का अवसर उपलब्ध करवाकर उन्हें इस विषय में शिक्षित करने के लिए क़दम उठाना होगा कि अन्य जगहों पर क्या हो रहा है।

कोई व्यक्ति आधुनिक प्रौद्योगिकी की सही और निरंतर मात्रा के प्रयोग से कृषि समृद्धि की अपनी कल्पना को किस तरह व्यक्त करता है, उस कल्पना का वर्णन किस तरह करता है जो कृषि–पर्यावरण और प्राकृतिक संसाधनों के सारे लाभों का उपयोग करती है? इस कल्पना में स्वाभाविक रूप से यह तथ्य सम्मिलित होता है कि सभी भारतीयों के लिए खाद्य उपलब्धता और यह चिंता करना सर्वोपरि

सरोकार नहीं रहेगा कि अगले भोजन का प्रबंध कहां से होगा। उनकी आज की स्थिति की तुलना में उनके पास बहुतायत में भोजन होगा।

कुल उत्पादन या प्रति व्यक्ति उपभोग या निर्यात के आंकड़ों की केवल कल्पना ही उस समग्रता में समाविष्ट नहीं है जिस पर हम विचार करते हैं। इसे क्रियान्वित करने के लिए उठाया गया क़दम भी उतना ही महत्वपूर्ण है। इन कल्पनाओं को साकार करना असंभव बिल्कुल नहीं है। निवेश मुश्किल नहीं हैं। लेकिन इसके लिए बहुत मेहनत, नीतियों, प्रशासनिक सहयोग और वास्तविक क्षेत्र-कार्य का संकालन दरकार है जिसमें लोगों और किसानों को विश्वास में लेना और उन तक तकनीक के लाभों को पहुंचाना शामिल है।

प्रगति क्या है?

अच्छी ख़बर यह है कि केंद्रीय सरकार, राज्य सरकारों और अन्य कई शेयरधारकों द्वारा अमल में लाई गई कार्य-योजनाओं की दिशा लगभग उपरिलिखित सार-बिंदुओं के अनुसार ही है। पर प्रगति की गति तेज़ करने की ज़रूरत है। मगर हमें यह भी स्पष्ट कर देना चाहिए कि कृषि क्षेत्र पर लगाए गए अनेक प्रतिबंधों के बावजूद यही एक क्षेत्र ऐसा है जिसने भारतीय अर्थव्यवस्था को ढहने से बचाए रखा है। पिछले दो वर्षों में जब औद्योगिक क्षेत्र शून्य विकास के नज़दीक पहुंच गया था, कृषि विकास ने ही समस्त सकल घरेलू उत्पाद को सम्मानजनक स्तर पर बनाए रखा था।

इस क्षेत्र में क्या और कितनी जल्दी किया जा सकता है, इसका निष्कर्ष निकालने से पहले आगामी अनुच्छेदों में हम शीघ्रता से विकास और समस्याओं के कुछ तत्वों की समीक्षा करेंगे।

ग्यारहवीं पंचवर्षीय योजना (2007-12) के लिए कृषि विकास का लक्ष्य चार प्रतिशत था। प्राप्त दर साढ़े तीन प्रतिशत थी। विज़न 2020 के अनुमानों के अनुसार, ग्यारहवीं योजना के लिए भी निर्धारित लक्ष्य बहुत कम था: हमें और ज़्यादा महत्वाकांक्षी लक्ष्य निर्धारित करने चाहिए क्योंकि वे प्राप्य हैं। लेकिन फिर से उस अनुच्छेद को याद करें जिसे ऊपर *इंडिया 2020* से पुनः प्रस्तुत किया गया था। इन लक्ष्यों को पाने के लिए हमें योजनाबद्ध और समकालिक कार्रवाई करनी होगी। इस बिंदु पर हम कुछ देर बाद आएंगे।

कृषि में प्राप्त उपलब्धियों को भारत के आर्थिक सर्वेक्षण 2012-13 में

देखा जा सकता है :

- भारत में खाद्यान्न के उत्पादन ने हालिया वर्षों में उल्लेखनीय सुधार दर्शाया है। 2011-12 ने 259.32 मिलियन टन की रिकॉर्ड वृद्धि देखी।
- 2005-06 के मुक़ाबले 2012-13 में प्रमाणित गुणवत्ता के बीजों की उपलब्धता दोगुनी से ज़्यादा रही।
- पशुधन क्षेत्र ने 4.8 प्रतिशत की औसत विकास दर प्राप्त की।
- 2010-11 के दौरान भारत के 6.9 प्रतिशत के कुल निर्यात की तुलना में 2011-12 के दौरान कृषि और संबद्ध उत्पादों का निर्यात 9.08 प्रतिशत रहा।

ग्यारहवीं योजना काल के दौरान प्राप्त महत्वपूर्ण उपलब्धियों में से एक पूर्वी भारत को भारतीय बाज़ार में अनाज का एक बड़ा सप्लायर बनाना है। दूसरा उल्लेखनीय तथ्य यह है कि अब फल-सब्ज़ियां अधिकाधिक भारतीयों के दैनिक आहार का हिस्सा बन रही हैं।

सिंचाई के मोर्चे पर स्थिति परिवर्तनहीन रही है। सिंचित भूमि की विकास दर बहुत कम है। भारत में कुल कृषि भूमि का लगभग साठ प्रतिशत अभी भी वर्षा-पोषित, यानी मानसून पर निर्भर है। इंडिया ब्रांड इक्विटी फ़ाउंडेशन (आईबीईएफ) की रिपोर्ट के अनुसार, 'निजी और सार्वजनिक क्षेत्र के निवेश में वृद्धि की तुलना में सिंचाई के तहत क्षेत्र की वृद्धि बहुत कम है।'[1] इसलिए, अब कृषि उत्पादन में प्राप्त वृद्धि (जैसा कि ऊपर बताया गया है) मानसून की असफलता एवं/अथवा निरंतर जारी सूखे की अवधियों के कारण असुरक्षित है। इसीलिए *इंडिया 2020* में हमारे द्वारा की गई मुख्य सिफ़ारिशों, जिन्हें पिछले अध्याय में पुनरोद्धृत किया गया था, में से एक किसान के लिए जल की उपलब्धता: जल प्रबंधन थी।

हरित क्रांति के एक मुख्य भाग के रूप में सिंचित भूमियों में किसानों ने उपलब्ध जल को नवीन तरीक़ों से प्रयुक्त किया, और भारत के कृषि उत्पादन को बहुत अच्छा आकार प्रदान किया, जैसा कि *इंडिया 2020* में हमने उल्लेख किया था। लेकिन वह भारतीय कृषि की पूर्ण सामर्थ्य नहीं है। अन्य कृषि भूमियों को, जो सिंचित क्षेत्रों से लगभग दोगुनी बड़ी हैं, सिंचाई की सूक्ष्म और लघु प्रणालियों और अधिक महत्वपूर्ण रूप से ड्रिप एवं स्प्रिंकलर सिंचाई पद्धतियों के

ज़रिए जल की उपलब्धता से सक्षम करना होगा। इस क्षेत्र में कुछ प्रगति हुई है चाहे ये एक धीमी शुरुआत है। हालांकि वर्षा द्वारा पोषित कृषि क्षेत्रों में खेती करने वाले लाखों ग़रीब, कमज़ोर एवं छोटे किसानों को न्यूनतम जल आपूर्ति और खास बीज मुहैया कराए जाने चाहिए जो उनके कृषि वातावरण के अनुकूल है।

अधिकांश विकसित और उभरते हुए देशों के वैश्विक मापदंडों की तुलना में भारत में रासायनिक खादों का प्रयोग उचित बल्कि कम ही है। कीटनाशकों का प्रयोग (प्रति हैक्टेयर कृषि योग्य भूमि पर किलोग्राम) भी इसी तरह कम ही है। पूरे विश्व की विस्तृत तुलनाएं विश्व बैंक, खाद्य एवं कृषि संगठन (एफ़एओ) और अन्य अनेक स्रोतों के डाटा से प्राप्त की जा सकती हैं जो कि वेब पर उपलब्ध हैं: दिलचस्पी रखनेवाले पाठक इन पर नज़र डाल सकते हैं। हम केवल यह संकेत करना चाहते हैं कि अगर कृषि के क्षेत्र में विकास होता है और जल की समुचित उपलब्धता प्राप्त कर ली जाती है तो भारत में खाद, कीटनाशकों आदि का प्रयोग सही स्तर तक पहुंच जाएगा।

छह दशकों से ज़्यादा तक की गई चर्चाओं और विज़न 2020 दस्तावेज़ों में जल प्रबंधन पर (जो कि स्वयंधारी हो सकता है, जैसा कि प्रोफ़ेसर एस.के. सिन्हा और उनके दल ने भारत के अनेक हिस्सों में दर्शाया था) दिए गए विशिष्ट बल के बावजूद भारत की 'वर्षा-पोषित' भूमियों पर अभी भी ध्यान दिया जाना है। इसीलिए कृषि की विकास दर धीमी है; 2014 में मानसून की भविष्यवाणी सकारात्मक न होने के साथ विकास दर और नीचे जा सकती है। भारतीय कृषि के लिए पांच प्रतिशत की स्थिर दीर्घकालिक विकास दर पर पहुंचना आसानी से संभव है। इस अध्याय के अंत में हम चर्चा करेंगे कि यह कैसे संभव है।

अभी तो हम भारतीय कृषि के उत्थान के लिए एक और क़ीमती चीज़ पर अपना ध्यान देंगे—भारतीय कृषि के लिए आनुवंशिक रूप से संशोधित (जीएम) बीज और आनुवंशिक अभियांत्रिकी पद्धतियों का प्रयोग।

जीएम फ़सलें : किसानों के लिए वरदान

जीएम फ़सलों के हानि-लाभों पर अनेक किताबें, लेख और अख़बारी रिपोर्टें प्रकाशित हुई हैं। अक्सर यह एक बेहद संवेदनशील और विस्फोटक मुद्दा बन जाता है। भारत में आजकल आनुवंशिक अभियांत्रिकी या आनुवंशिक संशोधन या ट्रांसजेनिक फ़सलों से संबंधित कोई भी बात विवादास्पद हो जाती है। मालूम होता

है कि इस विषय पर लोगों ने पहले से ही धारणाएं बना रखी हैं, और जानकारीपूर्ण चर्चाएं नहीं की जातीं।

उस समय जब टैक्नोलॉजी विज़न 2020 के कार्यबल अपने शोध एवं सर्वेक्षण कर रहे थे, तब जीएम फ़सलों पर प्रयोग किए जा रहे थे। कार्यबलों ने भारत में जीएम फ़सलों के लाभों का आकलन किया है। उन्होंने 1990 के दशक के मध्य में जो कहा था, उसे याद करना दिलचस्प होगा।

कार्यबलों के जांच-परिणामों के आधार पर *इंडिया 2020* (अध्याय 4, पृ 67-69) में बायोतकनीक के प्रयोग के विषय में हमने यह लिखा था:

> स्वाभाविक रूप से हम बायोतकनीक से शुरू करना चाहेंगे क्योंकि यह कृषि के मूलभूत निवेशों के अनके पहलुओं से जुड़ी होती है: बीज, पौधे, मिट्टी का उपचार आदि। अगर हम सही क़दम उठाएं तो यह खाद्य सुरक्षा के लिए बहुत अहम है। सबसे महत्वपूर्ण तकनीकों में से एक वह है जो ट्रांसजेनिक पौधों की ओर ले जा सके; यानी वे पौधे जो 'मानव-निर्मित' होते हैं और जिन्हें लक्षित पौधे के अभीष्ट जीन के स्थानांतरण और अभिव्यंजन द्वारा अभीष्ट उद्देश्यों की पूर्ति के लिए निर्मित किया गया है। विश्व भर में इस तरह के अनेक विकास किए जा रहे हैं। 1994-95 में, उत्पन्न किए गए कुल 482 ट्रांसजेनिक पौधों में से तीस प्रतिशत पर तृणनाशक प्रतिरोधिता का, चौबीस प्रतिशत पर उत्पाद गुणवत्ता का, इक्कीस प्रतिशत पर कीट प्रतिरोधिता का, चौदह प्रतिशत पर वायरस प्रतिरोधिता का, तीन प्रतिशत पर फंफूदी से प्रतिरोधिता का और आठ प्रतिशत पर अन्य विशिष्ट गुणों का परीक्षण किया गया था। रूपांतरित की गई फ़सलों में अन्यों के साथ सब्ज़ियां, खेत की फ़सलें, फल और मेवे हैं। सब्ज़ियों में हैं: शतावरी, गाजर, गोभी, पत्तागोभी, सैलरी, खीरा, सहजन, लैट्यूस, मटर, आलू और टमाटर। खेत की फ़सलों में हैं: अल्फ़ाल्फ़ा, मकई, कपास, अल्सी, तिलहन (रेपसीड), चावल, नीवारिका, सोयाबीन, गन्ना और सूरजमुखी। और फलों/मेवों में हैं सेब, नाशपाती और अख़रोट...

भारत में खेती के एक ख़ास परिमाण में (ट्रांसजेनिक) बायोतकनीक का प्रयोग किया जा रहा है। कपास को कीट-प्रतिरोधी बनाने के लिए व्यापक प्रयत्न किए जा रहे हैं। अधिकांश पाठकों को हाल ही में कपास के किसानों द्वारा बड़ी संख्या में की गई आत्महत्याओं की जानकारी होगी।

उम्मीद है कपास के कीट-प्रतिरोधी ट्रांसजेनिक बीज निर्मित करने में वैज्ञानिक और तकनीकी सफलताएं प्राप्त होंगी। जब तक हम इस क्षेत्र में व्यावसायिक स्तर पर सफलता प्राप्त नहीं कर लेते, तब तक इस विषय में सुनिश्चित नहीं हो सकते कि बड़े पैमाने के परिचालनों की योजना बनाने के लिए हमें पर्याप्त माल उपलब्ध होगा। निस्संदेह इस तरह के अनुसंधानों को बढ़ावा देना चाहिए, लेकिन हमें दूसरे मोर्चों को भी देखना चाहिए। भारत में खेती की बायोतकनीक पर अनुसंधान करने के लिए यह आवश्यक है कि अपनी मुख्य पैदावारों, ख़ासकर उन पर जो खाद्य सुरक्षा से संबंधित हों, पर ध्यान केंद्रित किया जाए।

हमें यह ध्यान में रखना होगा कि संभवत: बायोतकनीक के प्रयोग का भारत में खाद्य सुरक्षा पर अगले पांच वर्ष तक कोई बड़ा प्रभाव न पड़े, यद्यपि औद्योगिक महत्व की फ़सलें और सब्ज़ियां किसी हद तक लाभान्वित हो सकती हैं।

तब से विश्व भर में और भारत में भी अनेक द्रुतगामी विकास हुए हैं। एक उत्कृष्ट लेख[2] में क्लाइव जेम्स ने 1996-2000 की अवधि के दौरान जीएम फ़सलों के पूरे समूह का सर्वेक्षण किया है। वे उन पांच वर्षों के दौरान, जब जीएम फ़सलों को पहली बार अपनाया गया था, ट्रांसजेनिक फ़सलों के अप्रत्याशित द्रुतगामी स्वीकरण से आरंभ करते हैं जो कि औद्योगिक एवं विकसित देशों के उन बड़े और छोटे किसानों द्वारा प्राप्त महत्वपूर्ण बहुआयामी लाभों को प्रतिबिंबित करता है, जिन्होंने व्यावसायिक स्तर पर ट्रांसजेनिक फ़सलें उगाई थीं। 1996 से 2000 के बीच कुल पंद्रह देशों ने—दस औद्योगिक एवं पांच विकसित—ट्रांसजेनिक फ़सलों के वैश्विक क्षेत्र में पच्चीस गुणा से अधिक वृद्धि में योगदान किया था, 1996 के 1.7 मिलियन हैक्टेयर से 2000 में 44.2 मिलियन हैक्टेयर। जेम्स आगे कहते हैं कि 'ट्रांसजेनिक फ़सलों के लिए स्वीकरण दरें अप्रत्याशित हैं और कृषि उद्योग मापदंडों के लिए किसी भी नई तकनीक के लिए सर्वोच्च हैं।' इसका कारण प्रयोक्ताओं के विभिन्न लाभ हैं जिनमें बेहतर बीज और कीट नियंत्रण, ऐसे नियंत्रणों पर व्यय में कमी और परिचालनों की सुगमता सम्मिलित हैं।

नेचर पत्रिका में प्रकाशित एक लेख जीएम खेती के लिए प्रयुक्त क्षेत्र पर वर्तमान डाटा उपलब्ध करवाता है।[3] 2012 तक विश्व भर में लगभग 1.5 बिलियन हैक्टेयर की खेती योग्य कुल भूमि में से अठाईस देशों की 170 मिलियन हैक्टेयर

भूमि जीएम खेती करने के लिए प्रयोग की जाती है। अधिकांश फ़सलें केवल पांच देशों में उगाई जाती हैं: यूएसए, ब्राज़ील, अर्जेंटीना, कनाडा और भारत। इन पांच देशों में जीएम फ़सलों में प्रयुक्त भूमि लगभग 152 मिलियन हैक्टेयर है। सूची में मौजूद अन्य तेईस देश संभवत: जीएम पद्धति के प्रयोग में तेज़ी लाएंगे।

जीएम फ़सलों में सर्वाधिक लोकप्रिय हैं सोयाबीन, कपास, मक्का, कैनोला। सोयाबीन की लगभग 81 प्रतिशत खेती जीएम पद्धति से होती है और केवल 19 प्रतिशत ही पारंपरिक तरीक़े से होती है। कपास का भी, पुन:, 81 प्रतिशत उत्पादन जीएम पद्धति से और केवल 19 प्रतिशत पारंपरिक तरीक़े से होता है। मक्का 35 प्रतिशत जीएम पद्धति से और 65 प्रतिशत पारंपरिक तरीक़े से उगाई जाती है। कैनोला 30 प्रतिशत जीएम पद्धति से और 70 प्रतिशत पारंपरिक तरीक़े से उगाई जाती है।

भारत में, 2003-04 में 1.37 लाख गांठों के कुल कपास उत्पादन में बीटी कॉटन (जो कि एक जीएम फ़सल है) का योगदान 1.23 प्रतिशत था। 2012-13 में, यह कुल उत्पादन का 91 प्रतिशत था जिसने उत्पादन को 3.52 लाख गांठों पर पहुंचा दिया था। जीएम पद्धति को अपनाने से उपज नौ साल में ही दोगुनी से ज़्यादा हो गई थी।

आने वाले वर्षों में, विश्व के बहुत से दूसरे देशों द्वारा बड़े पैमाने पर जीएम खेती को अपनाया जा सकेगा। हमें उम्मीद है कि भारत इस क्षेत्र में अपनी गति को नहीं खोएगा।

जीएम खेती को एक अन्य नज़रिए से देखते हैं। *इंडिया 2020* में हमने खाद्य सुरक्षा के महत्व पर बल दिया था: यह ग़रीब और कमज़ोर किसानों के लिए महत्वपूर्ण है। अब हम 2002 से 2008 के बीच भारत के महाराष्ट्र, कर्नाटक, आंध्र प्रदेश और तमिलनाडु के कपास के किसान परिवारों पर चार बार में किए गए एक शोध सर्वेक्षण के परिणामों को यहां देना चाहेंगे। शोधकर्ताओं के अनुसार, ये चार राज्य कपास उत्पादन—जीएम और पारंपरिक दोनों—की विभिन्न परिस्थितियों की व्यापक विभिन्नता को समेटते हैं। केंद्रीय और दक्षिण भारत की कुल कपास का साठ प्रतिशत वे उत्पन्न करते हैं। सर्वेक्षण की खोजों को देखना रुचिकर है:

> शोध के परिणाम पुष्टि करते हैं कि भारत में छोटे स्तर के किसान परिवारों में बीटी कॉटन के स्वीकरण से आय में होने वाली बढ़ोतरी का खाद्य सुरक्षा और आहार की गुणवत्ता पर सकारात्मक प्रभाव पड़ा है। जीएम खेती भूख

और कुपोषण की समस्याओं के लिए संजीवनी नहीं है। लेकिन साक्ष्य दर्शाते हैं कि जीएम खेती व्यापक खाद्य सुरक्षा रणनीति के लिए एक अहम अवयव हो सकती है। फ़िलहाल, खाद्य सुरक्षा के प्रभाव अभी भी थोड़े से ठोस उदाहरणों तक ही सीमित हैं। भविष्य में और अधिक जीएम फ़सलों एवं गुणों के उपलब्ध होने से राष्ट्रीय लाभ और ज़्यादा बढ़ सकते हैं। यह सुनिश्चित करने के लिए उचित नीति और नियामक तंत्र की ज़रूरत है कि ग़रीब किसानों और उपभोक्ताओं की आवश्यकताओं का ध्यान और अवांछित सामाजिक परिणामों को दूर रखा जाए।[4]

तो, जीएम खेती न केवल देश की संपूर्ण अर्थव्यवस्था जैसे कि बढ़ा हुआ उत्पादन और आयात के लिए, बल्कि छोटे परिवारों को लाभ प्रदान करते हुए माइक्रो स्तर पर भी अच्छी ख़बर है, जहां आमदनी के बढ़ने से बेहतर खाद्य और पोषण सुरक्षा प्राप्त होती है। इसलिए देश को बड़े स्तर पर जीएम खेती को अपनाना होगा। बीटी कॉटन के माध्यम से हमारे किसानों ने राह दिखा दी है। अन्य फ़सलों का पूरी तरह परीक्षण हो जाने और राष्ट्रीय प्रौद्योगिक एजेंसियों द्वारा उन्हें लागू करने के बाद वे उनकी खेती के माध्यम से आश्चर्यजनक परिणाम प्रस्तुत कर सकते हैं। जैसा कि डेविड ज़िल्बरमैन हाल ही में प्रकाशित एक लेख में लिखते हैं:

> जीएम क़िस्में फ़सल उत्पादकता बढ़ाने के नए साधन उपलब्ध करवाती हैं और एक नवीकरणीय, बायो आधारित अर्थव्यवस्था में परिवर्तन के लिए आवश्यक हैं। भारत का पुख़्ता वैज्ञानिक आधार इसे नई अर्थव्यवस्था में अगुआ बना सकता है। मुझे उम्मीद है कि भारत बायोतकनीक द्वारा उपलब्ध करवाए गए अवसरों का लाभ उठाएगा और ऐसा सिस्टम विकसित करेगा जो जीएम क़िस्मों के आरंभ और स्वीकरण को सक्षम करेगा।[5]

हमें अपने किसानों और भारत के लिए अवसरों के इस गवाक्ष को खोना नहीं चाहिए।

कृषि क्षेत्र में प्रशासन में ढांचागत बदलाव

अब हम भारतीय कृषि को मुक्त कराने और उसे अपनी पूरी क्षमता पर पहुंचने देने के एक महत्वपूर्ण पहलू पर आते हैं: कृषि क्षेत्र में आर्थिक सुधार।

हममें से बहुतों को शायद पता नहीं होगा कि कृषि पर किस हद तक प्रशासन का नियंत्रण है। जब कोई किसान ज़्यादा पैदावार करता है तो इसकी कोई

गारंटी नहीं है कि वह अपने उत्पाद को बेहतरीन मूल्य पर बेच पाएगा या नहीं। किसानों को भुगतान के संदर्भ में सरकारी आदेश हैं और एक राज्य यहां तक कि ज़िले से बाहर भी उत्पाद को ले जाने पर नियंत्रण हैं। दूसरी ओर, जब कोई किसान कम या बेमौसम की बरसात के कारण किसी मौसम की फ़सल को गंवा देता है तो उसे मुआवज़ा देने का कोई आसान रास्ता नहीं है। बीमा योजनाएं हैं मगर उनकी प्रक्रिया इतनी जटिल है कि किसान को संभवतः अपना दावा साल भर बाद जाकर मिलता होगा।

कृषि और किसानों को आकर्षक बनाने की अपनी अभिलाषा में हम कभी-कभी इस तथ्य को भूल जाते हैं कि स्वतंत्रता पाने के बाद से भारत की कुल जनसंख्या पांच गुणा बढ़ चुकी है। हालांकि स्वतंत्रता प्राप्ति के समय कृषि पर निर्भर रहने वाला श्रमिक बल लगभग अस्सी प्रतिशत था, पांच गुणा वृद्धि के बाद यह अभी भी लगभग साठ प्रतिशत है। यह भूमि के बड़े पैमाने पर विखंडन और फलस्वरूप छोटे किसानों की संख्या में वृद्धि की वजह है। खेती योग्य भूमियों के इस विखंडन के कारण भारत के बहुत से भागों के युवा क़स्बों और शहरों में छोटे स्तर के सेवा क्षेत्र में नौकरी करने के लिए गांवों को छोड़ देते हैं।

भारत में कृषि निवेश की कमी से भी जूझ रही है। सरकार इस क्षेत्र में प्रभावी ढंग से निवेश नहीं कर पाती है; अगर करती है तो अपने साथ ढेर सारी नौकरशाही, लालफीताशाही और इसके परिणामस्वरूप भ्रष्टाचार लाती है। और किसी निवेशक द्वारा कृषि के लिए अनुबंध आधार पर सीमांत भूमि के बड़े टुकड़ों को लेने के लिए मौजूदा क़ानून बहुत ज़्यादा जटिल हैं, और इसमें बहुत ज़्यादा अनिश्चितता व्याप्त है।

इसका एक संभावित हल कृषि सहकारी संघ हो सकता है जैसा पूर्व के पास मगरपट्टा में 400 एकड़, 4000 करोड़ की टाउनशिप है। किसान इनके शेयर धारक होंगे और कृषि योग्य भूमि पर और इसमें बनी टाउनशिप पर उनका मालिकाना हक भी होगा। वे कृषि उत्पाद और व्यवसायिक पूंजी से लाभ कमा सकेंगे।

सफल सहकारी संघों द्वारा इस तरह के उद्यमों के मॉडल का परीक्षण किया जा चुका है। अमूल जैसे सहकारी संघों ने गांवों के स्तर पर संग्रह केंद्र बनाकर और दुग्ध संसाधन, पैकेजिंग और वितरण के लिए उच्च तकनीक की आधारभूत व्यवस्थाओं का प्रयोग करके पशु पालन क्षेत्र में मदद की है। विभिन्न राज्यों में

इस प्रकार के सहकारी संघ संसाधित उत्पादों का उत्पादन भी करते हैं, इस प्रकार मूल्य योग में वृद्धि करते हैं। कुछ राज्यों में गन्ना उत्पादन में भी इस तरह के सहकारी संघों के सफल उदाहरण हैं जिनमें चीनी मिल मालिक किसान सहकारी संघों के साथ मिलकर काम करते हैं जिससे आपूर्ति शृंखला एवं मिलों तक गन्ने का पहुंचना दोनों ही सक्षम होते हैं। इस प्रबंध से किसानों को भी लाभ होता है और उद्योगपतियों को भी।

कृषि के नवीकरण और निगमीकरण का यह विचार सीधा-सादा भले ही हो, मगर यह शक्तिशाली विचार है। अगर हम इसे आज़माते तो यह अद्‌भुत होता।

कृषि समृद्धि का नया युग

अब समय है कि भारत कृषि विकास में आगे बढ़े, अपनी वर्तमान गति में तेज़ी पकड़े जो कि यात्री रेलगाड़ी की भांति है। हमें यह देखकर ख़ुशी है कि कुछ राज्य—यह याद रखना महत्वपूर्ण है कि कृषि राज्य का विषय है—लगभग तीन प्रतिशत की पारंपरिक विकास दर से आगे निकल चुके हैं। हाल ही में प्रकाशित एक लेख में इंडियन काउंसिल ऑफ़ रिसर्च ऑन इंटरनेशनल इकोनॉमिक रिलेशंस में कृषि के प्रोफ़ेसर अशोक गुलाटी ने गुजरात (9.8 प्रतिशत), राजस्थान (9.6 प्रतिशत), छत्तीसगढ़ (8.9 प्रतिशत), मध्य प्रदेश (7.4 प्रतिशत), और झारखंड (6.9 प्रतिशत) में कृषि की बढ़ी हुई विकास दरों को रेखांकित किया है।[6] वे कहते हैं कि उन सभी ने 'एक दशक से अधिक की अवधि में लगभग सात प्रतिशत या इससे ज़्यादा की प्रभावशाली विकास दर दर्ज की है। यह आवश्यक नहीं है कि भारत के सभी राज्यों को ऐसी दरों तक पहुंचना ही है। लेकिन वे सभी अपने प्राकृतिक संसाधनों पर निर्भर करते हुए सुधार ला सकते हैं अगर इससे कुछेक सबक़ सीखे जा सकें और संपूर्ण भारत के सकल घरेलू उत्पाद को पांच प्रतिशत तक लाया जा सके, जो कि साध्य है बशर्ते कोई कुछ सख़्त नीतिगत निर्णय ले तो—भारत एक भिन्न देश होगा।'

हमें इस कथन को स्पष्ट करने की ज़रूरत नहीं है—यह उस बात को बख़ूबी व्यक्त करता है जिसमें हमारा दृढ़ विश्वास है। क्या हम अपने नीति-निर्माताओं से कार्रवाई करने की और अपने विश्लेषकों से कुछ समय के लिए तर्क-वितर्क बंद करने, और भारत को एक दशक के लिए मौक़ा देने की गुज़ारिश कर सकते हैं?

अंत में, कृषि में विकास को गति देने की हमारी कार्य-योजना में ये महत्वपूर्ण तत्व सम्मिलित होंगे :

- भारत की सारी वर्षा-पोषित कृषि योग्य भूमि को किसी रूप में सिंचित किया जाए: माइक्रो सिंचाई, ड्रिप एवं स्प्रिंक्लर्स आदि द्वारा। इन्हें सरकार द्वारा ठीक उसी तरह उपलब्ध करवाया जाना होगा जैसे उसने पूर्व में बड़े-बड़े बांधों और सिंचाई के लिए नहरों में निवेश किया था। एक दशक में कृषि योग्य सारी भूमि के 90 प्रतिशत हिस्से को समाविष्ट करने का लक्ष्य होना चाहिए।
- संबद्ध आवश्यकता के रूप में कृषि एवं सिंचाई से संबंधित सभी गतिविधियों के लिए चौबीस घंटे बिजली की उपलब्धता एक अहम लक्ष्य होना चाहिए।
- इनके बाद कृषि के क्षेत्र में तकनीकों और नई खोजों का एक बड़ा प्रवाह होगा। राष्ट्रीय कृषि संस्थानों, ग़ैर सरकारी संगठनों, निजी क्षेत्र की कंपनियों एवं अन्यों के माध्यम से सरकारी एजेंसियों को आवश्यक नई दक्षताओं के साथ किसानों एवं खेतिहर श्रमिकों की सहायता करनी चाहिए। अगर हम मानव संसाधन की इस पुनर्दक्षता को भूल जाएंगे तो लाभ में कमी आ सकती है। जब भी हम उत्पादकता एवं दक्षता को बढ़ाने की कोशिश करें तो हमें याद रखना चाहिए कि यह केवल निपुण कार्यबल के माध्यम से किया जा सकता है, चाहे इस प्रक्रिया में कोई भी उपकरण, तकनीक और सामग्री का प्रयोग हो।
- आपूर्ति शृंखला में निरंतर सुधार अहम है। इसलिए कृषि क्षेत्रों के लिए सड़क की बुनियादी सुविधाएं एवं संचार की बुनियादी सुविधाएं महत्वपूर्ण हैं। उन्हें निरंतर अद्यतन करते रहना होगा। कुछ कृषि-उत्पादों के लिए विशेष भंडारण की आवश्यकता हो सकती है।
- और अधिक जीएम क़िस्मों को भारतीय किसानों की जानकारी में आने का अवसर दिया जाना चाहिए। निरंतर जागरूकता निर्माण किया जाना होगा। भारतीय खोजों से व्यावसायिक स्तर की जीएम क़िस्मों को उत्पन्न करने के लिए भारतीय संस्थानों एवं उद्योगों को प्रेरित किया जाना चाहिए। शुरू में, कुछ वर्ष के लिए, हमें स्थानीय उत्पादन क्षमताओं वाली विदेशी कंपनियों द्वारा विकसित जीएम क़िस्मों पर

निर्भर रहना होगा।

- जैविक खेती समेत ज़्यादा स्वच्छ और 'हरी' कृषि के लिए निरंतर शोध एवं विकास किया जा सकता है, जो कुछ दशक बाद सामने आ सकता है।
- इन सभी के लिए, कृषि के तहत हम पशुपालन, मुर्गी पालन और मत्स्य पालन को भी सम्मिलित करते हैं, इन सभी में प्रयासों को तेज़ करना होगा। लेकिन ये सभी भूमि-आधारित, वनस्पति-आधारित कृषि के पूरक हैं।
- दालों की पैदावार पर विशेष ध्यान दिए जाने की ज़रूरत है। भारतीयों (वस्तुतः संपूर्ण दक्षिण एशिया) को दालों से विशेष प्रेम है, जैसा कि हमने *इंडिया 2020* में इंगित किया था। भारत अभी भी बहुत सारी दालों को आयात करता है।
- चूंकि कृषि अधिकाधिक प्रौद्योगिकी आधारित हो रही है, बीज से लेकर कृषि-यंत्रों, रसायनों से सॉफ़्टेवयर तक जिनका प्रयोग विभिन्न निगरानी एवं नियंत्रण प्रणालियों के लिए किया जा सकता है, तो भारत की बौद्धिक संपत्तियों (आईपी) की सुरक्षा करना आवश्यक है। भविष्य में प्रतिस्पर्धात्मक तीक्ष्णता पाने के लिए आईपी अधिकार महत्वपूर्ण हो सकते हैं। बहुत से उत्पाद जिन्हें आज हम भारत में प्रयोग करते हैं, दूसरे देशों के आईपी पर आधारित होते हैं; हमें देश में व्यावसायिक रूप से दृढ़ आईपी विकसित करना शुरू करना होगा।
- जैसे-जैसे भारत विश्व स्तर पर (घरेलू उपभोग या निर्यात बाज़ार के लिए) प्रतिस्पर्धात्मक होगा तो देश के उत्पादों पर प्रतिस्पर्धात्मक दबाव बनेंगे। (जब हमारे फ़ार्मा उत्पाद निर्यात और भारतीय बाज़ार में सफल होने लगे तो उन पर बने नियामक दबावों पर नज़र डालें।) विश्व व्यापार संस्था (डब्ल्यूटीओ) में अनेक प्रावधान हैं जिन्हें भारत के विरुद्ध उठाया जा सकता है। यहीं सरकार द्वारा वित्तपोषित हमारे संस्थानों और विश्वविद्यालयों को किसानों की मदद करनी होगी। हमारे नीति-निर्माताओं को भी आसन्न-संकट कार्यों में लगने के बजाए, जैसा कि अब तक हम करते रहे हैं, विश्व बाज़ारों में उन्हें सुरक्षा प्रदान करने के लिए सचेत रहना चाहिए।

- अंत में, ऊपर चर्चा किए गए परामर्शों के अनुसार हमें भारतीय कृषि के निगमीकरण की दिशा में क़दम उठाने चाहिए। हमें प्रयोग करने होंगे और संस्थागत बुनियादी रूपरेखाएं बनानी होंगी ताकि भारतीय कृषि अपनी पूर्ण क्षमता को पा सके। कृषि क्रांति का हिस्सा बनने के लिए हमें अपने प्रतिभाशाली युवाओं की भी आवश्यकता है, ठीक उसी तरह जैसे अभी वे आईटी की नौकरियों के लिए प्रतिस्पर्धा करते हैं!

हां, भारतीय कृषि के पांच प्रतिशत या उससे ज़्यादा तेज़ गति से विकास करने से और अपनी पूरी क्षमता को पाने के साथ हम यक़ीनन एक दशक के भीतर ही एक भिन्न भारत को देखेंगे। इसके प्रभाव दूरगामी होंगे, अन्य क्षेत्रों तक फैलेंगे और समग्र रूप से अर्थव्यवस्था को प्रोत्साहित करेंगे।

अध्याय-4

निर्माण: विशाल संभावनाएं

किसी भी ठीकठाक आकार के देश के लिए निर्माण रीढ़ की हड्डी है। यह कुशल कामगारों, साधारण अर्धकुशल कामगारों से लेकर उच्च योग्यताप्राप्त व्यवसायियों को भी आत्मसात कर सकता है। एक ऐसे देश के लिए जो अपने अल्पविकसित तमग़े को उतार फेंकने की महत्वाकांक्षा रखता हो, आजीविका के लिए कृषि पर निर्भर रहने वाले, कमज़ोर किसानों या भूमिहीन खेतिहर मज़दूरों के रूप में कार्य करने वाले अतिशय लोगों को हटाने की ज़रूरत है। उन्हें आर्थिक रूप से अधिक लाभकारी बनाते हुए उन्हें आत्मसात करने के लिए निर्माण बहुत अच्छा उद्योग है, और इस तरह यह उन्हें उससे ज़्यादा आमदनी करने में सक्षम करता है जितना वे पहले कमाते थे।

अगर हम पीछे मुड़कर देखें तो भारत के सबसे शुरू के उद्योग चावल मिल, जूट, चीनी, चमड़े और कपड़े के क्षेत्र में थे। अभी भी कृषि के बाद कपड़ा निर्माण भारत में रोज़गार का दूसरा सबसे बड़ा स्रोत है और औद्योगिक उत्पादन में लगभग चौदह प्रतिशत का योगदान देता है।[1]

जब हम निर्माण क्षेत्र की चर्चा करते हैं, तो दिमाग़ में बड़े उद्योग आते हैं; ऑटोमोबाइल निर्माण दिमाग़ में आने वाली पहली चीज़ है क्योंकि उदारीकरण के बाद के युग में इसका विकास उल्लेखनीय रहा है। लेकिन हमें यह ध्यान रखना

चाहिए कि ये माइक्रो-(लघु), स्मॉल-(छोटे), और मीडियम (मध्य) एंटरप्राइज़ेज़ (उद्यम) (एमएसएमई) ही हैं जो भारत के रोज़गार उत्पादन को मज़बूती प्रदान करते हैं। अर्थव्यवस्था में एमएसएमई का योगदान सकल घरेलू उत्पाद का लगभग आठ प्रतिशत है; देश के कुल निर्मित उत्पादन में उनकी भागीदारी लगभग पैंतालीस प्रतिशत और निर्मित निर्यात में चालीस प्रतिशत है। एमएसएमई में, जिनमें लगभग 26 करोड़ उद्यम हैं, लगभग छह करोड़ लोग लाभकारी रूप से रोज़गार में लगे हैं।[2] मगर, 26 करोड़ उद्यमों में सब कुछ अच्छा नहीं है, ना ही उनके छह करोड़ कामगारों की ज़िंदगी आसान है। इस विषय पर हम बाद में वापस आएंगे। अगर भारत में निर्माण को स्वस्थ, मज़बूत और क्रियाशील बनना है तो इस क्षेत्र की ओर तुरंत ध्यान देने की ज़रूरत है।

इसका यह अर्थ नहीं है कि निर्माण क्षेत्र के दूसरे बड़े हिस्से, यानी कि बड़े उद्योगों, को भुलाया जा सकता है। भारत की समृद्धि के लिए इस क्षेत्र को एक सशक्त साधन बनाने के लिए वे भी समान रूप से महत्वपूर्ण हैं।

इंडिया 2020 परिकल्पनाओं का संक्षिप्त पुनरावलोकन

हमारी पुस्तक *इंडिया 2020* ने अध्याय 7 में निर्माण क्षेत्र के लिए एक दृष्टि प्रदान की थी। इसने भविष्यवाणी की थी कि 2010 में मशीनी औज़ार उत्पादन निर्माण क्षेत्र का साठ प्रतिशत होगा और 2020 तक बढ़कर अस्सी प्रतिशत हो जाएगा। यह अनुमान इस तथ्य पर आधारित था कि भारत में बहुत बड़े पैमाने पर मशीनी औज़ारों का प्रयोग होने लगा था। मगर, जैसी कि हमने पिछले अध्याय में चर्चा की थी, भारत में मशीनी औज़ारों का प्रति व्यक्ति उपयोग बहुत कम मात्र दो डॉलर है (तालिका 2.1)। यह एमएसएमई समेत हमारे निर्माण की मज़बूती का सूचकांक है; भारत को अभी भी एक लंबा रास्ता तय करना है।

विज़न 2020 अभ्यास में परिकल्पित एक और विषय था भारत में मशीनी औज़ारों का बहुत ज़्यादा विकसित स्थानीय उत्पादन, भले ही वह विदेशी लाइसेंस के तहत हो। यह भी कार्यान्वित नहीं हुआ। 1995 तक स्थानीय उत्पादन स्थानीय उपभोग का लगभग अस्सी प्रतिशत था। अब स्थानीय उपभोग का हिस्सा बहुत बड़ा हो चुका है; लेकिन अस्सी प्रतिशत औज़ार आयातित होते हैं। स्वाभाविक रूप से विज़न 2020 परिकल्पनाओं का दूसरा हिस्सा छोटे स्तर पर भी साकार नहीं हो पाया, जो कि हमारे अपने भारत में बने कुछ सॉफ़्टवेयरों को इन कंप्यूटर नियंत्रित

मशीनों तक छोटी वृद्धिशील नूतन खोजों के रूप में ले जाना था।

प्रमुख रूप से उदारीकरण के उपरांत भारतीय निर्माण उपकरणों और तकनीक के आयात के माध्यम से बढ़ा है, ठीक वैसे ही जैसे पहले बढ़ा था। एकमात्र फ़र्क़ यह है कि पहले इस प्रकार के आयात डाइरेक्टरेट जनरल ऑफ़ टैक्नोलॉजी डेवलपमेंट (डीजीटीडी) के दफ़्तरों से अनुमोदन पाने की अक्षम, समय खाने वाली नौकरशाही की प्रक्रिया से गुज़रते थे, जबकि अब निर्णय लेने की ताक़त स्वयं उद्योगों के पास है।

साथ ही, अनेक विदेशी कंपनियों ने इंजीनियरिंग उत्पादों के लिए भारत में संस्थान स्थापित कर लिए हैं। अभी भी, बड़े पूंजीगत माल के लिए विदेशी या बहुराष्ट्रीय कंपनियों की कोई ख़ास उपस्थिति नहीं है।

तो कपड़ा समेत इंजीनियरिंग के सभी क्षेत्रों में अधिकांश उपकरण और मशीनें अभी भी आयात की जाती हैं। ई. श्रीधरन की उत्कृष्ट परियोजना प्रबंधन क्षमताओं की वजह से पूरी हुई दिल्ली मेट्रो ने, जो कि इंजीनियरिंग की एक ज़बर्दस्त उपलब्धि है, अपने सभी उपकरण, कोच आदि विदेश से आयात किए थे। कुछ भी स्थानीय स्तर पर निर्मित नहीं किया गया था। यह भारतीय उद्योगों की कमी नहीं है। देश ने भारतीय उद्योगों की प्रौद्योगिकी क्षमताओं को विकसित करने पर कोई ध्यान नहीं दिया है, चाहे वह सार्वजनिक क्षेत्र हो या निजी। यही कारण है कि बड़े रक्षा उद्योग भी अपनी विशिष्ट यातायात प्रणालियां विदेशों से आयात करते हैं।

इस तरह कुल मिलाकर *इंडिया 2020* की हमारी भविष्यवाणी कि '2010 तक भारत प्रौद्योगिकी का नेट निर्यातक बन जाएगा' सफल नहीं हुई। हमने दो विशेष परिकल्पनाएं की थीं, कि प्रक्रियाओं और प्रणालियों के लिए सॉफ़्टवेयर विकास होगा, और कि 'अत्याधुनिक तकनीकों के प्रयोग से उन्नत मशीनी औज़ारों और बॉयलरों में भारत आत्मनिर्भर होगा इन वस्तुओं का निर्यात निरंतर बढ़ेगा' (अध्याय 7, पृ 146–47)। इनमें से कोई भी सच नहीं हुई।

हमारी भविष्यवाणियों का एक अंश, कि विदेशी और बहुराष्ट्रीय कंपनियों के भारत में आने से भारत में उत्पादन बढ़ेगा, अवश्य वास्तविकता सिद्ध हुआ है। उदाहरण के लिए, कोरियाई ऑटोमोबाइल निर्माता हुंडई भारत स्थित परिचालनों से न केवल भारत की घरेलू मांगों को पूरा करती है बल्कि भारत में बने इंजनों का निर्यात भी करती है।

लेकिन इस क्षेत्र के कुंठित विकास का शुद्ध परिणाम यह है कि भारत के निर्माण निर्यात की निम्न-प्रौद्योगिक प्रबलता है; वाणिज्य मंत्रालय द्वारा हाल में किया गया एक सर्वेक्षण इस बात की पुष्टि करता है।

विदेशों में भारतीय कंपनियां

अभी भी, भारत में निर्माण क्षेत्र की राह बंद नहीं हुई है। आईबीईएफ़ दस्तावेज़ के मुताबिक़, 2013 की ग्लोबल मैन्यु.फ़ैक्चरिंग कंपीटिटिवनेस इंडेक्स (जीएमसीआई) में भारत दुनिया में चौथे स्थान पर है।[2]

सारणी 4.1
2013 की ग्लोबल मैन्युफ़ैक्चरिंग कंपीटिटिवनेस इंडेक्स (जीएमसीआई)

वर्तमान स्थान	देश	सूचकांक अंक
1.	चीन	10.00
2.	जर्मनी	7.98
3.	यूएसए	7.84
4.	भारत	7.65
5.	दक्षिण कोरिया	7.59
6.	ताइवान	7.57
7.	कनाडा	7.24
8.	ब्राज़ील	7.13
9.	सिंगापुर	6.64
10.	जापान	6.60

स्रोत: डेलॉइट एवं यूएस काउंसिल ऑन कंपीटिटिवनेस, अरांका रिसर्च

आईबीईएफ़ की रिपोर्ट की एक और दिलचस्प जानकारी यह है कि वैश्विक स्तर पर गुणवत्ता उत्कृष्टता के लिए पुरस्कृत कंपनियों की संख्या में जापान के बाद दूसरा स्थान भारत का है। यह एक सख़्त प्रक्रिया है और इतनी मुश्किल है जितना मुश्किल इसका उत्पादों की गुणवत्ता का आकलन है। उच्चकोटि के पुरस्कारों

में से एक डैमिंग एक्सीलेंस अवार्ड है; इक्कीस भारतीय कंपनियां इसे जीत चुकी हैं। एक सौ तिरेपन भारतीय कंपनियों ने टोटल प्रोडक्टिव मेंटीनेंस (टीपीएम) उत्कृष्टता पुरस्कार जीता है। यह इन कंपनियों के प्रबंधन और उनके कर्मचारियों की उत्कृष्टता को दर्शाता है (हमें यह नहीं भूलना चाहिए कि बहुत से कामगार वस्तुतः ठेके पर काम करने वाले कर्मचारी हैं)। यह हमारे इस विश्वास को मज़बूत करता है कि भारतीय कामगार, सुपरवाइज़र और मैनेजर निस्संदेह विश्व स्तर के हैं।

भारतीय कंपनियों का विदेशों में निवेश करना कोई नई बात नहीं है। लेकिन निवेश का वर्तमान परिमाण और क्षेत्र अभूतपूर्व हैं। बिरला ग्रुप पहली कंपनी थी जो 1959 में एक टेक्स्टाइल मिल स्थापित करने के लिए इथोपिया गई थी। अन्य बाद में दूसरे देशों में गईं। ऊपर उद्धृत आईबीईएफ़ की रिपोर्ट के अनुसार 1970, 1980 और 1990 के दशकों में बाहर जाने वाले उद्यमों में से अधिकांश मध्य आकार के थे। 1975 और 1990-91 के बीच कुल निवेश लगभग 22 करोड़ अमेरिकी डॉलर का था। 1990 के दशक के उत्तरार्ध से विदेशों में भारतीय निवेश बढ़ा है। 2006 से 2010 के बीच पांच वित्तीय वर्षों में भारतीय प्रत्यक्ष विदेशी निवेश (आईएफ़डीआई) का कुल बहिर्गमन लगभग 72 अरब अमेरिकी डॉलर था। थोड़ा सा धीमा पड़ने के बाद 2011 के वित्त वर्ष में आईएफ़डीआई ने फिर रफ़्तार पकड़ी और केवल 2011 के वित्त वर्ष में ही 168 अरब अमेरिकी डॉलर तक पहुंच गया। इस समय एफ़डीआई के बहिर्गमन की विशालता के संदर्भ में भारत इक्कीसवें स्थान पर है। शुद्ध विक्रय—2010 में कंपनियों द्वारा किए गए विदेशी अधिग्रहण सौदों—के मूल्य के आधार पर वैश्विक रूप से यूएसए, कनाडा, जापान और चीन के बाद भारत शीर्ष से पांचवें स्थान पर रहा था। भारत की सार्वजनिक क्षेत्र की इकाइयां (पीएसयू) भी विदेशों में ग्रीनफ़ील्ड निवेश कर रही हैं।[3]

भारतीय कंपनियों के एफ़डीआई बहिर्गमन ने अनेक तरीक़ों से मेज़बान देशों की अर्थव्यवस्थाओं की मदद की है: जिनमें पूंजी निर्माण, प्रौद्योगिकी और प्रबंधन ज्ञान एवं रोज़गार-उत्पादन सम्मिलित हैं। यूरोप इंडिया चैंबर ऑफ़ कॉमर्स (ईआईसीसीआई) के मूल्यांकन के अनुसार, 2003 से 2012 के बीच भारतीय उपक्रमों द्वारा 43 बिलियन यूरो के निवेशों ने यूरोप में ग्रीनफ़ील्ड परियोजनाओं में चालीस हज़ार नए रोज़गार उत्पन्न किए। भारतीय प्रबंधन का कार्य निष्पादन रिकॉर्ड अच्छा रहा है और विदेशों में (जिनमें से कुछ भारत से ज़्यादा विकसित

हैं!) अधिग्रहीत बीमार इकाइयों का कायापलट करने में वे सफल साबित हुए हैं।

विदेश में भारतीय कार्य निष्पादन से हमें गर्व होना चाहिए। हम वैश्विक आदान-प्रदान, लेन-देन संव्यवहार, साझेदारी और विनिमय में विश्वास करते हैं। भारत अपने भीतर की ओर देखने के रवैये, अति-केंद्रीकृत, नियंत्रण-युग की मानसिकता के कारण बहुत लंबे समय तक पीड़ित रहा है। परिणामस्वरूप हमारे उद्यमियों और निवेशकों की ऊर्जा गंभीर रूप से प्रभावित हुई है। रोज़गार पाने के लिए एक छोर से दूसरे छोर तक भटकने के परिणामस्वरूप हमारे युवा हतोत्साहित हुए हैं; यहां तक कि कुशल कामगारों के पास भी रोज़गार सुरक्षा नहीं है।

इसके लिए काफ़ी हद तक योजना और बुनियादी सुविधाओं की कमी ज़िम्मेदार है। इसके अलावा, भारतीय श्रम क़ानून, जो उन्नीसवीं सदी के अंत और बीसवीं सदी के शुरू में बनाए गए थे, उन ज़बर्दस्त बदलावों के साथ तालमेल नहीं बिठा पाए हैं जो प्रौद्योगिकी और व्यापारिक कार्य प्रणालियों में विश्व भर में हो रहे हैं। विश्व बैंक की एक रिपोर्ट कहती है:

> भारतीय श्रम नियमों—जो विश्व के सर्वाधिक प्रतिबंधात्मक और जटिल नियमों में से हैं—ने सुव्यवस्थित निर्माण क्षेत्र के विकास को सीमित कर दिया है जहां इन क़ानूनों का सबसे कम प्रयोग है। बेहतर ढंग से बने श्रम नियमन अधिक श्रम प्रधान निवेश को आकर्षित करेंगे और भारत के लाखों बेरोज़गारों के लिए, और मामूली नौकरियों में फंसे लोगों के लिए रोज़गार निर्मित करेंगे। देश के विकास की गति को देखते हुए उन पांच करोड़ नए सदस्यों की रोज़गार की प्रत्याशा को सुधारने में इस अवसर को नहीं गंवाना चाहिए जिनके अगले दशक में कार्यबल में शामिल होने की उम्मीद है।[4]

इन सारी मुश्किलों का सिरमौर बनकर करों के अनेक नए क़ानूनों ने पहले से मुश्किल कारोबारी माहौल को और जटिल बना दिया है। दुखद परिणाम यह है, जैसा कि अनेक अध्ययनों ने स्थापित किया है, कि जब हम कारोबार करने की सरलता को देखते हैं तो भारत का स्थान विश्व के बड़े देशों की तालिका में लगभग सबसे नीचे आता है।

इस संदर्भ में, विदेशों में हो रहे बड़े पैमाने के भारतीय निवेशों को केवल किसी एक उद्यमशील व्यापारी या संस्था के नियमित उद्यम के तौर पर नहीं देखना

चाहिए। विदेशों में निवेश के लिए प्रोत्साहन के पीछे यह कठोर वास्तविकता है कि भारत की प्रशासन प्रणालियां और बुनियादी सुविधाओं की बाधाएं देश के भीतर हमारे उपक्रमों को त्रस्त कर रही हैं। यही वजह है कि घरेलू निर्माण क्षेत्र में भी शिथिलता है। अनेक भारतीय एमएसएमई अपना तामझाम समेट रहे हैं और उनमें से अनेक अब चीन और अन्य निर्माण केंद्रों से सस्ता सामान ख़रीदने और उन्हें भारत में बेचने वाले एजेंट बन गए हैं। यह ख़तरनाक प्रवृत्ति है क्योंकि अगर यह जारी रहा तो मौजूदा कार्यबल के लिए रोज़गार की बहुत ज़्यादा हानि होगी और साथ ही नए रोज़गार की उत्पत्ति भी लगभग शून्य हो जाएगी।

चेतावनी

जी हां, सारे भारत में चेतावनियां गूंज रही हैं—अब चेत जाने और कार्रवाई करने की अत्यावश्यकता की। कार्रवाई का प्रयोजन हमारे व्यापारों को विदेशों में निवेश करने से रोकना नहीं, बल्कि निर्माण के क्षेत्र में भारत को निवेशकों के लिए एक अच्छा स्थान बनाना होगा—केवल ऑटोमोबाइल क्षेत्र में ही नहीं बल्कि एमएसएमई में भी। यह याद रखना महत्वपूर्ण है कि यद्यपि निर्माण क्षेत्र के विकास के लिए प्रौद्योगिकी एक महत्वपूर्ण आवश्यकता है; लेकिन वर्तमान संकट प्रशासन के अभाव, जटिल कर क़ानून, बेज़ा श्रम क़ानून, अनुमोदित परियोजनाओं के शिथिल प्रबंधन आदि के कारण अधिक है।

यह निर्माण क्षेत्र के लिए हमारी कार्य-योजना है, जिसमें केंद्रीय एवं राज्य सरकारों द्वारा तुरंत ध्यान दिए जाने वाले बिंदु भी सम्मिलित हैं:

- आयात और व्यापार को जारी रखने की अपेक्षा भारत में निर्माण एवं मूल्य संवर्धन को आकर्षक प्रस्ताव बनाने के लिए कर व्यवस्था को तर्कसम्मत बनाया जाए। विश्व व्यापार संगठन की वर्तमान व्यवस्था के भीतर ही बहुत कुछ किया जा सकता है।
- जांच की जाए कि अनुमोदित परियोजनाएं चालू क्यों नहीं हो रही हैं या बहुत धीमे क्यों चल रही हैं। अड़चनों को दूर किया जाए ताकि उनमें तेज़ी लाई जा सके। यह निजी और सार्वजनिक दोनों क्षेत्रों की इकाइयों के लिए किया जाना चाहिए।
- एमएसएमई पर सबसे ज़्यादा ध्यान देने की ज़रूरत है क्योंकि वे सकल घरेलू उत्पाद में काफ़ी मात्रा में योगदान देते हैं और उससे भी

महत्वपूर्ण यह कि वे विभिन्न क़िस्म के कामगारों—अल्प-कुशल श्रमिकों से लेकर उच्च-कुशलता प्राप्त पेशेवरों तक—को बख़ूबी आत्मसात करते हैं। हमें अपने शिक्षित युवाओं द्वारा एमएसएमई को आधार बनाते हुए भारत में ज्ञान आधारित निर्माण उपक्रमों को शुरू करने के लिए प्रोत्साहक परिस्थितियां भी पैदा करनी चाहिए।

- पहले के एमएसएमई के कुछ भाग अप्रचलित और अप्रतियोगितात्मक, या अलाभकारी तक हो चुके हैं। ऐसी इकाइयों को पुनर्जीवित करने की कोशिश करने का कोई लाभ नहीं है जिनका 'अंत' हमें मुंह बाए ताक रहा है। लेकिन उनके स्थान पर हमें निवेशकों या अन्यों को नए एमएसएमई गठित करने और कार्यबल में से कुछ लोगों को पुनः प्रशिक्षित करके उन्हें उनमें आत्मसात करने में मदद करनी चाहिए।
- 'रचनात्मक विनाश' आधुनिक प्रौद्योगिकी विकास और अभिनव व्यापार का अंग है। यह सरकार का दायित्व है कि भावी बदलावों के आने से पर्याप्त समय पहले उनका आकलन करने के लिए प्रौद्योगिकी के पूर्वज्ञान और व्यापारिक भविष्यवाणियों के आधुनिक तरीक़ों का प्रयोग करे। उद्यमियों और कामगारों को इन बदलावों को अपनाने में सहायता देना सरकार का कर्तव्य है। बेशक, उद्योग और वैज्ञानिक एवं प्रौद्योगिक संस्थानों को भी अपना पुनर्विन्यास करना और इस प्रक्रिया में सहयोग देना होगा।
- उद्योगों को प्रारंभिक प्रस्ताव के तीन महीने के भीतर किसी परियोजना पर काम शुरू कर देने में सक्षम बनाने के लिए विभिन्न अनुमतियों के अनुमोदन चक्रों में ज़बर्दस्त बदलाव लाने होंगे।
- निर्माण उपक्रमों को ख़ुद को स्थापित करने में सहायता देने के लिए हाल ही में पारित भूमि अधिग्रहण क़ानून के कुछ प्रावधानों को कम से कम एक दशक तक स्थगित रखना होगा।
- इसी तरह पर्यावरण क़ानूनों और प्रक्रियाओं के बहुत से प्रावधानों को भी।
- लेकिन इन क़ानूनों का बुनियादी प्रयोजन उन लोगों को सुरक्षा देना है जो अपनी भूमि उद्योगों के लिए बेचते हैं, या जिनकी भूमि का अधिग्रहण किया जाता है। इसकी रक्षा की जानी चाहिए और उनकी आवश्यकताओं को अन्य साधनों द्वारा, उन्हें लाभकारी रोज़गार और

सम्मानजनक आय प्रदान करके पूरा किया जाना चाहिए।

- इसी प्रकार वृक्षारोपण, जल संसाधनों की सुरक्षा आदि को हमें भिन्न दृष्टिकोण से देखना होगा। हमें इनके लिए नई भौगोलिक स्थितियां तलाशनी होंगी और निर्माण संयंत्रों के लिए आवश्यक स्थान ख़ाली करना होगा। इन्हें लाभदायी व्यावसायिक वनों में बदला जा सकता है, और इस प्रक्रिया में बहुत से नए रोज़गार पैदा होंगे।
- केवल संगठित उद्योग क्षेत्र के कामगारों को ही प्राप्त वर्तमान सुरक्षा के स्थान पर, अधिकतम रोज़गार (सम्मानजनक आय के साथ) सुनिश्चित करने के लिए हमारे श्रम क़ानूनों में यथेष्ट संशोधन करना आवश्यक है। इसके लिए केंद्रीय एवं राज्य दोनों सरकारों के स्तरों पर कार्रवाई करना आवश्यक है।
- कार्यकर्ताओं और ग़ैर सरकारी संगठनों को विरोध करने के अपने एकसूत्री कार्यक्रम को त्यागना और निर्माण क्षेत्र के प्रोत्साहन को सक्षम बनाना होगा।
- हमारा लक्ष्य भारत में सौ बड़ी निर्माण कंपनियां बनाना होना चाहिए, आकार और लाभदायिता के संदर्भ में उनमें से अनेक विश्व की शीर्ष 500 कंपनियों में सूचीबद्ध हों।
- कपड़ा, चमड़ा, रत्न एवं आभूषण जैसे निर्माणों में हमारी पारंपरिक शक्तियों को नवीकृत फ़ोकस की आवश्यकता है।
- कृषि-उत्पाद प्रसंस्करण उद्योगों और कृषि-अपशिष्ट संचयन उद्योगों को विशिष्ट प्रोत्साहन देना होगा।
- व्यावहारिक संदर्भ में अब तक उपेक्षित रहा एक क्षेत्र रक्षा संबंधी उपकरणों का घरेलू उत्पादन है। ज़रूरी नहीं है कि ये स्वदेशी शोध एवं विकास और डिज़ाइनों का परिणाम हों: वे लाइसेंसशुदा उत्पादन हो सकते हैं। रक्षा उपकरणों के स्थानीय उत्पादन से न केवल लघु अवधि में रोज़गार पैदा होगा, बल्कि अगर ठीक से इसका प्रबंधन किया जाए तो यह भारत में उच्च योग्यता प्राप्त मानव पूंजी का निर्माण भी कर सकता है। भारतीय, जैसा कि हमने पहले भी कहा है, सीखने और नए तरीक़ों को अपनाने में बहुत तेज़ होते हैं। अगर भारत में इस प्रकार की उच्च योग्यता प्राप्त मानव पूंजी विकसित की जाती है तो

अन्य उद्यमी भी अपने नए उद्यमों के लिए, ख़ासकर हाई-टेक उद्योगों के लिए, कार्यबल का उपयोग कर सकते हैं, जो कि अच्छा मूल्य संवर्द्धन होगा। यह एक तरीक़ा है जिससे देश की निर्माण शक्ति तेज़ गति से बढ़ सकती है।

- इसको पाने के लिए विभिन्न नीति और कार्यविधि संबंधी संशोधन करने होंगे। केवल नीतियों की घोषणा करने मात्र से ही नहीं, बल्कि अनेक मौजूदा एमएसएमई एवं जोखिम लेने को तैयार नए उद्यमियों की मदद के लिए बनाए गए सुगठित कार्यक्रमों के द्वारा उत्पादन बढ़ाने को प्रोत्साहित करना होगा। ज्ञान एवं योग्यता निर्माण के विभिन्न रूपों के ज़रिए उनकी मदद करने के लिए हाई-टेक एस एवं टी और डीएई, डीआरडीओ, इसरो, सीएसआईआर, सीएमटीआई, आईआईटी, एनआईटी आदि जैसे देश के शैक्षिक संस्थानों को अधिकृत करना होगा।
- उद्योगों, विशेषकर एमएसएमई, के लिए उपरिलिखित सभी सरलीकरण करने में विश्व व्यापार संगठन के आईपीआर एवं अन्य प्रावधानों का बहुत ध्यान रखना होगा। वर्ना, घरेलू उत्पादन में भी हमारे सामने समस्याएं आ सकती हैं।
- सारे स्कूल, कॉलेजों, वैज्ञानिक एवं तकनीकी संस्थानों में युवाओं के लिए नारा 'कृषि को मुक्त करो—हम विश्व में सबसे ऊपर होंगे' के साथ ही 'निर्माण भारत की सफलता का नया मोर्चा होगा' होना चाहिए। नौजवानों को एक निम्न-मूल्य के अंशदाता रूप में आईटी उद्योग का हिस्सा बनने की आकांक्षा करने की जगह इन दिशाओं में सोचना होगा।
- वर्तमान कार्यबल में से अधिकांश को आधुनिक, अत्यंत प्रतियोगितात्मक, उच्च गुणवत्ता, कम लागत के निर्माण के लिए पुनर्प्रशिक्षित करना होगा।

अगर ये सब कुछ पूरी ईमानदारी से किया जाता है तो भारत निर्माण व्यवसाय में विश्व में अपना स्थान बना लेगा, और परिणामस्वरूप लाखों युवा, मध्य वय के और वरिष्ठ भारतीयों को सुदृढ़, बेहतर आय वाली नौकरियां मिल सकेंगी। अगर निर्माण क्षेत्र को उचित रूप से कृषि क्षेत्र, विविध घरेलू आवश्यकताओं और विश्व बाज़ारों के साथ जोड़ दिया जाए तो भारत में निर्माण क्षेत्र का ऐसा ही विस्तार है।

अध्याय–5

खननः हमारे प्राकृतिक संसाधनों का मूल्य संवर्धन

प्रकृति धरती की सतह के ऊपर और उसके नीचे हमें अपनी भेंट प्रदान करती है। प्रकृति के उन उपहारों के बारे में हम सब जानते हैं जो ऊपर पाए जाते हैं— पौधे जो हमें जीवनदायी आहार, जड़ी-बूटियां प्रदान करते हैं जिनसे हम औषधियां बनाते हैं, कपास जैसे तंतु जिनसे हम वस्त्र बनाते हैं, पेड़ जिनसे हम ढेरों उत्पाद पाते हैं इत्यादि, इत्यादि। जल-संसाधन जीवन को संभव बनाते हैं। हम सहज भाव से जानते हैं कि ये सब कितनी बारीकी से आपस में जुड़े हैं।

धरती के ऊपर मौजूद प्रकृति के उपहार सतह के नीचे पाए जाने वाले उपहारों से भी जुड़े हुए हैं। धरती के नीचे पाई जाने वाली सबसे प्रत्यक्ष संपत्ति भूजल है जिस पर हममें से ज़्यादातर लोग आज निर्भर करते हैं। पेड़ों की जड़ें मिट्टी के नीचे से पोषण खींचती हैं। और अधिकांश बिजली जिसे हम विभिन्न क़िस्म के उपकरण चलाने के लिए इस्तेमाल करते हैं, वह भी उस ईंधन से उत्पन्न की जाती है जो ज़मीन के अंदर बहुत गहरे दबे हुए हैं—कोयला और प्राकृतिक गैस।

एक और वस्तु है लोहा जो आधुनिक जीवन में बहुत अधिक मात्रा में आवश्यक होता है, जिसे हम आमतौर पर इस्पात के रूप में प्रयोग करते हैं। लोहा भी प्राकृतिक संसाधन है, तांबा और अल्यूमीनियम जैसी अन्य धातुओं और पृथ्वी

की दुर्लभ वस्तुओं की तरह जो मानव सभ्यता के लिए अहम होती हैं। वास्तव में, जब मानव ने धातुओं की खोज की थी, तब मानव सभ्यता ने प्रारंभिक कृषि युग से प्रगति की थी जिसने उसे औज़ार बनाने में सक्षम बनाया। जैसे-जैसे सभ्यता और परिष्कृत हुई, इंसान ने खनन के माध्यम से ही ख़ुद को क़ायम रखा। खनन आज भी महत्वपूर्ण है; यह अर्थव्यवस्था का अहम क्षेत्र है, और एक बड़ी संख्या में भारतीय इस क्षेत्र में लाभकारी ढंग से रोज़गार में लगे हुए हैं।

इंडिया 2020 में हमने भारत में खनन के इतिहास के बारे में विस्तार से बताया था। स्वतंत्रता के बाद, राष्ट्रीकरण के माध्यम से इस क्षेत्र को पूर्ववर्ती एकाधिकारवादी नियंत्रण के चंगुल से मुक्त कराने की दिशा में कुछ प्रयास किए गए थे। तब से सरकार ने खनन को अर्थव्यवस्था के विकास की एक अहम कहानी बनाने की दिशा में क़दम उठाने की कोशिश की थी। लेकिन क़दम रुक रहे थे और भ्रष्टाचार का कैंसर भी इस क्षेत्र में घुस गया। इसके अलावा कोयले के प्रयोग को लेकर पर्यावरणीय सक्रियतावाद और अनिश्चितता ने भी विकास को और धीमा कर दिया।

भारत में खनन

2010 में भारत में धातु और खनन उद्योग का अनुमान लगभग 106.4 अरब अमेरिकी डॉलर का लगाया गया था। सकल घरेलू उत्पाद में खनन उद्योग का योगदान 2.25 और 2.5 प्रतिशत के बीच है। मगर, अगर हम केवल औद्योगिक क्षेत्र को देखें (जिसका यह है), तो खनन इस क्षेत्र का 10 से 11 प्रतिशत हिस्सा बनाता है। यह लाभदायक रूप से 700,000 लोगों को रोज़गार देता है।[1] इसलिए जब भारत में खदानें किसी भी वजह से बंद कर दी जाती हैं तो 700,000 लोगों के साथ उनके परिवार भी प्रभावित होते हैं। वास्तव में, भारतीय खदानों के और ज़्यादा विकास करने की गुंजाइश है। केवल खनिजों का खनन करने और उन्हें निर्यात करने की बजाए भारतीय कंपनियां अधिक पूंजी का निर्माण करके और बड़ी संख्या में भारतीयों के लिए ज़्यादा रोज़गार एवं बेहतर आय प्रदान करके इस श्रृंखला में अनेक मूल्य संवर्धन कार्य कर सकती हैं।

सारणी 5.1
खनन उत्पादन में भारत का विश्व में स्थान

खनिज	विश्व में स्थान
कोयला	3
क्रोमाइट	3
लौह अयस्क	4
बॉक्साइट (अल्यूमीनियम के लिए)	6
मैंगनीज़ अयस्क	5

स्रोत: वार्षिक रिपोर्ट, खनन मंत्रालय, वित्त वर्ष 2013

अर्न्स्ट एवं यंग (ई एंड वाई) की रिपोर्ट के अनुसार, भारत विभिन्न समूहों, जैसे ईंधन खनिज, धातु खनिज, ग़ैर धातु खनिज, परमाणु खनिज एवं गौण खनिज के अंतर्गत वर्तमान में लगभग नवासी खनिज उत्पन्न करता है। रिपोर्ट कहती है कि 'खनन संसाधनों एवं भंडारों के लिए देश में अथाह संभावना है और वर्तमान में यह अनेक खनिजों के शीर्षस्थ दस उत्पादकों में है।'[2]

2008-09 में जब वैश्विक मंदी ने मांग पर असर डाला, तब तक एक दशक से अधिक समय से विश्व भर में खनन उद्योग बहुत तेज़ गति से बढ़ रहा था। भारतीय खनन भी प्रभावित हुआ था। इसके अलावा भारत में और समस्याएं भी थीं। ई एंड वाई की रिपोर्ट कहती है: 'बहुत साल तक आठ प्रतिशत से अधिक बढ़ने के बाद भारतीय अर्थव्यवस्था ने वित्त वर्ष 13 में सकल घरेलू उत्पाद वृद्धि पांच प्रतिशत दर्ज की। निरंतर जारी मंदी ने सभी बड़े खपत क्षेत्रों में धातु की मांग पर असर डाला था।' इस तरह धातु उत्पादन में नकारात्मक विकास दर्ज हुआ।

इसी के साथ, अदालती आदेश से कर्नाटक और गोआ राज्यों में कच्ची धातु के खनन पर लगाए गए प्रतिबंध ने (गोआ में हाल ही में हटाया गया है) भी अतिरिक्त मंदी पैदा की। इसी तरह के अन्य अदालती आदेशों और सरकारी कार्रवाइयों से भारत में कोयले का खनन लगभग पूरी तरह से बंद हो गया। भारत जिसके पास कोयले के भरपूर भंडार हैं, उसे अब कोयला आयात करना पड़ा।

इन दोनों बातों से भुगतान संतुलन की गंभीर समस्याएं उत्पन्न हो गईं। हालिया रिपोर्टों के मुताबिक़ अगर स्थितियां वैसी ही रहीं जैसी अब हैं तो 2017

के अंत तक कोयले की मांग और आपूर्ति का अंतर 185 करोड़ टन तक पहुंचने की संभावना है।

खदानों पर कुछ विवरण

भारत में खदानों की कुल संख्या 3100 से अधिक है, जिनमें 550 से अधिक ईंधन खदानें, 560 से अधिक धातु की खदानें, और 1700 से अधिक निष्कर्षणीय ग़ैर धातुओं की खदानें हैं।[3] 2005-06 में चयनित खनिजों का कुल उत्पादन इस प्रकार था:

सारणी 5.2

2005-06 में चयनित खनिजों का कुल उत्पादन

खनिज	मात्रा	इकाई	खनिज का प्रकार
कोयला	403	मिलियन टन	ईंधन
लिग्नाइट	29	मिलियन टन	ईंधन
प्राकृतिक गैसें	31,007	मिलियन क्यूबिक मीटर	ईंधन
कच्चा तेल	32	मिलियन टन	ईंधन
बॉक्साइट	11,278	हज़ार टन	धातु खनिज
तांबा	125	हज़ार टन	धातु खनिज
सोना	3,048	हज़ार ग्राम	धातु खनिज
लौह अयस्क	140,131	हज़ार टन	धातु खनिज
सीसा	93	हज़ार टन	धातु खनिज
मैंगनीज़ अयस्क	1,963	हज़ार टन	धातु खनिज
जस्ता	862	हज़ार टन	धातु खनिज
हीरा	60,155	कैरेट	ग़ैर धातु खनिज
जिप्सम	3,651	हज़ार टन	ग़ैर धातु खनिज
चूना पत्थर	170	मिलियन टन	ग़ैर धातु खनिज
फ़ॉस्फ़ोराइट	1,383	हज़ार टन	ग़ैर धातु खनिज

स्रोत: खनन मंत्रालय, विकिपीडिया से उद्धृत।

इसी प्रकार की एक सारणी 2004-05 में चयनित खनिजों का निर्यात दर्शाती है।

सारणी 5.3

2004-05 में भारत से चयनित खनिजों का निर्यात

खनिज	2004-05 में निर्यात की मात्रा	इकाई
अल्यूमीनियम	896,518	टन
बॉक्साइट	1,131,472	टन
कोयला	1,374	टन
तांबा	18,990	टन
जिप्सम एवं प्लास्टर	103,003	टन
लौह अयस्क	83,165	टन
सीसा	81,157	टन
चूना पत्थर	343,814	टन
मैंगनीज़ अयस्क	317,787	टन
संगमरमर	234,455	टन
अभ्रक	97,842	टन
प्राकृतिक गैसें	29,523	टन
गंधक	2,465	टन
सीसा	180,704	टन

स्रोत: खनन मंत्रालय, विकिपीडिया से उद्धृत

यह जानकर हैरानी होती है कि भारत के प्राकृतिक स्रोतों का अभी तक पूरी तरह से आकलन नहीं किया गया है। बहुत से क्षेत्र अभी भी अज्ञात हैं और इन क्षेत्रों के खनिज संसाधनों का आकलन अभी होना है। हालांकि इसमें अंतरिक्ष स्थित रिमोट सैंसिंग से किसी हद तक सहायता मिल सकती है, मगर वास्तविक ज़मीनी सर्वेक्षण भी आवश्यक हैं। पर्वत श्रृंखलाओं और वन्य क्षेत्रों का भी सर्वेक्षण करना होगा; इसके अतिरिक्त भारत का समुद्री क्षेत्र भी अपेक्षाकृत रूप से अभी तक अनखोजा है (एकमात्र खोज प्राकृतिक गैस के लिए की गई है)।

क्या अड़चनें हैं?

सबसे बड़ी समस्या शायद खनन के प्रति मानसिकता है। यद्यपि अधिकांश शिक्षित भारतीय कृषि में (दूर से) दिलचस्पी दर्शाते हैं, जिसे वे देश के लिए अहम मानते हैं, लेकिन खनन के नाम से ही एक अंधेरी, सीलन भरी और गंदी दुनिया की छवि दिमाग़ में बनती है। हममें से कितने लोग कभी किसी खदान में गए हैं, उस तरह से जैसे हम खेतों में, बांधों पर और डेरी फ़ार्म पर जाते हैं?

सरकार ने भी काफ़ी हद तक खदानों को नज़रअंदाज़ किया है। 1957 में लागू हुए खदान और खनिज (विकास और नियमन) क़ानून (एमएमडीआरए) ने भारत की सभी खदानों का स्वामित्व (उनका भी जो निजी स्वामित्व में थीं) राज्य सरकारों को दे दिया था। राज्य सरकारें एमएमडीआरए के प्रावधानों के अनुसार खदानों के लिए किराया और शुल्क वसूल करती थीं। इस तरह जमा किया गया राजस्व संबंधित राज्य सरकार की समेकित निधि में जाता था जिसका प्रयोग सरकार के विवेक के अनुसार राज्य के किसी भी व्यय में होता था। जैसा कि हुआ कि इस पूंजी का बहुत कम अंश खदान उद्योग में वापस लगाया गया। खदानों के तकनीकी और प्रबंधन सुधारों पर या खदानकर्मियों के काम की परिस्थितियों को सुधारने, उनकी सुरक्षा, उनके परिवारों के कल्याण, स्थानीय समुदाय के विकास या खदान कार्यों से प्राकृतिक रूप से प्रभावित होने वाले स्थानीय पर्यावरण को सुधारने पर बहुत कम ध्यान दिया गया। प्रौद्योगिकी के बहुत धीमे प्रवेश से अक्षमताएं और क्षति और ज़्यादा हुई जिसने स्थानीय पर्यावरण और स्थानीय समुदाय के स्वास्थ्य को प्रभावित किया। दशकों जारी रही इस तरह की उदासीनता ने जनमानस से खनन को एक तरह से मिटा ही दिया।

1990 के दशक के उत्तरार्ध में आए आर्थिक उदारीकरण के बावजूद इस क्षेत्र में आर्थिक एवं औद्योगिक सुधारों पर बहुत कम ध्यान दिया गया। अधिकांश खदानों में उसी धीमे और अक्षम ढंग से हो रहे खनन के साथ सार्वजनिक क्षेत्र अभी भी खनन पर हावी था।

जब 1990 और बाद में 2000 के दशक के दौरान कोयले और लौह अयस्क की कुछ खदानों के निजीकरण की कोशिशें की गईं तो उसूलन यह एक बहुत ही सकारात्मक पहल थी। सार्वजनिक क्षेत्र की बड़ी और विशालकाय खनन यूनिटें तकनीकी रूप से लुप्तप्राय हो गई थीं और उनका प्रबंधन दुष्कर हो गया

था। अतएव उत्पादन के उच्चतर लक्ष्यों, निवेश और निर्गम के संदर्भ में ज़्यादा दक्षता, बेहतर लागत नियंत्रणों आदि के साथ निजी क्षेत्र से मिलने वाली थोड़ी सी प्रतिद्वंद्विता महत्वपूर्ण अंतर पैदा कर सकती थी। यद्यपि इस लक्ष्य का एक अंश ही हासिल हुआ था, मगर खदानों के आवंटन की प्रक्रिया ने पक्षपात की ओर संकेत करते हुए अनेक प्रश्नचिह्न लगा दिए, परिणामस्वरूप सरकारी ख़ज़ाने की भारी हानि हुई। इन 'घोटालों' से जनता में आक्रोश पनपा। अदालतों ने बहुत से आवंटनों को रद्द करने और कुछ खदानों को बंद करने आदि के आदेश दिए।

इंडिया 2020 में हमने बल दिया था कि भारत को महज़ 'खनन-परिवहन-निर्यात-लाभार्जन' पद्धति में नहीं पड़े रहना चाहिए। अगर मूल्य-संवर्धन किया जाता है, तो अयस्क-पूंजी कई गुणा बढ़ सकती है; यह स्थानीय लोगों के लिए बेहतर आय और रोज़गार भी उत्पन्न कर सकती है। परिणामस्वरूप, भारत का सकल घरेलू उत्पाद तेज़ी से बढ़ेगा।

दुर्भाग्य से भारत की शासन प्रणालियों—केंद्रीय एवं राज्य दोनों—के साथ ही निजी और सार्वजनिक क्षेत्र के उद्योग भी लघु-अवधि-उन्मुख हैं। वे वर्ष की 'तिमाहियों' में अर्जित किए जाने वाले छोटे लाभों को देखते हैं और लंबी अवधि की हानियों को नज़रअंदाज़ कर देते हैं। 'जब प्यास लगेगी तब कुआं खोदेंगे' के रवैए ने देश और यहां के लोगों को बहुत हानि पहुंचाई है, केवल खनन ही नहीं बल्कि अन्य क्षेत्रों में भी। यही संकीर्ण नीति बुनियादी सुविधाओं और आपूर्ति श्रृंखला के संचालन में सुधारों के अभाव, और पर्यावरणीय अनुमतियों में समस्याएं पैदा करती है।

कोयला मंत्रालय की हाल (मई 2014) की ही एक रिपोर्ट में तीन बिंदुओं पर बल दिया गया है जिन पर तुरंत ध्यान दिए जाने की ज़रूरत है:

- खदानों से कोयला निकालकर सीधे उपभोक्ताओं तक पहुंचाने के लिए महत्वपूर्ण रेल संपर्क
- त्वरित पर्यावरणीय अनुमतियां, और
- आबद्ध कोयला ब्लॉकों का तेज़ विकास, यानी वे कोयला खदानें जो किसी एक उपभोक्ता जैसे इस्पात कंपनियों को समर्पित होती हैं।

खनन के इन मुद्दों पर ध्यान देने का अर्थ एक ऐसी कार्य योजना का प्रतिपादन करना होगा जो बहुत त्वरित परिणाम दर्शाए।

खनन क्षेत्र के विकास में अड़चनों की सूची जिस पर हमने दृष्टिपात किया

है, बहुत लंबी-चौड़ी नहीं है, लेकिन यह महत्वपूर्ण तत्वों की ओर इशारा करती है जो खनन को रोक रहे हैं। इन मुद्दों को शीघ्रता से सुलझाने और आगे बढ़ने की देश की क्षमता ही यह तय करेगी कि भारत किस तरह अपने खनिज संसाधनों का प्रयोग करता है, और परिणामस्वरूप वह सकल घरेलू उत्पाद में वृद्धि और रोज़गार में आए उछाल को देखेगा। निश्चय ही यह केवल प्रधानमंत्री या केंद्रीय सरकार का काम नहीं है; लेकिन वे गति को निर्धारित कर सकते हैं। वास्तव में हमें ज़रूरत है तो खनन को लेकर अपनी मानसिकता में बदलाव लाने की।

आगे उठाए जाने वाले क़दम क्या हैं?

खनन क्षेत्र को वापस पटरी पर लाने और इसे तेज़ विकास के मार्ग पर ले जाने के लिए आवश्यक त्वरित कार्यों के विषय में अनेक सुझाव दिए गए हैं। भारतीय उद्योग परिसंघ (सीआईआई) की रिपोर्ट, अनेक परामर्शदाताओं की रिपोर्ट, और व्यापार समाचारपत्रों में दी गई विश्लेषणात्मक रिपोर्ट उपलब्ध हैं। इनके और हमारे अपने अध्ययन के आधार पर खनन के लिए हमारी कार्य योजना इस प्रकार है:

- खनन क्षेत्र को (उसके मूल्य संवर्धकों सहित) विशेष दर्ज़ा दिया जाए क्योंकि यह अर्थव्यवस्था के लिए महत्वपूर्ण है। विचार परियोजनाओं को सुगम बनाना और अनुमोदनों में तेज़ी बरतना, और नौकरशाही की ज़्यादा बाधाएं पैदा न करना।
- परमिट, अनुमतियों आदि में होने वाली देरी को कम करके मौजूदा एमएमडीआर को और इसके कारण होने वाली प्रक्रियाओं को बेहतर बनाया जाए, ताकि खनन क्षेत्र का विकास तेज़ी पकड़ सके और इस क्षेत्र में विश्वास का माहौल भी बनाया जाए।
- चूंकि भारत की खनिज संपत्ति को अभी तक भी पूरी तरह नहीं खोजा गया है, इसलिए संभाव्य भंडारों का उपयोग करने के लिए सर्वेक्षणों, खोज पूर्व अध्ययनों और वास्तविक खोजों के लिए प्रयास बढ़ाए जाएं। इनमें से कुछ सरकार कर सकती है और कुछ के लिए भारतीय और विदेशी निजी कंपनियों को, संभवत: उन्हें अपने व्यावसायिक उद्देश्यों के लिए अयस्क के भाग का इस्तेमाल करने वाले प्रारंभिक लोगों की विशेष रिआयत देकर, आगे आने के लिए प्रोत्साहन दे सकती है।

- उन सभी मामलों को जो अदालत में हैं और पिछली कार्रवाइयों के फलस्वरूप रुके हुए हैं, वापस लेने के लिए तुरंत कार्रवाई की जाए। उनका अध्ययन किया जाना चाहिए और एकमुश्त हल प्रदान करना चाहिए, जिस पर केंद्रीय और राज्य सरकारें, न्यायपालिका, और कैग जैसी संबद्ध संस्थाएं सहमत हों। बहुत से मामले कई वर्षों से लंबित हैं और परिणामस्वरूप भारतीय खनन अकस्मात ठहर सा गया है, जिससे अर्थव्यवस्था और लाखों भारतीयों की ज़िंदगी पर प्रभाव पड़ा है। हमें शीघ्र ही आगे बढ़ना होगा।
- इस प्रक्रिया में कुछ जुर्माने लगाने पड़ सकते हैं। इसके साथ ही नई नीलामियों और आवंटनों में भुगतान सरकार द्वारा प्राप्त किया जाएगा। इन्हें राज्य सरकारों की समेकित निधि में जमा नहीं किया जाना चाहिए बल्कि खनन क्षेत्र में सुधार लाने के लिए प्रयोग करने को अलग रख देना चाहिए।
- जब और अधिक खदानों के खुलने और उत्पादन शुरू करने के साथ यह परिणाम देने लगेगा तो मौजूदा सबसे बड़ा अवरोध, यानी खदानों से शीघ्रता से अयस्क निकालने और तेज़ी से उपभोक्ताओं तक पहुंचाने की क्षमता, और भी बड़ा मुद्दा बन जाएगा। लागत प्रभावी खनिज परिवहन प्रणालियों की योजना तुरंत बनानी होगी और उन्हें जल्दी ही लागू करना होगा।
- जैसा कि पहले भी इंगित किया गया था, खनन क्षेत्र में सक्षम उत्पादन, प्रदूषण में कमी और कामगारों की सुरक्षा के लिए आधुनिक प्रौद्योगिकी का अभाव है। इन पर प्राथमिकता के आधार पर ध्यान देना चाहिए।
- इनसे क़रीब से जुड़ी हुई आवश्यकता मौजूदा कार्यबल को पुन: प्रशिक्षित करना और इस क्षेत्र में नए आने वालों को यथोचित प्रशिक्षण देना है। खनन क्षेत्र में बढ़े हुए निवेश पूरे करने के बाद कंपनियों को मानव संसाधन के विषय में शिकायत नहीं होनी चाहिए।
- ये सभी बातें खदानों के अंदर उत्पादन, सक्षमता, पर्यावरणीय स्वच्छता, प्रौद्योगिकी, सुरक्षा आदि की ओर प्रवृत्त हैं। बेशक ये अहम हैं। लेकिन खदानों के अलावा, खनन क्षेत्र के आसपास भी लोग रहते हैं। क्या हम उनकी परवाह करते हैं? अधिकांश कंपनियों और सरकारी एजेंसियों

के पास अपने कर्मचारियों के लिए कल्याण योजनाएं होती हैं, लेकिन सच यह है कि खदानों के आसपास बहुत सारे लोग रहते हैं जो खदानों में कार्यरत नहीं हैं। वे पीढ़ियों से वहां रह रहे हैं और अब खदानें 'आधुनिक भारत के मंदिर हैं' जैसे नारों से प्रभावित नहीं होते। वे साठ दशक से अधिक समय से होती खनन क्षेत्र की उपेक्षा को देख चुके हैं और परिणामस्वरूप बहुत कष्ट पा चुके हैं। यह आवश्यक है कि जब हम खदानों को पुनर्गठित करने और उनके विकास में तेज़ी पकड़ने के बारे में सोचें तो इन लोगों का भी ध्यान रखा जाए। महज़ खोदने और परिवहन के बजाए अगर खदानों के आसपास मूल्य-संवर्धक गतिविधियों को बढ़ावा दिया जाए तो बहुत से स्थानीय लोगों को बेहतर तनख़ाहों वाली नौकरियां मिल सकेंगी।

इन कार्य-बिंदुओं को एक-एक करके नहीं बल्कि एक साथ उठाना होगा—हमारे खनन उद्योग की स्थिति पर अति शीघ्र ध्यान देने की ज़रूरत है। बदलाव लाने का समय अभी है। कबीर के शब्दों में, 'काल करै सो आज कर, आज करै सो अब।'

अध्याय-6

बुनियादी सुविधाएं: अर्थव्यवस्था की अस्थि-मज्जा

अभी तक हमने, कुछ विस्तार से, अर्थव्यवस्था के मूल क्षेत्रों को देखा है: कृषि और खनन को, जो प्राकृतिक संसाधनों की देनों का लाभ उठाते हैं, और निर्माण के क्षेत्र में मानव कौशल को, जो प्राथमिक वस्तुओं को उपयोगी उत्पादों में गढ़ता और परिवर्तित करता है।

इन तीनों में से किसी भी क्षेत्र के लिए एकाकी खंडों में विकसित होना संभव नहीं होगा। सदियों पहले, जब भारत के गांव एक-दूसरे से जुड़े हुए नहीं थे और अलग-थलग रहते थे तो उनके निवासी निर्वाह कृषि और शिल्प निर्माण में रत रहते थे। अतीत की आरंभिक सड़कों और साथ ही नदियों ने भी कारोबार को सक्षम किया, जिससे ग्रामीणों के पास धन बढ़ा और उन्हें वस्तुओं और उत्पादों के आयात-निर्यात शुरू करने का अवसर दिया। अंग्रेज़ों की बनाई रेलवे ने देश के भीतर—लोगों और सामान दोनों के—आवागमन में क्रांति ला दी। आधुनिक बंदरगाहों ने भी समुद्र पार यात्रियों और सामान का आना-जान सुगम किया। प्रौद्योगिकी में सुधार के साथ बेहतर सड़कें और अधिक उन्नत वाहन आ गए हैं।

आज, भारत के सामने बुनियादी सुविधाओं की विशाल चुनौतियां खड़ी हैं। उदारीकरण के बाद आए तीव्र आर्थिक विकास ने सामान और यात्रियों दोनों की परिवहन प्रणालियों पर भारी मांग स्थापित कर दी है। घरेलू यात्रा—व्यापार,

मस्ती या पर्यटन के लिए—कई गुणा बढ़ गई है। तेज़ी से होते शहरीकरण और मेट्रो शहरों के तेज विकास ने यातायात पर बहुत बोझ डाल दिया है।

जैसा कि भारत में अक्सर होता है, नीति निर्माताओं और प्रशासकों ने तेज़ी से होते विकास के साथ तालमेल नहीं बिठाया और मौजूदा बुनियादी सुविधाएं राष्ट्र के तेज़ी से होते आधुनिकीकरण के बोझ तले चरमराने लगी हैं। यह याद रखना महत्वपूर्ण है कि अर्थव्यवस्था का शरीर बुनियादी सुविधाओं की अस्थि-मज्जा पर टिका है—वे प्रणालियां जो लाखों टन सामान और लाखों यात्रियों को एक स्थान से दूसरे तक ले जाती हैं। बुनियादी सुविधाओं के समुचित विन्यास के बिना कोई भी राष्ट्र एक हद से आगे विकास नहीं कर सकता।

टैक्नोलॉजी विज़न 2020 प्रयास ने भारत के सड़क परिवहन एवं जलमार्गों आदि के विकास को विस्तार से संबोधित किया था। उसमें की गई सिफ़ारिशों में से जो लागू की गईं उनका एकमात्र भाग दिल्ली, मुंबई, चेन्नई और कोलकाता को जोड़ने वाले स्वर्णिम चतुर्भुज राजमार्ग, और कन्याकुमारी से श्रीनगर और सिल्चर से पोरबंदर को जोड़ने वाले उत्तर-दक्षिण-पूर्व-पश्चिम कॉरीडोर का निर्माण था। जैसा कि हम बाद में देखेंगे, इन पर हुई प्रगति ने भी एक अच्छी शुरुआत को धीमा कर दिया है।

अब हम भारत में बुनियादी सुविधाओं के विभिन्न खंडों पर शीघ्रता से एक नज़र डाल लेते हैं।

सड़कें

भारत में दुनिया का दूसरा सबसे बड़ा सड़क तंत्र है, जो लगभग 47 मिलियन किमी लंबा है। लेकिन सभी सड़कें समान आकार और गुणवत्ता की नहीं हैं।

- राष्ट्रीय राजमार्ग कुल मार्ग का 1.7 प्रतिशत हैं जो लगभग 79,116 किमी है।
- राज्य राजमार्ग कुल मार्ग का 3.3 प्रतिशत हैं जो लगभग 155,716 किमी है।
- 44,45,010 किमी के साथ शहरी और ग्रामीण सड़कमार्ग सबसे बड़ा हिस्सा (95 प्रतिशत) गठित करता है।

जैसा कि भारत में यात्रा करने वाला कोई भी व्यक्ति जानता होगा, शहरी और ग्रामीण सड़कें और राज्य राजमार्गों का एक बड़ा हिस्सा बुरे हाल में है। अगर

उनकी हालत अच्छी होती तो खाद्य मुद्रास्फीति की समस्या इतनी गंभीर नहीं होती जितनी कि है। अनुपयुक्त सड़क मार्ग के कारण कृषि उत्पादों, ख़ासकर ख़राब होने वाली सब्ज़ियों और फलों, का अच्छा-ख़ासा प्रतिशत बाज़ार तक पहुंच ही नहीं पाता। कुछ स्थानों पर क्षति तीस प्रतिशत के क़रीब है। फलस्वरूप उपभोक्ता कष्ट पाते हैं और किसानों को काफ़ी हानि होती है। इस बात से स्पष्ट होता है कि अर्थव्यवस्था के लिए बुनियादी सुविधाएं कितनी महत्वपूर्ण है। राज्य और राष्ट्रीय राजमार्ग खनन और निर्माण क्षेत्रों के लिए भी अस्थि-मज्जा हैं।

परिवहन का वैकल्पिक साधन रेलवे और कुछ कम सीमा में जलमार्ग हैं। पर्यावरणीय दृष्टि से, रेलवे और जलमार्ग सड़कमार्ग की अपेक्षा प्रति यूनिट माल ले जाने के लिए कम ऊर्जा का प्रयोग करते हैं, इसलिए वास्तव में आधुनिक अर्थव्यवस्था में ये यातायात के पसंदीदा साधन होते। लेकिन रेलवे भले ही बहुत ज़्यादा आवागमन को संभालता हो, मगर सच तो यह है कि वह अर्थव्यवस्था और समाज की बढ़ती हुई मांगों के साथ तालमेल बनाकर नहीं रख पाया है। जलमार्गों का विकास वर्षों से कुंठित रहा है। इसलिए सारा बोझ सड़क परिवहन पर आ पड़ा है: सड़कें लगभग 85 प्रतिशत यात्री परिवहन और साठ प्रतिशत माल ढोती हैं। बहुत से प्राइवेट कैरियर ख़राब क्वालिटी की सड़कों के प्रयोग को भी सुविधाजनक पाते हैं। इसके अतिरिक्त सड़क परिवहन में मूल स्थान, मार्ग और मंज़िल के संदर्भ में भी लचीलापन होता है।

हाल ही में आई एक रिपोर्ट दर्शाती है कि भारत में सड़क प्रणाली के विकास में क्या अड़चन हैं:

> वित्त वर्ष 12 में 6,491 किमी सड़क के ठेके दिए जाने के बाद सड़क क्षेत्र ने परियोजनाएं स्वीकृत करने में शिथिलता देखी और वित्त वर्ष 13 में राष्ट्रीय राजमार्ग प्राधिकरण द्वारा केवल 1,156 किमी की सड़क परियोजनाओं की नीलामी की गई, जो कि वित्त वर्ष के लिए निर्धारित 7000 किमी के ठेकों का लगभग सत्रह प्रतिशत है। इन परिकल्पित से कम ठेके उठने की वजह पूंजी उठाने में कठिनाई, अनेक निर्माताओं की तनावपूर्ण वित्तीय स्थिति, मार्ग अधिकार और अनुमतियां पाने में देरी, प्रस्ताव के अपेक्षाकृत कम आकर्षक हिस्सों के साथ ही आर्थिक मंदी के कारण निजी क्षेत्र के भागीदारों की क्षीण दिलचस्पी रही।[2]

राष्ट्रीय राजमार्ग प्रणाली के संबंध में भी यही स्थिति है, जो कि अर्थव्यवस्था की कुंजी है और संपूर्ण सड़क प्रणाली का केवल एक छोटा सा भाग है। दिलचस्प बात यह है कि नए केंद्रीय सड़क मंत्री श्री वैंकेया नायडू ने कहा है कि वे चाहेंगे राष्ट्रीय राजमार्ग सड़क निर्माण में वर्तमान दो किमी प्रतिदिन के स्तर से लगभग तेईस किमी प्रतिदिन पूर्ण करने के स्तर को प्राप्त करें।

ऐसा नहीं है कि आईसीआरए की रिपोर्ट में उल्लिखित समस्याएं सरकार की जानकारी में नहीं हैं। सड़क परिवहन और राष्ट्रीय राजमार्ग मंत्रालय की रिपोर्ट, परिणामी बजट 2013-14 ख़राब प्रदर्शन की समस्याओं को संक्षेप में इस प्रकार व्यक्त करते हैं :

> विस्तृत समीक्षा से स्पष्ट होता है कि भूमि अधिग्रहण, पर्यावरणीय अनुमतियों, सड़क ओवरब्रिज अनुमतियों में देरी, क़ानून व्यवस्था की समस्याएं, पुनर्वास और अवस्थापन के मुद्दे, और कुछ मामलों में ठेकेदारों द्वारा ख़राब प्रदर्शन के कारण लक्ष्यों को हासिल करने में कमी रही है।

आवश्यकता है तो ठेकेदारों, निवेशकों और अधिकारियों में अधिकतम क्षमता में कार्य-निष्पादन करने का विश्वास निर्मित करने के दृढ़ राजनीतिक संकल्प की। साथ ही, मज़बूत केंद्र-राज्य सहयोग आवश्यक है, ख़ासकर ग्रामीण सड़कों के निर्माण के लिए। राष्ट्रीय और राज्य राजमार्ग बेशक प्राथमिकता हैं, लेकिन ग्रामीण सड़कें भी उतनी ही महत्वपूर्ण हैं। शरीर में यही पर्याप्त नहीं है कि धमनियां और शिराएं ठीक से काम कर रही हैं। अगर केशिका वितरण अच्छा नहीं होगा तो शरीर के अधिकांश हिस्सों में रक्त नहीं पहुंचेगा। ग्रामीण सड़कें केशिका रक्त वाहिनियों के समान ही हैं।

यह इसी संदर्भ में है कि पुरा (प्रोवाइडिंग अर्बन फ़ैसिलिटीज़ इन रूरल एरियाज़) की अवधारणा अनिवार्य हो जाती है जिसकी डॉकलाम पंद्रह वर्षों से वकालत कर रहे हैं। पुरा के केंद्र में भौतिक संयोजकता है, जिसमें ग्रामीण सड़कें निकटतम राज्य या राष्ट्रीय राजमार्गों या किसी रेलवे स्टेशन से जुड़ती हैं।

सड़क परियोजनाओं के लिए एक नवीन सुझाव

दुखद रूप से, सड़क परियोजनाओं के सरकारी दस्तावेज़ों, जिन्हें हमने देखा है, में से कोई भी मानव संसाधन की आवश्यकता को संबोधित नहीं करता। इसके बजाए उनका फ़ोकस पंचवर्षीय योजना के संकीर्ण लक्ष्यों या वित्तीय वर्ष के

लक्ष्यों तक पर होता है। आज भारतवासियों की महत्वाकांक्षा बहुत ज़्यादा है, जैसा कि हाल के चुनावों से स्पष्ट होता है। वे चाहते हैं कि भारत तेज़ गति से आगे बढ़े। वे ख़राब प्रदर्शन के बहानों और भावी प्रदर्शन के वादों से उकता गए हैं। *अब* वे कामों को होते देखना चाहते हैं।

इन महत्वाकांक्षाओं को ध्यान में रखते हुए हमें सड़क परियोजनाओं के लिए लक्ष्यों को बढ़ाना होगा। हम इन लक्ष्यों का सुझाव देते हैं:

राष्ट्रीय राजमाग	50 किमी प्रतिदिन
राज्य राजमार्ग	100 किमी प्रतिदिन
ग्रामीण सड़कें	1000 किमी प्रतिदिन

क्या ये लक्ष्य प्राप्य हैं? हां, बशर्ते हम निरीक्षण, सर्वेक्षण, परीक्षण और कार्य करने के लिए केवल केंद्रीय एवं राज्य सरकार की एजेंसियों के लोगों का इस्तेमाल करने के पारंपरिक तरीक़े को छोड़ दें।

हम भारत भर में फैले लगभग 40,000 कॉलेजों के युवा अंडरग्रेजुएट एवं ग्रेजुएट छात्रों का क्यों नहीं इस्तेमाल कर सकते, विशेषकर 10,000 इंजीनियरिंग एवं व्यावसायिक कॉलेजों के छात्रों को? उन्हें आसानी से आवश्यक काग़ज़ी काम करने के लिए प्रशिक्षित किया जा सकता है। उन्हें थोड़ा सा भत्ता और ज़्यादा महत्वपूर्ण रूप से कार्य-प्रमाणपत्र दिया जा सकता है।

इसी प्रकार, रोज़गार के लिए या ग़रीबी उन्मूलन के लिए या खाद्य सुरक्षा के लिए सरकार की सब्सिडी योजनाओं को सड़क परियोजनाओं से संबद्ध किया जा सकता है; इससे वास्तव में लाखों भारतीयों को सड़क निर्माण और सड़कों की मरम्मत परियोजनाओं में रोज़गार मिलेगा; सब्सिडी की ज़रूरत ही नहीं पड़ेगी।

साथ ही, चूंकि भारतीयों की औसत आयु बढ़ गई है तो हम बहुत से अवकाशप्राप्त लोगों का निरीक्षण, परीक्षण और अच्छी-ख़ासी काग़ज़ी कार्रवाई करने के लिए उपयोग कर सकते हैं।

हमें याद रखना होगा कि हमें एक नए आवेग और तीव्र आवश्यकता की भावना के साथ सड़क परियोजनाओं को देखना होगा। सड़क निर्माण में हमें तीन दशकों से छूटा काम पूरा करना है, और अनेक पुरानी सड़कों और पुलों की तुरंत मरम्मत और रखरखाव की ज़रूरत है। इसलिए हमें उस सारे मानव संसाधन की ज़रूरत है जो हम जुटा सकते हैं: उस सामान्य कार्यबल के साथ, जिसे अभी हम

सरकारी एजेंसियों और निजी ठेकेदारों के ज़रिए नियुक्त करते हैं, अकुशल, अर्धकुशल, छात्र, वृद्ध सभी। काम की प्रगति पर नज़र रखने के लिए हाई-रिज़ॉल्यूशन सेटेलाइट छवि के साथ-साथ जीपीएस डाटा के रूप में अंतरिक्षीय प्रौद्योगिकी का उपयोग किया जा सकता है।

वास्तव में, सड़कमार्ग पर अधिकांश दस्तावेज़ों में तकनीक के बारे में बहुत कम कहा गया है। यहां तक कि सड़कमार्ग पर मंत्रालय के दस्तावेज़ भी शोध एवं विकास (जिसका लगभग दो करोड़ रुपए का शानदार बजट है) का बस सतही सा संदर्भ देते हैं। लेकिन तकनीक को बहुत समय तक नज़रअंदाज़ नहीं करना चाहिए। यद्यपि तुरंत बड़े उपकरणों की तकनीक में पड़ना और सड़क निर्माण के लिए आवश्यक मशीनें ला पाना मुश्किल है, लेकिन ग्रामीण सड़कों के नियमित रखरखाव और छोटे स्तर की मरम्मत के लिए आवश्यक उपकरणों की तकनीक पर ध्यान दिया जा सकता है।

रेलवे

ऐतिहासिक रूप से देखें, तो अंग्रेज़ों द्वारा—अलबत्ता उनके अपने उद्देश्यों के लिए—बनाई गई रेलवे ने अधिकांश भारतीयों को 'एक भारत' की अवधारणा प्रदान की। स्वतंत्रता प्राप्ति के बाद, भारतीय रेलवे में निरंतर सुधार किए गए हैं। अनेक मीटर गेज की रेल पटरियों को ब्रॉड गेज की बनाया गया है, भाप के इंजनों को डीज़ल और बिजली के इंजनों से बदला गया है। फिर भी भारत में अनेक क्षेत्र हैं—उत्तर-पूर्व, कश्मीर, और आंतरिक भारत के कुछ हिस्से—जो अभी भी रेलवे नेटवर्क से अछूते हैं।

यहां भारत में रेलवे के विषय में हाल के कुछ अहम आंकड़े दिए गए हैं:

- रेलमार्ग का कुल नेटवर्क 64,600 किमी है।
- नेटवर्क का 29.98 प्रतिशत दोहरी या बहुल पटरी का है।
- कुल 7,146 रेलवे स्टेशन हैं।
- भारतीय रेल रोज़ाना 19,000 रेलगाड़ियां चलाती है।
- हाल में जम्मू-कश्मीर भी रेलवे के मानचित्र पर आ गया है।
- इसके पास 239,321 माल डिब्बे, 61,899 कोच और 9,549 इंजन हैं।
- 2012-13 में इसकी कुल संपत्ति 53.8 अरब अमेरिकी डॉलर की थी।
- वित्त वर्ष 2012-13 के दौरान रेलवे ने प्रतिदिन के आधार पर लगभग

12,355 रेलगाड़ियां चलाईं और लगभग तीन करोड़ लोगों को वहन किया।

- 2012–13 के दौरान रेलगाड़ियों द्वारा लगभग 975.2 मिलियन टन माल ढोया गया।
- भारतीय रेल की आय का लगभग 73 प्रतिशत हिस्सा माल परिवहन से आता है; माल परिवहन के लाभ से यात्री परिवहन में रिआयत दी जाती है।
- दलचस्प बात यह है कि बड़े रेलवे माल परिवहन देशों जैसे कि यूएसए, चीन और रूस में माल परिवहन दर भारत की तुलना में एक चौथाई है।[3]

जब हम रेलवे की बात करते हैं तो मेट्रो नेटवर्क की कहानी का अध्ययन करना भी दिलचस्प है। ई. श्रीधरन के नेतृत्व में दिल्ली मेट्रो बहुत बड़ी कामयाबी रही है: परियोजना प्रबंधन का यह उत्कृष्ट उदाहरण है और अपनी विश्वसनीयता के लिए जानी जाती है। लेकिन यह याद रखना महत्वपूर्ण है कि भारत की तकनीकी, औद्योगिक और निर्माण क्षमताएं ऐसी हैं कि मेट्रो के अधिकांश अवयवों को आयात करना पड़ा था। मज़े की बात यह है कि कोई तीन दशक पहले भारतीय रेलवे ने कोलकाता मेट्रो को डिज़ाइन और अधिकांशतः स्वदेशी स्तर पर निर्मित भी किया था; लेकिन जब दूसरे शहरों में मेट्रो निर्माण की बात आती है, तो हमें आयात का सहारा लेना पड़ता है। अगर हम विश्व स्तर की आधुनिक मेट्रो बनाने की स्वदेशी औद्योगिक क्षमता को विकसित करने पर क़ायम रहे होते, संयुक्त उद्यम के तौर पर भी, तो हमने भविष्य के लिए एक पूरे नए उद्योग का आधार तैयार कर दिया होता।

रेलवे में सुधार लाने के लिए सरकार ने अनेक नई पहल शुरू की हैं। इन उपायों में 'रेल-संपर्क और क्षमता-संवर्धी परियोजनाओं के लिए सहभागी मॉडलों' के लिए एक नई नीति, रेलवे के माध्यम से ऑटोमोबाइल परिवहन को बढ़ावा देने के लिए एक ऑटोमोबाइल मालगाड़ी संचालक योजना, और लगभग 3300 किमी की समर्पित माल परिवहन लाइन के साथ पश्चिम और पूर्व के लिए दो समर्पित मालवाहक कॉरीडोर परियोजनाओं के लिए एक विशेष उद्देश्य वाहन (स्पेशल पर्पज़ व्हीकल: एसपीवी) सम्मिलित हैं।

ये सही दिशा में उठाए गए क़दम हैं। लेकिन पुनः भारतीय रेल (और रेल

मंत्रालय) को राष्ट्रीय राजमार्ग प्राधिकरण परियोजनाओं के क्रियान्वयन के अनुभवों से सबक़ लेना चाहिए और रेलवे के विकास में निजी क्षेत्र की भागीदारी में उसी तरह की बाधाएं खड़ी न करने की कोशिश करनी चाहिए। इससे विकास बस धीमा ही होगा। आज भारत तेज़ क्रियान्वयन की मांग करता है। इस भावना के साथ तालमेल बनाए रखने के लिए आधुनिकीकरण भारतीय रेलवे का सामयिक मंत्र है। 1980 के दशक में कंप्यूटरीकृत टिकटों और आरक्षणों को लाकर उन्होंने सकारात्मक क़दम उठाए थे; अब उन्होंने मोबाइल बुकिंग सेवा आरंभ की है। लेकिन इनके साथ ही भौतिक संपत्ति जैसे प्लेटफ़ॉर्म, रेलगाड़ियों आदि का भी आधुनिकीकरण करने की आवश्यकता है। परिवहन सुरक्षा एक और गंभीर चिंता का विषय है।

अंत में, यह भी महत्वपूर्ण है कि रेलवे सब्सिडी संस्कृति को छोड़े और निजी निवेश को आकर्षित करे। अधिकतम मात्रा में माल और यात्री यातायात को सुरक्षा और तेज़ी के साथ ले जाने में रेलवे को सक्षम बनाने के लिए हमें वह सब कुछ करना होगा जो अभिनव है। देश के उन हिस्सों में जहां अभी तक रेलवे नहीं पहुंची है, निकट भविष्य में, संभवतः एक दशक में, रेलवे पहुंच जानी चाहिए।

बंदरगाह

प्राचीन भारत अपने विश्व व्यापार के लिए विख्यात था। सन् 1850 तक भी विश्व व्यापार में भारत का हिस्सा चीन के बाद लगभग तीस प्रतिशत था। यह अधिकांश व्यापार भारत के बंदरगाहों से होता था।

भारत की तटीय सीमा व्यापक है, यह 7,500 किमी से भी लंबी, और 200 (जिनमें तेरह बड़े बंदरगाह हैं) से अधिक बंदरगाहों से पटी हुई है। भारत को यह विलक्षण लाभ प्राप्त है कि पूर्वी एशिया और अमेरिका, यूरोप और अफ़्रीका के बीच चलने वाले अधिकांश कार्गो जहाज़ भारतीय जल क्षेत्र से होकर गुज़रते हैं। हमारे सभी मुख्य बंदरगाह और लगभग 176 ग़ैर प्रमुख बंदरगाह सामरिक महत्व के स्थानों पर हैं।

लेकिन जैसा कि दूसरे क्षेत्रों में है, हमारे बंदरगाह अधिकारियों ने आधुनिकीकरण के साथ तालमेल नहीं रखा, और परिणामस्वरूप बंदरगाहों का संचालन धीमा है और वे बहुत कम यातायात को आकर्षित करते हैं।

आईबीईएफ़ की एक रिपोर्ट के अनुसार वित्त वर्ष 12 में बंदरगाह कार्गो यातायात लगभग 911.5 मिलियन मीट्रिक टन (एमएमटी) था। वित्त वर्ष 17 के लिए लक्ष्य 1756 एमएमटी का है। सरकार ने लगभग 11.8 बिलियन अमेरिकी डॉलर के योजना व्यय के साथ समुद्री क्षेत्र का विकास करने के लिए नेशनल मैरीटाइम डेवलपमेंट पॉलिसी (एनएमडीपी) प्रारंभ की है। इसके अतिरिक्त स्वतः अनुमोदित मार्ग के तहत सरकार विदेशी प्रत्यक्ष निवेश (एफ़डीआई) की, और बंदरगाहों में संलिप्त उद्यमों को कर में दस साल की छूट प्रदान करती है।

ये सकारात्मक उपाय हैं। लेकिन बड़ी–बड़ी नीतियों का ऐलान करने के बाद अपने सामान्य कामों में लिप्त हो जाना काफ़ी नहीं होगा। आक्रामक निजीकरण के द्वारा बहुत कुछ सिद्ध किया जा सकता है। परियोजनाओं को आकर्षित करने और लक्ष्यों को पूरा करने या उनसे भी पार निकलने के लिए केंद्र में एक पूर्णकालिक दल को उत्तरदायी बनाना होगा। बंदरगाह की परियोजनाओं के लिए दल को आवश्यक पर्यावरणीय अनुमोदन और स्थानीय अनुमतियां दिलाने में भी मदद करनी होगी।

अगर बंदरगाहों पर बुनियादी समुद्री सुविधाएं अच्छी तरह से विकसित हों तो इससे न केवल सकल अर्थव्यवस्था में मदद मिलेगी बल्कि तटीय क्षेत्रों के बहुत से स्थानीय लोगों को भी बेहतर आय वाला रोज़गार मिलेगा। तटीय क्षेत्र वाले राज्य अपनी परिसंपत्ति का उपयोग अपनी अर्थव्यवस्था को गति देने में करें जिसमें वे अपनी तटीय संपदा और अपने अनेक बंदरगाहों की मदद ले सकते हैं।

जलमार्ग

अंतर्देशीय जलमार्ग माल और यात्री परिवहन का अच्छा–ख़ासा परिमाण वहन कर सकते हैं। *इंडिया 2020* में हमने इसकी कुछ संभावनाओं को रेखांकित किया था। वास्तव में, समुचित निकर्षण, मार्ग में रोशनी की सुविधाएं और मार्गदर्शन की सुविधाएं उपलब्ध करवाने के ज़रिए पारंपरिक अंतर्देशीय जलमार्गों का आधुनिकीकरण करने को लेकर हमारे परामर्श काफ़ी रूढ़िवादी थे। यह याद रखना चाहिए कि जलमार्ग पर माल की प्रति इकाई ऊर्जा व्यय सड़क और रेलमार्ग की तुलना में बहुत कम है।

आश्चर्यजनक ढंग से, 1998 में हमारी पुस्तक प्रकाशित होने से लेकर अब तक सोलह वर्ष में इस क्षेत्र में बहुत कम काम किया गया है।

हवाई अड्डे

विज़न 2020 की रिपोर्ट आने के बाद से भारतीय विमानन मंत्रालय ने बहुत अच्छा काम किया है। वहनीय किरायों और विश्वसनीय सेवाओं के साथ कम लागत की विमान सेवाओं ने एक प्रकार की क्रांति ला दी है, जिससे बहुत से यात्री कारोबारी और पर्यटन दोनों के लिए उड़ानों का प्रयोग करने लगे हैं। ऑनलाइन बुकिंग सुविधाओं के साथ उड़ानें बुक करना भी आसान हो गया है, और अन्य किसी भी परिवहन साधन की तुलना में यात्रा में कहीं कम समय लगता है।

हवाई अड्डों की संख्या भी बढ़ रही है: 2000 में क्रियाशील हवाई अड्डों की संख्या पचास थी; 2012 तक यह संख्या बढ़कर 125 हो गई थी। बहुत से हवाई अड्डों का आधुनिकीकरण हो रहा है और छह हवाई अड्डे—दिल्ली, मुंबई, बंगलौर, हैदराबाद, चेन्नई, कोलकाता—पीपीपी मॉडल पर बनाए गए हैं और संचालित होते हैं। साठ प्रतिशत हवाई यातायात का संचालन अब पीपीपी प्रणाली में किया जाता है, शेष चालीस प्रतिशत का भारतीय विमानन प्राधिकरण (एएआई) द्वारा। यह एक ऐसी प्रणाली है जो भली प्रकार काम कर रही मालूम होती है।

दूसरी ओर, सार्वजनिक क्षेत्र की कंपनी एयर इंडिया पिछले कई सालों से लगातार घाटे में और सरकारी सब्सिडी, दूसरे शब्दों में करदाताओं के पैसे पर चल रही है। उस धन का प्रयोग भारत में विमानन की बुनियादी सुविधाओं के अहम पहलुओं को बेहतर बनाने में किया जा सकता था। यह विमानन के क्षेत्र को और मुक्त करने का मुद्दा है, जिसे एयर इंडिया के निजीकरण से, और इस क्षेत्र में, हवाई अड्डों और हवाई सेवाओं दोनों में, और अधिक विदेशी निवेश को मंजूरी देकर आरंभ करना होगा। इससे पर्यटन को बढ़ने में मदद मिलेगी और बहुत से कुशल और अकुशल कामगारों को रोज़गार उपलब्ध होगा, अर्थव्यवस्था में सुधार आएगा।

भावी कार्य

बुनियादी सुविधाओं के लिए बहुत कुछ किया जा सकता है। हमें याद रखना होगा कि समुचित बुनियादी सुविधाओं के बिना हमारी अर्थव्यवस्था वास्तव में समृद्ध नहीं हो सकती। क्यों न अगले दस साल, 2015 से 2025, हम 'बुनियादी सुविधा दशक' के लिए निर्धारित कर दें, जिसके अंत में सड़कों, रेलमार्ग, बदंरगाह आदि की वर्तमान बदहाली अतीत की चीज़ बनकर रह जाए?

अध्याय–7

जैव विविधता: वाणिज्य और संरक्षण में संतुलन

सैंतीस करोड़ साल पहले जब से इस ग्रह पर जीवन प्रारंभ हुआ है, अनेक जीव यहां उत्पन्न हुए और समय के साथ लुप्त हो गए। कुछ अनुमानों के अनुसार पृथ्वी पर कभी भी रहे जीवों में से मात्र एक से तीन प्रतिशत ही अब तक जीवित बचे हैं।[1] अब हमारे सामने मसला यह है कि उन्हें संरक्षित कैसे रखा जाए। इसका एक अहम हिस्सा यह समझना है कि किसी जीव का क्या विशिष्ट उपयोग है। मानव वृत्ति उन चीज़ों की परवाह न करने की है जो उसके लिए लाभकारी या उपयोगी नहीं हैं। इस प्रकार यह महत्वपूर्ण है कि इस बात को समझा जाए कि इतने विविध जीवों का अस्तित्व क्यों है, वे एक-दूसरे से और एक वृहत्तर जैव-प्रणाली से किस तरह जुड़े हुए हैं, और मानवजाति के लिए उनकी क्या उपयोगिता है। जैव विविधता का अध्ययन इसी दिशा में होता है।

बहुत अधिक शोध किए गए हैं जो दर्शाते हैं कि जैव विविधता का संरक्षण पृथ्वी की पारिस्थितिकी और इसलिए इंसानों के लघु अवधि हित में है। हालांकि बहुत से लोगों के लिए इसे पूरी तरह से समझ पाना मुश्किल हो सकता है। इस प्रकार यह जनकल्याण का मुद्दा बन जाता है जिसे करदाताओं के धन को इस कार्य में लगाते हुए सरकार को देखना चाहिए। लेकिन करारोपण की भी सीमा होती है; इसलिए जैव विविधता के संरक्षण को सुनिश्चित करने का एक तरीक़ा

कुछ विविधतापूर्ण जैविक जीवों से कुछ व्यावसायिक लाभ हासिल करना है। इससे जन समर्थन सुनिश्चित होता है, जैसा कि औषधीय वनस्पति, सुगंधित जड़ी-बूटियों आदि के परिरक्षण और प्रसार के संदर्भ में हमने देखा है जिनके लाभकारी उपयोग अब स्थापित हो चुके हैं।

हमारे पास उपलब्ध मौजूदा जानकारी के आधार पर हमारा अनुमान है कि स्थलीय जैव विविधता समुद्री जैव विविधता से लगभग पच्चीस गुणा ज़्यादा है। लेकिन जब हम समुद्रों की और अधिक खोज करेंगे तो यह दृष्टिकोण बदल सकता है। साथ ही जब मृदा जीवविज्ञान के नए क्षेत्र के अंग के रूप में मिट्टी के नीचे मौजूद जीवों का अध्ययन किया जाएगा तो हमें और भी अनेक जीव प्राप्त हो सकते हैं। औसतन प्रतिवर्ष क़रीब दस हज़ार नए जीव (जिनमें से अनेक कीट होते हैं) खोजे जाते हैं। इनमें से अनेक को अभी वर्गीकृत किया जाना है। हमारी वर्तमान जानकारी के मुताबिक़ भूमि पर और समुद्र में पाए जाने वाले जीवों की संख्या को नीचे दी गई सारणी में देखा जा सकता है।

सारणी 7.1
भूमि और समुद्रों में खोजे गए जीव और उनकी पूर्वानुमानित कुल संख्या

जीव	पृथ्वी पर सूचीबद्ध	पूर्वानुमानित	त्रुटि	समुद्र में सूचीबद्ध	पूर्वानुमानित	त्रुटि
सुकेंद्रिक जीव	953,434	7,770,000	958,000	171,082	2150,000	145,000
क्रोमिस्टा	13,033	27,500	30,500	4,859	7,400	9,640
फफूंद	43,271	611,000	297,000	1,097	5,320	11,100
वनस्पति	215,644	298,000	8,200	8,600	16,600	9,130
प्रोटोज़ोआ	8,118	36,400	6,690	8,118	36,400	6,690
कुल	1,233,500	8,740,000	1,300,000	193,756	2,210,000	182,000
एककोशीय आर्किया	502	455	160	1	1	0
बैक्टीरिया	10,358	9,680	3470	652	1,320	436
कुल	10,860	10,100	3,630	653	1320	436
कुल योग	1,244,360	8,750,000	1,300,000	194,409	2,210,100	182,000

स्रोत: विकिपीडिया

भारत में जैव विविधता

पर्यावरण लेखा रिपोर्ट[2] का एक अध्याय भारत में जैव विविधता के विषय में कुछ अहम जानकारी उपलब्ध करवाता है। रिपोर्ट इस सार कथन से शुरू होती है:

> विश्व के विशाल जैव विविधता वाले सत्रह ज्ञात देशों में भारत भी है। विश्व के कुल भूमि क्षेत्र के केवल 2.4 प्रतिशत क्षेत्र के साथ भारत की ज्ञात जैव विविधता का विश्व की ज्ञात जैव विविधता में केवल आठ प्रतिशत का योगदान है।

निश्चय ही किसी भी भारतीय के लिए यह गर्व का विषय है। लेकिन रिपोर्ट आगे कहती है:

> अनुमान लगाया गया है कि देश के कम से कम दस प्रतिशत अभिलिखित जंगली वनस्पति और इतने ही प्रतिशत इसके जंगली पशु संकटग्रस्त की सूची में हैं, उनमें से अनेक लुप्त होने की कगार पर हैं।

सारणी 7.2
भारत में जीव

जीव	संख्या
वनस्पति	455,500
पशु	91,000
कीट	59,553
मत्स्य	2,546
उभयचर	240
सरीसृप	460
पक्षी	1,232
स्तनपायी	397

लेखा रिपोर्ट भारत में जैव विविधता के लिए ख़तरों को भी दर्ज करती है। वे इस प्रकार हैं :

- भारत की जनसंख्या का लगभग 74 प्रतिशत चारे, ईंधन की लकड़ी, इमारती लकड़ी आदि के लिए काफ़ी हद तक जैव विविधता के संसाधनों पर निर्भर करता है।

- अधिक जनसंख्या के कारण भूमि और मानव का अनुपात और वन और मानव का अनुपात तेज़ी से घटा है।
- इसके कारण वन्य क्षेत्रों में मानव का अतिक्रमण और अरक्षणीय निकास हुआ है।
- विकास की अस्वस्थ रणनीतियां भी एक ख़तरा हैं।[3]

बेशक हमारे पास जैव विविधता और इसकी सुरक्षा से संबंधित अनेक क़ानून हैं। भारत 1984 से जैव विविधता सम्मेलन (सीबीडी) का सदस्य है। इस संधि के परिणामस्वरूप ही 2002 में जैव विविधता क़ानून (बीडीए) पारित हुआ था। बीडीए के प्रावधान के अनुसार भारत सरकार द्वारा चेन्नई में राष्ट्रीय जैव प्राधिकरण (एनबीए) स्थापित किया गया। एनबीए पर्यावरण और वन मंत्रालय के तहत आता है।

एनबीए की गतिविधियां कमोबेश उन विशेषज्ञ समितियों को गठित करने की धीमी गति की कहानी है जो कुछ साल काम करती हैं, फिर बिना कोई कार्य योजना प्रदान किए महत्वहीन हो जाती हैं। बहुत सी राज्य सरकारों में समरूपी राज्य जैव प्राधिकरण (एसबीए) भी नहीं हैं। कोई केंद्रीय डाटाबेस नहीं है। बौद्धिक संपत्ति अधिकारों से जुड़े मुद्दे उपेक्षित हैं जो कि जैव विविधता के व्यवसायीकरण का सवाल आने पर महत्वपूर्ण होते हैं। परिणामस्वरूप, सही निर्देशों के बिना भारतीय शोधकर्ता पेटेंट के लिए याचिका देने में असमर्थ रहते हैं और अंतरराष्ट्रीय संस्था अनुबंधों में पीछे रह जाते हैं। पर्यावरण और वन मंत्रालय के पास ध्यान देने के लिए बेशक बहुत से दूसरे मसले और समस्याएं हैं, लेकिन नतीजे में जैव विविधता वह ध्यान पाने में नाकाम रहती है जिसकी यह हक़दार है।

आगे क्या?

जैव विविधता से जुड़ी समस्याएं गंभीर हैं और हमारे पास कोई आसान सुझाव भी नहीं हैं। ऐसे समय में जब भारत का तेज़ आर्थिक विकास मंदी और निष्क्रियता के बड़े अवरोधों से त्रस्त है, जिससे मुद्रास्फीति, नौकरियों में छंटनी, और बहुत कम नए रोज़गार हैं, विकास की गति वापस पाने और समृद्धि की राह पर आगे बढ़ने के लिए राष्ट्र पर बहुत दबाव है। यह आवश्यकता तात्कालिक और अपरिहार्य है, और इसके लिए भारत के समृद्ध प्राकृतिक एवं खनिक संसाधनों का त्वरित और प्रभावी निष्क्रमण और प्रयोग आवश्यक है। लेकिन इन संसाधनों में से अधिकांश

वन्य, जैव विविधता-परिपूर्ण क्षेत्रों में हैं, और जीवमंडल को प्रभावित किए बिना इन्हें निकालना एक प्रकार से असंभव ही है। यह वास्तविक दुविधा है, और हमें सावधानीपूर्वक चलना होगा।

हमें करना यह होगा कि जैव विविधता और संरक्षण की इसकी आवश्यकता के विषय में बहुत श्रमपूर्वक किए गए शोध और आवश्यक डाटा जमा किए बग़ैर किसी निष्कर्ष पर न पहुंचे। उत्तेजित हो जाना, प्रलयंकारी तस्वीर खींच देना, और ज़रा सी कोई बात होते ही सारे विकासकार्यों को रोक देने की कोशिश करना भारतवासियों की प्रवृत्ति में है। इससे कोई उद्देश्य हल नहीं होता है। आवश्यकता जैव विविधता के बारे में पूरी जानकारी पाने, स्थानीय लोगों की व्यावहारिक ज़रूरतों और राष्ट्र की आर्थिक ज़रूरतों को समझने, जैव विविधता के नुक़्सानों को न्यूनतम करने के लिए बेहतर अभियांत्रिकी तरीक़ों को अपनाने, और इस सबसे ज़्यादा आगे बढ़ने के बेहतर तरीक़ों के लिए शांत, निष्पक्ष, सामूहिक निर्णय लेने की है। ऐसे व्यावहारिक हल सुझा पाना मुश्किल है जो जैव विविधतापूर्ण सारे भारत पर लागू हो सकें। नीति शुरू में कुछ ख़ास क्षेत्रों पर फ़ोकस करने की होनी चाहिए, जो तदन्तर एक वृहत्तर क्रियान्वयन के लिए रूपरेखा बना सकते हैं। हमें विश्वास है कि अगर भारत के बेहतरीन दिमाग़ पूरी गंभीरता से प्रयास करें तो हम संरक्षण और वाणिज्य के बीच सटीक संतुलन बिठा सकते हैं।

अध्याय-8

जीवन की कैमिस्ट्री

सामान्य या दैनिक उपयोग की अधिकांश सामग्री रसायन उद्योग से आती है: इनमें वस्त्र, काग़ज़, पेंट, वार्निश, चमड़ा, साबुन, परफ़्यूम, सफ़ाई की सामग्री, निजी साफ़-सफ़ाई के उत्पाद आदि शामिल हैं। बड़े पैमाने पर, बहुत से औद्योगिक उत्पाद जैसे कोयला, गैस, पेट्रोलियम आदि के साथ ही उर्वरक और कीटाणुनाशक के यौगिक रासायनिक इंजीनियरिंग के प्रयोग से आते हैं। कभी-कभी हमें अहसास ही नहीं होता कि कार या कंप्यूटर जैसे उत्पादों के लिए रसायन किस तरह अनिवार्य हैं: पेंट, सीटें, टायर या कार की बैटरी सभी रसायनों का प्रयोग करते हैं। वस्त्रों या इमारती कामों में भी उत्पादन के हर चरण में रसायनों का प्रयोग किया जाता है।

कुछ लोगों में रसायन उद्योग को स्वत: ही प्रदूषण से जोड़ लेने की प्रवृत्ति होती है। सच तो यह है कि प्रदूषण में कमी और अपशिष्ट प्रबंधन भी रासायनिक प्रक्रिया द्वारा किए जाते हैं। रसायन प्रौद्योगिकी और इंजीनियरिंग में प्रगति अब अनेक प्रक्रियाओं को प्रेरित कर रही है जो अतीत के विपरीत स्वच्छ हैं।

रसायन उद्योग भारत के सबसे पुराने उद्योगों में से एक है। यह विश्व में छठे, और एशिया में तीसरे स्थान पर है। यह अच्छी बात है, लेकिन आज की प्रतियोगितात्मक दुनिया में कोई भी अतीत की प्रतिष्ठा के सहारे नहीं जी सकता, न ही वर्तमान को लेकर लापरवाह हो सकता है। तकनीकी क्षेत्र में, बिज़नेस मॉडलों

में, और उपभोक्ता सेवाओं में लगातार नई खोजें हो रही हैं। हर वक़्त शुद्धता और सुरक्षा के नए-नए रासायनिक मापदंड स्थापित हो रहे हैं। ज़्यादातर कीटनाशक, जिनका पचास साल पहले तक विश्व भर में प्रयोग हो रहा था, अब विषाक्त माने जाते हैं। चमड़ा जैसे उत्पादों में जिनमें ऐज़ो रंगों का प्रयोग होता है, अगर भाग प्रति मिलियन (पीपीएम) स्तर पर अवशेष होते हैं तो भी उन्हें बेचा नहीं जा सकता। कुछ देश सस्ते मूल्य बिंदुओं पर बेहतर रसायन बेचने के लिए विभिन्न बिज़नेस मॉडल भी अपना रहे हैं।

भारतीय रसायन उद्योग का सिंहावलोकन

टीआईएफ़एसी-इंडियन कैमिकल काउंसिल (आईसीसी) की जनवरी 2014 की रिपोर्ट के अनुसार, जिससे हम व्यापक रूप से उद्धृत करेंगे, भारत में लगभग चालीस हज़ार रसायन निर्माता इकाइयां हैं, जिनमें से अस्सी प्रतिशत लघु उद्योग क्षेत्र में हैं। संपूर्ण रूप से यह उद्योग लगभग सत्तर हज़ार प्रकार के व्यावसायिक उत्पाद निर्मित करता है जिनमें सौंदर्य-प्रसाधनों से लेकर प्लास्टिक और कीटाणुनाशकों की व्यापक रेंज मौजूद है। इस क्षेत्र में लगभग तैंतीस लाख लोग रोज़गार में लगे हुए हैं।[1]

रिपोर्ट के अनुसार, रसायनों को तीन स्थूल क्षेत्रों में वर्गीकृत किया जा सकता है:

बेसिक रसायन	53 प्रतिशत
ज्ञान रसायन	29 प्रतिशत
विशेष रसायन	18 प्रतिशत

बेसिक रसायनों का कुल उत्पादन मूल्य लगभग 57 अरब अमेरिकी डॉलर है। इन्हें आगे चार स्तरों में वर्गीकृत किया जाता है। ऑर्गेनिक एवं इनॉर्गेनिक रसायनों की बाज़ार की हिस्सेदारी दस प्रतिशत, जबकि उर्वरकों और पेट्रोकैमिकल्स की बाज़ार की हिस्सेदारी 90 प्रतिशत है।

एक अहम बिंदु जिस पर टीआईएफ़एसी रिपोर्ट में बल दिया गया है, यह है कि रसायन उद्योग अपनी प्रकृति से ही निर्माण प्रक्रिया और कच्चे माल के प्रयोग के संदर्भ में ऊर्जा की ज़्यादा खपत करता है: यह उत्पादों के लिए कच्चे माल और निर्माण प्रक्रिया के लिए ऊर्जा स्रोतों दोनों के लिए गैस, तेल, कोयला आदि जैसे स्रोतों का प्रयोग करता है। इसलिए इस क्षेत्र में प्रतिस्पर्धा के लिए एक निरंतर

कार्य बेहतर ऊर्जा सक्षमता के लिए प्रयत्न करना है। इसके अतिरिक्त, सरकार को सस्ते ऊर्जा स्रोतों तक पहुंच प्रदान करने के लिए, विशेषकर रसायन उद्योग के लिए, सक्षम व्यवस्था निर्मित करनी चाहिए।

रिपोर्ट भारत में रसायन उत्पादन के विभिन्न क्षेत्रों की ऊर्जा सक्षमताओं के तुलनात्मक विवरणों से भरी हुई है। हम उर्वरक उद्योग से एक उदाहरण देंगे जो दिखाता है कि दशकों में ऊर्जा सक्षमता किस तरह बढ़ी है।

सारणी 8.1

एक औसत भारतीय अमोनिया संयंत्र में 1987-88 से 2009-10 के बीच ऊर्जा खपत की प्रवृत्ति

1987-88	12.48
1997-98[2]	11.00
2009-10	8.78

ऊर्जा खपत की यूनिट: गीगाकैलोरी प्रति मीट्रिक टन (जीकैल/एमटी)

विश्व मानदंड 6.78 है, कुछ विशिष्ट संयंत्रों में लगभग 7.70 है।

भारत में बेसिक रसायन क्षेत्र के लिए बुनियादी परामर्श

एक बार फिर हम टीआईएफ़एसी-आईसीसी की रिपोर्ट से सहायता लेंगे जिसमें कुछ उत्कृष्ट परामर्श दिए गए हैं।

1. सबसे पहले, उद्योग को कच्चे तेल और प्राकृतिक गैस की वर्तमान पद्धतियों के आपूर्ति स्टॉक विकल्प को तलाशना चाहिए। इनमें भारतीय भंडार कम हैं। कोयले, जैव ईंधन और संभवत: शेल तेल (जिसका भारत में अनुमानित भंडार 8.50 ट्रिलियन और 59.44 ट्रिलियन क्यूबिक मीटर के बीच है) के लिए उपयुक्त तकनीक के साथ वैक्रल्पिक प्रक्रियाएं उपलब्ध हैं।
2. हम बड़ी मात्रा में पीवीसी, एक्रिलिक एसिड, फ़ेनॉल और मैथेनॉल आयात करते हैं। सरकार को भारत में इनके संयंत्रों में निवेश करने के लिए उद्यमियों को प्रेरित करने के लिए प्रेरक नीतियां उपलब्ध करवानी चाहिए।

3. कंज़ंपशन क्रैकर एप्रोच अपनाए जाने को सुनिश्चित करके घरेलू आपूर्ति स्टॉक सप्लाई को काफ़ी बढ़ाया जा सकता है। प्रत्येक पेट्रोलियम, रसायन, और पेट्रोकैमिकल निवेश क्षेत्र में, जो कि रसायन उद्योग को समर्पित विशेषज्ञताप्राप्त विशिष्ट आर्थिक क्षेत्र हैं, एक नैप्था क्रैकर होना चाहिए जो एथिलीन और प्रोपीलीन जैसे मूलभूत अवयव उत्पन्न करता है। इस प्रकार के क्रैकर सह-व्यवस्था के रूप में सरकार द्वारा या पीपीपी पद्धति में स्थापित किए जा सकते हैं। यह सह-व्यवस्था डाउनस्ट्रीम पेट्रोकैमिकल उद्योग लगाने के इच्छुक संस्थापकों के लिए आवश्यक मूलभूत अवयव उपलब्ध करवाने का प्रस्ताव रख सकती है। इससे भारत में उच्च-मूल्य वाले ऐसे रसायनों के मूल्य संवर्धन के साथ-साथ उनके उत्पादन में भी महत्वपूर्ण वृद्धि होगी। ऐसे उत्पादन के इच्छुक वर्तमान निर्माताओं को अपनी सहायक समस्याओं के लिए आयातों पर निर्भर रहना पड़ता है।
4. हमारे द्वारा व्यापक स्तर पर कोयले से संबंधित गतिविधियों को बढ़ाए जाने के बावजूद शेल गैस पर तुरंत ध्यान देने की आवश्यकता है। हमें घिसी-पिटी गैस की खोजों और उत्पादन शुरू करने में ज़रा भी समय बर्बाद नहीं करना चाहिए।
5. मेथेनॉल टू गैसोलीन (एमटीजी) पूरी तरह पारंपरिक संश्लेषित गैसोलिन से संयोज्य है। इस पद्धति को सक्रियता और तेज़ी के साथ खंगालना होगा।
6. अधिकांश भारतीय उर्वरक संयंत्र पंद्रह वर्ष से अधिक पुराने हैं। ये पुरानी इकाइयां औसत ऊर्जा सक्षमता को कम कर देती हैं। अब अनेक किफ़ायती तकनीकें उपलब्ध हैं। पुरानी इकाइयों का पुनर्गठन, पुनरोद्धार और सुधार किया जा सकता है; कुछ को बंद करना पड़ सकता है। इसे एक मिशन के रूप में करना होगा क्योंकि इससे न केवल रसायन उद्योग की विश्व स्तर पर प्रतिस्पर्धात्मकता में मदद मिलेगी बल्कि समय के साथ किसानों की निवेश लागत कम करके यह उनकी भी मदद करेगा।
7. जैसा कि हमने एक पूर्ववर्ती अध्याय में भी संकेत दिया था, भारत में व्यापक स्तर पर खनिजों की खोज नहीं की गई है। अगर यह किया

जाए तो बहुत से नए स्रोत उपलब्ध हो सकते हैं जिनसे अनेक रसायन उद्योग विकसित हो सकते हैं।

8. प्रतिस्पर्धात्मकता को सुधारने के लिए संकेंद्रित शोध एवं विकास समय की आवश्यकता है। इसका दायित्व स्वयं रसायन उद्योग को लेना होगा, क्योंकि राष्ट्रीय प्रयोगशालाओं पर निर्भर रहने के वर्तमान तरीक़े ने अच्छे और तेज़ परिणाम प्रदान नहीं किए हैं। शोध एवं विकास को उद्योग चालित सह-व्यवस्था के रूप में किया जा सकता है जिसमें सरकार शुरू में पर्याप्त मूल पूंजी लगाए और बाद में उन चीज़ों के लिए जो 'जन कल्याण' की हों, छोटे-छोटे परियोजना अनुदान प्रदान करे। वैश्विक प्रयोगशाला प्रथाओं (जीएलपी) पर भी शोध किया जा सकता है और ज्ञान को फैलाया जा सकता है।
9. कर्मचारियों और संयंत्रों के सुरक्षा पक्ष अत्यंत अहम हैं। यहां भी, सुरक्षा प्रणालियां विकसित करने और मौजूदा कार्यबल को पुनर्प्रशिक्षित करने में संयंत्रों की सहायता करने के लिए सरकारी अनुदानों के साथ एक उद्योग चालित सह-व्यवस्था आधारित संस्थान स्थापित किया जा सकता है।
10. साथ में, नीतिगत स्तर पर, टीआईएफ़एसी-आईसीसी रिपोर्ट में वर्णित महत्वपूर्ण मुद्दों पर ध्यान देने के लिए सुसंचालित लघु अवधि और मध्यम अवधि की योजनाएं आवश्यक हैं, जो कि निम्नलिखित हैं। भारतीय रसायन उद्योग के अहम मुद्दे संयंत्रों की अल्प क्षमता, कच्ची सामग्री की उच्चतर निवेश पूंजी, ऊर्जा, ईंधन आदि और विश्व स्तर की बुनियादी सुविधाओं का अभाव, ख़ासकर सड़कें, बंदरगाह और ऊर्जा आपूर्ति, प्रतिस्पर्धात्मकता का अभाव, लागत नुक़्सान और कठोर श्रम क़ानून भी हैं। एक बहुत बड़ा मुद्दा विभिन्न मुक्त व्यापार अनुबंधों का भी है, जिन पर भारत विभिन्न देशों के साथ हस्ताक्षर कर रहा है और जिनका लक्ष्य व्यापारिक अड़चनों को दूर करना है। उद्योग का मानना है कि जब तक श्रम क़ानूनों, ऊर्जा आपूर्ति और बुनियादी सुविधाओं में सुधार नहीं होगा, तब तक करों की दरों के तेज़ी से घटते अंतर और रुपए के अभिमूल्यन के साथ विश्वस्तर पर मुक़ाबला करना बहुत मुश्किल होगा।

11. हमें हरित रसायन और प्रक्रिया तीव्रीकरण प्रौद्योगिकीयों के साथ तालमेल बिठाने और फिर आईपीआर और वास्तविक उत्पादों के उत्पादन में अग्रणी भूमिका अपनाने की भी कोशिश करनी चाहिए। ये आज से एक या दो दशक के अंदर रसायन उद्योग पर छा सकते हैं।

ज्ञान रसायन

इनका यह नाम इस प्रकार के रसायनों के उत्पादन में संलग्न नए ज्ञान क्षेत्रों की उच्चतर कोटि से पड़ा है। इनमें औषधि, जैव-प्रौद्योगिकी और कृषि-रसायन क्षेत्रों में प्रयोग किए जाने वाले रसायन सम्मिलित हैं। ये सभी भारत और विश्व दोनों के लिए अहम क्षेत्र हैं। भारत ने विश्व स्तर पर उच्च गुणवत्ता की औषधि निर्माण में श्रेष्ठता हासिल कर ली है। टीआईएफ़एसी-आईसीसी का एक अन्य अध्ययन विस्तार से भारतीय औषधि उद्योग का सर्वेक्षण करता है, और विश्व के कुछ अग्रणियों: यूएसए, यूरोपीय देश, जापान और चीन के साथ इसकी तुलना करता है।

रिपोर्ट के अनुसार, विश्व का औषधि उद्योग लगभग 4.5 प्रतिशत की वार्षिक वृद्धि के साथ अनुमानतः 858 ट्रिलियन अमेरिकी डॉलर (2010 में) का है। यूएसए, यूरोपीय संघ और जापान में उत्पादों के एक बड़े प्रतिशत (80 प्रतिशत) की खपत होती है। इस तरह 11 से 14 प्रतिशत की संभाव्य वार्षिक वृद्धि के साथ उच्चतर वृद्धि एशिया (जापान के अलावा जो कि पहले से ही एक विशाल उपभोक्ता है), लैटिन अमेरिका, ऑस्ट्रेलिया और अफ़्रीका में होगी।

कुल औषधि बिक्री का 41 प्रतिशत विश्व की दस शीर्षस्थ कंपनियों द्वारा किया जाता है।

सारणी 8.2

2010 में बिक्री के संदर्भ में विश्व की दस शीर्षस्थ औषधि कंपनियां

कंपनी	2010 की बिक्री अमेरिकी मिलियन डॉलर में	विश्व बाज़ार में भागीदारी
फ़ाइज़र	55,602	6.5%
नोवार्टिस	46,806	5.5%
मर्क एंड कं	38,468	4.5%
सैनोफ़ी-एवेंटिस	35,875	4.2%
एस्ट्राज़ेनेका	35,535	4.1%

ग्लैक्सोस्मिथक्लाइन	33,664	3.9%
रॉश	32,693	3.8%
जॉनसन एंड जॉनसन	26,773	3.1%
एबॉट	23,833	2.8%
लिली	22,113	2.6%

स्रोत: आईएमएस हैल्थ मिडास, दिसंबर 2010

जैव-प्रौद्योगिकीय पद्धति से निर्मित दवाइयां, जिन्हें बायोफ़ार्मास्युटिकल्स या बायोलॉजिक्स कहते हैं, विश्व औषधि बाज़ार के लिए विकास का बड़ा चालक रही हैं। रिपोर्ट यह भी कहती है कि बायोफ़ार्मा उत्पादों की विश्व बिक्री ने 2009 में कंपनियों के लिए अस्सी अरब अमेरिकी डॉलर की आय अर्जित की थी (जो कि ऊपर दी गई कुल औषधि बिक्री का लगभग दस प्रतिशत है)। दुनिया भर में लगभग 174 उत्पाद बेचे जा रहे हैं। स्वयं अमेरिका में इसकी लगभग साठ अरब डॉलर की खपत है।

औषधि उद्योग की प्रमुख विशेषताएं इस प्रकार हैं:

- उच्च ज्ञान आधार एवं गहनता
- पूंजी गहनता
- विभिन्न सुरक्षा संबंधी परीक्षणों और नियामक व्यवस्थाओं के कारण किसी उद्योग को बाज़ार तक पहुंचने के लिए लंबा समयचक्र
- शोध एवं विकास के परिणामों की भारी अनिश्चितता

एक साथ मिलकर ये कारक एक विकासशील देश के लिए बाज़ार में नेतृत्व हासिल करना मुश्किल बना देते हैं। किसी दवा को सफल बनाने में लगे शोध एवं विकास का परिमाण (बहुत सारा शोध एवं विकास तो बिक्री-योग्य दवा बनाने में परिणत भी नहीं हो पाता) लगातार ज़्यादा होता जा रहा है। इसलिए शोध एवं विकास पर होने वाले भारी व्यय के बावजूद सफल तकनीकों की संख्या कम हो रही है।

इसके बजाए अनेक जेनेरिक दवाइयां सामने आ गई हैं। ये मौलिक ब्रांड की नई दवा का जैविकी रूप से बना समतुल्य होती हैं। लागत और समय की तुलना को देखते हुए किसी नई दवा को विकसित करने और उसे पेटेंट करवाने में सात से दस साल और एक अरब से अधिक अमेरिकी अमेरिकी डॉलर लगते

हैं; उसे बाज़ार में उतारने से पहले परीक्षणों के और अधिक चरण एवं और अधिक व्यय आवश्यक होता है। लेकिन जेनेरिक दवा को, जो कि भिन्न प्रक्रियाओं से बनी मूल दवा की अच्छी नक़ल होती है, विकसित होने में बहुत कम लागत पर मात्र दो से तीन साल लगते हैं। 2005 में भारतीय पेटेंट क़ानून में संशोधन के साथ विश्व व्यापार संस्था के पेटेंट नियमों के पूरे बल के साथ लागू होने से पहले बहुत सी भारतीय कंपनियों ने विश्व स्तर की जेनेरिक दवाएं बनाई थीं। जेनेरिक दवाओं के साथ एक अतिरिक्त लाभ यह होता है कि उन्हें गहन चिकित्सकीय परीक्षणों से नहीं गुज़रना पड़ता क्योंकि पूर्ववर्ती नई (पेटेंट की गई और ब्रांडेड) दवा इनसे पहले ही गुज़र चुकी होती है।

शर्त यह है कि कोई जेनेरिक दवा बाज़ार में तभी आ सकती है जबकि मौलिक नए अणु की अवधि समाप्त हो गई हो (इसके लिए समय अवधि बदलती रहती है, लेकिन सामान्यतया यह बीस साल है)। यूएसए में समय अवधि कम है, और जेनेरिक दवाएं बाज़ार में बहुत जल्दी आ जाती हैं, अस्सी प्रतिशत मामलों में क़रीब दो साल में। जेनेरिक दवाओं के निर्माता पेटेंट के ख़त्म होने से पहले ही सारी प्रक्रियाएं शुरू कर देते हैं और अनुमति मिलते ही बाज़ार में उतर पड़ते हैं। आमतौर पर पेटेंट की गई एक दवा के अनेक जेनेरिक समतुल्य उपलब्ध होते हैं। प्रतियोगिता की वजह से जेनेरिक दवाओं की क़ीमतों में अच्छी-ख़ासी कमी आ जाती है, परिणामस्वरूप लाभार्जन कम हो जाता है।

भारतीय औषधि उद्योग पर एक परिदृष्टि

भारतीय औषधि उद्योग ने विश्व स्तर पर दृष्यमान खिलाड़ी बनने तक एक लंबा सफ़र तय किया है। यहां भारत के औषधि उद्योग के विषय में कुछ अहम आंकड़े दिए गए हैं :

- 21.2 अरब अमेरिकी डॉलर का वार्षिक उत्पादन (2009-10)
- मूल्य के संदर्भ में विश्व में चौदहवां
- उत्पादन के परिमाण के संदर्भ में विश्व में तीसरा
- विश्व के औषधि उत्पादन का दस प्रतिशत भारत में होता है
- भारत में औषधि उत्पाद का संयोजन: अस्सी प्रतिशत स्वदेशी निरूपण, जिसका पिच्यासी प्रतिशत घरेलू खपत के लिए है
- विश्व में एपीआई (क्रियात्मक औषधि सामग्री) के पांच शीर्षस्थ

उत्पादकों में से एक

- भारत में 400 से अधिक क्रियात्मक औषधि सामग्रियां उत्पन्न की जाती हैं
- क्रियात्मक औषधि सामग्रियों के उत्पादन में काफ़ी हद तक आत्मनिर्भर; विश्व बाज़ार के लिए भी औषधि सामग्रियों की आपूर्ति करता है।

नीचे दी गई सारणी भारतीय औषधि बाज़ार के सूक्ष्म स्तर के कुछ आंकड़े उपलब्ध करवाती है।

सारणी 8.3

भारतीय औषधि बाज़ार (अमेरिकी अरब डॉलर में)

	2006–07	2007–08	2008–09
घरेलू उत्पादन	10.0	12.3	12.8
आयात	5.5	7.4	8.9
निर्यात	1.3	1.6	2.0
निर्यात की भागीदारी	11.5%	11.7%	13.4%

स्रोत: औषधि विभाग का वार्षिक विवरण 2009–10

यह देखा जा सकता है कि निर्यात की भागीदारी बढ़ी है, मुख्यतः चीन से औषधि सामग्रियों के निर्यात के कारण जो कि भारत से निर्यात की तुलना में दस से पंद्रह प्रतिशत सस्ता पड़ता है। यह ध्यान रखना चाहिए कि यह बेसिक रसायनों में भी हो रहा है। चीन से तुलना किए जाने पर भारतीय रसायन उद्योग के लिए लागत प्रतिस्पर्द्धात्मकता एक महत्वपूर्ण मुद्दा होती है।

भारतीय औषधि कंपनियों की संरचना:

- विश्व में सबसे ज़्यादा प्रतिस्पर्धात्मक
- फ़ॉर्मूला-आधारित औषधियों का (कुल 10,563 इकाइयों में से) 8,174 इकाइयों में निर्माण
- बड़े, मंझोले और छोटे आकार की कंपनियां
- कुल निर्माण का लगभग दो-तिहाई महाराष्ट्र, गुजरात, पश्चिम बंगाल, तेलंगाना-सीमांध्र और तमिलनाडु में होता है

- जेनेरिक औषधियों पर ज़्यादा फ़ोकस
- चीन से ज़बर्दस्त मुक़ाबला

भारतीय बायोफ़ार्मा उद्योग के 1.8 अरब अमेरिकी डॉलर (2009-10) का होने का अनुमान है। यह लगभग बारह प्रतिशत की वार्षिक दर से बढ़ रहा है। इसके मुख्य उत्पाद वैक्सीन, निदानिकी, और उपचारात्मक औषधियां हैं। भारतीय वैक्सीन का बाज़ार मुख्यत: घरेलू आवश्यकताओं से चालित है। इसने भारतीय जन स्वास्थ्य प्रणाली के लिए अदभुत काम किया है। घरेलू बिक्री लगभग साठ प्रतिशत है और निर्यात में भी अच्छी वृद्धि है।

अन्य उभरते हुए क्षेत्र बायोसिमिलर, दवाएं प्रेषित करने की नई प्रणालियां, बायोफ़ार्मास्युटिकल उपचारात्मक औषधियां, संयुक्त वैक्सीन, अनुबंध अनुसंधान एवं विनिर्माण सेवाएं (सीआरएएमएस), चिकित्सकीय परीक्षण, और सक्रिय जड़ी-बूटी तत्व हैं। भारतीय औषधि उद्योग इन सभी क्षेत्रों में सक्रिय है।

पाठकों को भारत से निर्यात की जाने वाली जड़ी-बूटियों के बारे में जानने में दिलचस्पी हो सकती है।

सारणी 8.4
भारत से निर्यात की जाने वाली ज़ड़ी-बूटियां

वानस्पतिक नाम	प्रयोग में आने वाले हिस्से
एकोरस कैलेमस	प्रकंद
आर्गेमोन मैक्सिकाना	फल
कर्कुमा एमाडा	प्रकंद
कर्कुमा लौंगा	प्रकंद
कर्कुमा एरोमैटिक	अंबा हल्दी
कैसिया लैंसियोलैटा	पत्ते
ग्लाइसीराइज़ा ग्लाबरा	मूल
विदानिया सॉमनिफ़ेर	वनस्पति रानीट
मिरिका नागी	पत्ते
पाइपर लॉन्गम	फल
रूबिया कॉर्डिफ़ोलिया	मजीठ जड़

सिंप्लोकॉस रेसमोसा	छाल
स्वर्शी चिराटा	पूरा पौधा
टर्मिनैलिया चेबुला	छाल और बीज
ज़िंजीबर ऑफ़िसिनाले	प्रकंद
वेडिलिया कैलेंडुला	पत्ते और मूल

स्रोतः 'करेंट एंड फ़्यूचर स्टेटस ऑफ़ हर्बल मेडिसिन्स', वैटरिनरी वर्ल्ड, खंड 1, संख्या 11, नवंबर 2008

टीआईएफ़एसी–आईसीसी की रिपोर्ट के मुताबिक़ 'लगभग 25000 प्रभावशाली वनस्पति आधारित फ़ॉर्मूलों के साथ हर्बल औषधियों के सबसे समृद्ध भंडारों में से एक भारत के पास इस विकासशील बाज़ार को पकड़ने की संभावना है। इस उद्योग के विकास में सहयोगी एक प्रमुख कारक भारत की समृद्ध जैव-विविधता है।' अध्याय सात में हम जैव-विविधता की अहमियत को जान चुके हैं। भारी आमदनी और साथ ही रोज़गार, जो कि हर्बल औषधियों से उत्पन्न किए जा सकते हैं—जिससे आर्थिक विकास होगा—हमारी जैव-विविधता को संरक्षित रखने के लिए बड़े प्रोत्साहक हैं।

भारत में विकास के लिए एक और क्षेत्र न्यूट्रास्युटिकल हो सकता है, जो कि औषधीय गुणों से युक्त प्राकृतिक रसायन संयोजक होते हैं। इन्हें स्वास्थ्य में सुधार, रोगों से बचाव आदि के लिए सप्लीमेंट के तौर पर बेचा जाता है। इन्हें गोलियों, कैप्सूलों, पाउडर आदि रूपों में बेचा जाता है।

सारणी 8.5
न्यूट्रास्युटिकल संयोजकों का वर्गीकरण

सामग्री पर आधारित	औषधीय प्रयोग पर आधारित
• एंटीऑक्सीडेंट्स, कैरोटीनॉयड्स	• अस्थियों एवं जोड़ों का स्वास्थ्य
• डेरी आधारित सामग्री	• कैंसर के ख़तरे में कमी
• रेशा एवं कार्बोहाइड्रेट	• हृदय स्वास्थ्य एवं मधुमेह
• खनिज	• संज्ञानात्मक एवं मानसिक क्रिया
• पोषक वसा एवं तेल	• ऊर्जा एवं सहनशीलता

• फ़ाइटोकैमिकल, पौधों का अर्क	• नेत्र स्वास्थ्य
• प्रोबायोटिक एवं प्रीबायोटिक	• रोगप्रतिरोधक प्रणाली
• प्रोटीन, पैपटाइड, एमिनो एसिड	• माता एवं शिशु स्वास्थ्य
• सोया आधारित सामग्री	• श्वसन स्वास्थ्य
• विटामिन एवं प्रीमिक्स	• त्वचा स्वास्थ्य
	• वज़न प्रबंधन

स्रोतः 'न्यूट्रास्युटिकल्स—क्रिटिकल सप्लीमेंट फ़ॉर बिल्डिंग ए हैल्दी इंडिया', अर्न्स्ट एंड यंग-एफ़आईसीसीआई, सितंबर 2009।

ये उभरते हुए क्षेत्र जिनमें भारतीय औषधि उद्योग सौभाग्य से कुछ हद तक उपस्थित है, अत्यंत गहन ज्ञानात्मक हैं। इसके लिए अनेक नई योग्यताएं और कार्य करने के भिन्न तरीक़े आवश्यक हैं। इसके लिए उद्योग-शिक्षा सहयोग के नए प्रारूप आवश्यक हैं। टेक्नीशियन एवं शोधकर्ताओं दोनों को उस तरह की कार्य-संस्कृति को त्यागना सीखना होगा जिसके वे आदी हैं और एक नई, विश्व स्तर पर प्रतिस्पर्धात्मक, औद्योगिक कार्य संस्कृति के तत्वों को सीखना होगा। परीक्षण की नई बुनियादी सुविधाएं भी आवश्यक होंगी, जिसमें सरकार और उद्योग दोनों को निवेश करना होगा। अगर हम ऐसा कर पाएंगे तो भारत लगभग एक दशक में ज्ञान रसायनों के क्षेत्र में विश्व अग्रणियों में से एक होगा।

विशेष रसायन

रसायन उद्योग में तीसरा बड़ा क्षेत्र विशेष रसायनों का है जो बहुत से दूसरे अहम क्षेत्रों में सहायक है। इन विशेष रसायनों में जल शोधक रसायन, उत्प्रेरक, निर्माण रसायन, चेपक एवं सीलेंट, रंजक, कपड़ों के रसायन, चमड़ा रसायन, काग़ज़ रसायन, प्लास्टिक योजक, तेल क्षेत्र रसायन, फ़ाउंड्री रसायन, इलेक्ट्रॉनिक्स रसायन, पेंट एवं कोटिंग, सौंदर्य प्रसाधन, औषधीय एक्सीपिएंट एवं खाद्य योजक सम्मिलित हैं।

हम टीआईएफ़एसी-आईसीसी के एक अध्ययन का संदर्भ देंगे जो विशेष रसायनों के क्षेत्र को व्यापक रूप से समेटता है। इस रिपोर्ट में हमारे लिए विशेष रूप से प्रासंगिक वे खंड हैं जो योग्यता अभाव और तकनीकी मार्ग निर्देश के विषय में हैं।

योग्यता अभाव के विषय में रिपोर्ट का कहना है:

प्राथमिक सर्वेक्षण के दौरान प्राप्त जानकारी के अनुसार, उद्योग व्यावहारिक ज्ञान के क्षेत्र में योग्यता अभाव से प्रभावित है। प्राथमिक सर्वेक्षण के दौरान उत्तरदाताओं के द्वारा यह संकेत दिया गया है कि उद्योग के नवागंतुकों को, हालांकि उन्हें रसायनशास्त्र और अन्य आवश्यक विषयों का सैद्धांतिक ज्ञान है, अक्सर प्रयोगशाला के उपकरणों के संचालन की पर्याप्त व्यावहारिक जानकारी नहीं होती। हमारे प्राथमिक सर्वेक्षण में उत्तरदाताओं ने योग्यता अभाव के लिए निम्न क्षेत्रों का उल्लेख किया:

- मशीनों के संचालन की योग्यता
- प्रयोगशाला के उपकरणों के संचालन का ज्ञान
- प्रयोगशाला के कार्यों के संचालन में सुरक्षा पहलुओं पर क़ायम रहना
- प्रक्रियाओं के अनुपालन का ज्ञान
- अच्छे प्रयोगशाला व्यवहार (गुड लैबोरेटरी प्रैक्टिसेज़—जीएलपी) की तकनीकी जानकारी

नए आए लोगों के अपर्याप्त व्यावहारिक ज्ञान की वजहों में से कुछ उद्योग-शिक्षा परस्पर संवाद का अभाव, कुछ शैक्षिक संस्थानों में पर्याप्त बुनियादी सुविधाओं का अभाव और अनद्यतन पाठ्यक्रम को माना गया है। परिणामस्वरूप, अधिकांश कंपनियां नए प्रवेशकों को स्वयं तकनीकी प्रशिक्षण प्रदान करती हैं।

टीआईएफ़एसी की रिपोर्ट प्रशिक्षण, फिर से सीखने और योग्यता हासिल करने के महत्व पर पुनः बल देती है जिसके बारे में हम अन्य क्षेत्रों के विषय में चर्चा करते रहे हैं।

तकनीकी मार्ग निर्देश

विकसित बाज़ारों में मांग में निरंतर कमी आ रही है; अब मांग चीन, भारत और अन्य उभरते हुए देशों पर स्थानांतरित हो गई है। टीआईएफ़एसी-आईसीसी की रिपोर्ट के अनुसार, कच्चे माल की बढ़ती क़ीमतों, उदीयमान अर्थव्यवस्थाओं से बढ़ते नए मुक़ाबले (सुदूर पूर्व, चीन और मध्य पूर्व के क्षेत्रीय देश) और उपयोगी वस्तुओं के क्षेत्र में विस्तार के कारण लाभांश कम हो रहा है।

रिपोर्ट आगे कहती है:

विशेष रसायन उद्योग के इस विकसित होते परिदृश्य में, भारत विकास

के अनेक अवसर प्रदान करता है, जैसे निर्यात, उत्पाद आउटसोर्सिंग केंद्र, शोध आउटसोर्सिंग केंद्र आदि। भारत में आउटसोर्सिंग और अनुबंध शोध एवं विनिर्माण सेवाओं के संचालन में लागत मूल्य लाभ मुख्य प्रेरक है। सुशिक्षित वैज्ञानिकों, केमिकल इंजीनियरों, और श्रम एवं उपकरणों की कम लागत के कारण विदेशी कंपनियां अपने विनिर्माण केंद्र भारत में स्थानांतरित कर रही हैं। इसके अलावा, बहुराष्ट्रीय कंपनियां भारत की छोटी कंपनियों को अपनी विशेष रसायन आवश्यकताओं की आपूर्तिकर्ताओं के रूप में देख रही हैं।

रिपोर्ट आगे कहती है:

विशेष रसायन उद्योग में सामने आती प्रवृत्तियां प्रौद्योगिकी पर एक नए फ़ोकस को इंगित करती हैं। नैनोटैक्नोलॉजी, बायोटैक्नोलॉजी आदि जैसे अंतिम-उपयोगकर्ता उद्योगों में होते नए विकास इलेक्ट्रॉनिक्स, खाद्य, वस्त्र आदि में नए अवसर प्रदान कर रहे हैं; मगर इस क्षेत्र में सफलता नए उत्पादों और विशेष रूप से निर्मित अनुप्रयोगों को विकसित करने के लिए तकनीकी योग्यता की मांग करती है।

फिर रिपोर्ट भारत के विशेष रसायन उद्योग की तकनीकी कमियों या सीमाओं को दर्ज करती है:

- आयातों पर भारी निर्भरता
- कच्चे माल की समस्या
- पर्यावरणीय नियामकों एवं निर्देशों का अनुपालन
- शोध पर सीमित ध्यान
- उद्योग और शिक्षा के बीच सीमित सहयोग।

सरकार द्वारा की जाने वाली आवश्यक कार्रवाई हैं:

- विश्व स्तर की प्रौद्योगिकी प्राप्त करने के लिए वित्तीय सहायता प्रदान करना
- कच्चे माल में आत्मनिर्भरता
- संकेंद्रित शोध परियोजनाएं
- विशिष्ट अनुप्रयोगों के लिए हर्बल उत्पाद विकसित करना।[5]
- विशेष रसायन उद्योग के लिए उत्कृष्टता केंद्र विकसित करना।[6]

विशेष रसायनों के क्षेत्र के विकास को एक मिशन के रूप में लेना होगा। यह एक ऐसा क्षेत्र है जिसमें भारत बहुत कुछ हासिल कर सकता है।

जैव उत्पाद

इनमें शामिल हैं:

- बायोएथेनॉलः बायोमास, बैक्टीरियल एथेनॉल, सैल्युलॉस के जैव परिवर्तन आदि से एथेनॉल
- जैव रसायनः बायोमास से उत्पन्न रसायन
- जैव तेल
- जैव हाइड्रोजन
- बायोएथेनॉल के लिए औद्योगिक एंज़ाइम।

ये पुनः ऐसे क्षेत्र हैं जिनमें अगर हम कृषि, वानिकी, बायोमास उत्पादन आदि के लिए सही प्रौद्योगिकी का प्रयोग करें तो भारत बहुत आगे जा सकता है। उन्नत प्रौद्योगिकियां अनाज, फल, सब्जियों, कपास, गन्ना आदि जैसे वर्तमान कृषि उत्पादों से पर्याप्त परिमाण में ज़मीन को मुक्त करके मिट्टी की उर्वरता, पौधों के विकास आदि को बढ़ाएगी।

मिशन

अगर हम यहां स्पष्ट किए गए बिंदुओं पर ध्यान दें तो भारत में रसायन उद्योग भारी विकास की ओर अग्रसर है। ऐसा नहीं है कि इसमें प्रतियोगिता नहीं है; चीन एक बड़ा प्रतिद्वंद्वी साबित होगा, और अन्य उदीयमान देश भी बाज़ार में सेंध लगाएंगे। भारत के लिए एक बड़ी समस्या उत्कृष्ट, विश्वसनीय, सही मूल्य पर बिजली, पानी और बुनियादी सुविधाओं की उपलब्धता है। बहुमुखी सुधार लाना होगा; कुछ रसायन उद्योग जो अप्रचलित हो गए हैं, उन्हें छोड़ना होगा। लेकिन जो अच्छे हैं और जिनमें बेहतर होने का माद्दा है, उन्हें बुनियादी सुविधाओं और कुशल मानव संसाधन को सक्षम करके नीतिगत संदर्भ में सहायता देनी होगी। उद्योग, शिक्षा, और सरकार को तेज़ी के साथ एक ही मिशन की ओर उन्मुख होना चाहिए: 'विश्व के रसायन और जैव प्रौद्योगिकी उद्योग केंद्र के रूप में भारत।' यह एक ऐसी चीज़ है जिसे एक दशक के भीतर हासिल करना संभव है।

अध्याय-9

ज्ञान अर्थव्यवस्था का तंत्रिका नेटवर्क

हम दोनों को ही याद है कि इसरो को अपने कार्यस्थल के लिए टेलीफ़ोन कनेक्शन लेने और अपने उपग्रह प्रक्षेपणों और प्रक्षेपण वाहनों के लिए कुछ विश्वसनीय संपर्क पाने के प्रयास में कितना संघर्ष करना पड़ा था। एक अन्य इतनी ही मुश्किल चुनौती वैज्ञानिक और तकनीकी गणनाओं के लिए कंप्यूटर हासिल करना थी। कंप्यूटर आयात (क्योंकि उन दिनों भारत में कंप्यूटर निर्माण नहीं होता था) करने का लाइसेंस लेने के लिए इलेक्ट्रॉनिक्स विभाग के अधिकारियों से मिलने के लिए दिल्ली के अनेक चक्कर लगाने पड़ते थे। इन मुश्किलों का कारण सीधा-सरल था: टेलीफ़ोन को विलासिता समझा जाता था और कंप्यूटरों को श्रमिक-विरोधी (और इसलिए जन विरोधी) के रूप में देखा जाता था।

1975 में तत्कालीन सोवियत यूनियन के कैपुस्टिन यार नामक स्थान के प्रक्षेपण स्टेशन से भारत के पहले उपग्रह *आर्यभट्ट* के प्रक्षेपण के लिए, बंगलौर स्थित इसरो संस्थान में विश्वसनीय संपर्क के लिए बहुत उंची क़ीमत पर डाक-तार विभाग से विशेष टेलीफ़ोन कनेक्शनों के दो सैट लिए गए थे। एक लाइन बंगलौर-बंबई-लंदन-मॉस्को मार्ग पर थी, जबकि दूसरी बंगलौर-मद्रास-दिल्ली-मॉस्को मार्ग पर थी।

इसी तरह, 1979 में भारत के पहले उपग्रह प्रक्षेपण वाहन एसएलवी-3

के प्रक्षेपण के लिए, त्रिवेंद्रम स्थित विशेषज्ञ दल को श्रीहरिकोटा (एसएचएआर) स्थित प्रक्षेपण दल के साथ जोड़ने के लिए इसरो को भारी क़ीमत पर एक समर्पित लाइन लेनी पड़ी थी। तब भी डाक-तार विभाग ने हमें टेलीफ़ोन एक्सचेंज के माध्यम से संपर्क करने की अनुमति नहीं दी। त्रिवेंद्रम में विंशेषज्ञ दल दो सौ एकड़ के और एसएचएआर में 36,000 एकड़ से ज़्यादा के विशाल भवनों में स्थापित थे। किसी अहम समस्या को सुलझाने के लिए दूसरे दल से बात करने के लिए कोई संस्थान में मौजूद एक अकेले आपातकालीन फ़ोन तक कैसे दौड़ता आ सकता था? यह तर्क से परे था। फिर भी, डाक-तार विभाग ने इस नियम को लागू किया ताकि समर्पित लाइन को नियमित लाइन की तरह प्रयोग न किया जा सके, जिससे उनकी आय में कमी आ जाती। वाह री उपभोक्ता सेवा!

1980 के दशक में पहले इनसैट उपग्रह के प्रक्षेपण के समय टेलीफ़ोनों की स्थिति थोड़ी सी बेहतर हो चुकी थी। पहले भारतीय भू-समकालिक उपग्रह इनसैट-1 के उपलब्ध होने से पहले के पंद्रह वर्षों के दौरान भारत भर में लगाई गई टेलीफ़ोन लाइनों की संख्या मात्र अठारह महीने में दोगुनी हो गई थी। इसरो अब अपनी महत्वपूर्ण या आपातकालीन बातचीत के लिए सीधे उपग्रहीय चैनलों का प्रयोग करता था।

अब वे दिन बीत गए हैं जब टेलीफ़ोन, कंप्यूटर, टेलीफ़ोन लाइनों के माध्यम से डाटा अंतरण आदि पर कठोर नियंत्रण होता था मानो वे कोई ख़तरनाक वस्तु हों। आम व्यक्तियों द्वारा वायरलैस संवाद करने पर प्रतिबंध था! यहां तक कि ऐसी संस्थाओं पर भी बहुत सारे प्रतिबंध थे जहां बड़े पैमाने पर मैदानी गतिविधियां होती थीं। हमें याद है जब 1979 में पहली बार भारत में कमेटी ऑन स्पेस रिसर्च की प्रतिष्ठित अंतरराष्ट्रीय संगोष्ठी हुई थी (अंतरिक्ष शोध में भारत के प्रवेश के सम्मान में) तो बंगलौर के अशोक होटल में उद्घाटन सत्र के दौरान आवश्यक अनिवार्य भाषांतरण के लिए इसरो को साधारण कम शक्ति के वायरलैस संचार का प्रयोग करने की अनुमति नहीं दी गई थी। हमें पांच सौ प्रतिभागियों के लिए चार लाइन की वैयक्तिक वायरिंग का सहारा लेना पड़ा था जो दुष्कर तो थी ही, महंगी भी पड़ी।

अब भारत में अधिकांश लोगों के पास घरेलू और विश्व संचार के लिए वायरलैस मोबाइल फ़ोन हैं और वे इसका प्रयोग भी करते हैं। दो से भी कम दशक में मानसिकता में कैसा क्रांतिकारी बदलाव आया है! 1980 के दशक के उत्तरार्ध

में टेलीफ़ोन क्षेत्र के धीमे-धीमे खुलने और 1990 के दशक के दौरान निजी क्षेत्र के प्रवेश के साथ, 1990 के दशक के उत्तरार्ध और 2000 के दशक में भारतीय सूचना और संचार प्रौद्योगिकी (आईसीटी) खंड एकदम खुल गया। यह काफ़ी हद तक सरकार की नीतियों के कारण हुआ जिन्होंने विदेशी कंपनियों समेत निजी क्षेत्र को बड़े पैमाने पर इस खंड में प्रवेश करने दिया, और इस तरह सार्वजनिक क्षेत्र के एक विभाग के ज़रूरत से ज़्यादा केंद्रीकृत नियंत्रण को छोड़ दिया जो कि पहले हुआ करता था।

इसी के साथ, विश्व भर में प्रौद्योगिकी का धमाका हुआ: उच्च गुणवत्ता, कम लागत की फ़ाइबर ऑप्टिक संचार लाइनें क़िफ़ायती मूल्यों पर उपलब्ध होने लगीं; माइक्रोइलेक्ट्रॉनिक्स और ऑप्टोइलेक्ट्रॉनिक्स में अत्यंत-उच्च लघुरूपण और ज़बर्दस्त मेमोरी स्थान से अचंभित कर देने वाले अनेक विकास हो रहे थे, ऑप्टिकल सीडी बहुत कम दामों पर मगर उच्च गुणवत्ता के साथ उपलब्ध होने लगीं। ऑप्टिकल संचार और उपग्रहीय संचार के साथ मिलकर वायरलैस सैल टेलीफ़ोनी ने संचार के क्षेत्र को खोल दिया।

भारतीय टेलीकॉम क्षेत्र में विकास उससे कहीं ज़्यादा रहा है जितना 1995-96 में टीआईएफ़एसी के परिकल्पना अध्ययन में सोचा गया था। रूढ़िवादी विकास अनुमानों के मुख्य कारणों में से एक यह था कि टैक्नोलॉजी विज़न 2020 के लिए दूरसंचार क्षेत्र पर अध्ययन में शामिल किसी भी व्यक्ति को यह विश्वास नहीं था कि इस प्रकार का उदारीकरण हो सकता है, यह देखते हुए कि सरकार के दो मज़बूत विभाग, दूरसंचार विभाग और इलेक्ट्रॉनिक्स विभाग, आईसीटी क्षेत्र से जुड़ी अनेक चीज़ों को स्वतंत्र ढंग से नियंत्रित करते थे। भारतीय उद्योग और संस्थानों में बहुत कम तकनीकी क्षमता थी; क्योंकि इसे बढ़ावा नहीं दिया जाता था; माइक्रोइलेक्ट्रॉनिक्स उद्योग के लिए भारत में कोई आधार नहीं था, जो कि चीन और सुदूर पूर्व में ख़ूब फल-फूल रहा था, यूएसए, जापान और यूरोप का तो ज़िक्र ही क्या करना। इसलिए यह समझ में आता है कि बहुत सी इलेक्ट्रॉनिक सेवाओं जैसे एटीएम आदि को विज़न 2020 परिकल्पनाओं में रेखांकित किया गया था लेकिन उस ज़बर्दस्त विकास की अपेक्षा नहीं की गई थी जो इन्होंने किया है।

एक बड़ा क़दम, लेकिन ज़रूरत और ज़्यादा की है

इंटरनेट और मोबाइल फ़ोन संपर्क, एवं केबल टीवी नेटवर्क और डाइरेक्ट टू होम

(डीटीएच) सैटेलाइट कनेक्शनों के माध्यम से टेलीविज़न चैनलों की विस्तृत रेंज समेत आईसीटी क्षेत्र में हुए तेज़ विस्तार पर भारत बहुत गर्व कर सकता है।

बीस साल पहले तक भी इंटरनेट कनेक्शन एक तरह से अस्तित्व में ही नहीं थे, इलेक्ट्रॉनिक विभाग उस समय कम गति के अर्नेट को बढ़ावा देने की कोशिश में लगा था, और डाक-तार विभाग टेलीफ़ोन लाइनों पर कुछ ख़ास डाटा इंटरफ़ेस की अनुमति नहीं दे रहा था। तत्पश्चात आई तेज़ी ने भारत के युवाओं को ज़्यादा जानने, बेहतर संवाद करने, और विश्व की ज्ञान अर्थव्यवस्था में हिस्सेदारी करने में सहायता की। अब आईसीटी और टीवी के इर्दगिर्द भारत में कई अरब डॉलर का उद्योग है। बदले में ये भारतीयों को लाखों उच्चतर आय वाले रोज़गार प्रदान करते हैं।

इस ज़बर्दस्त वृद्धि के प्रभाव दूरगामी रहे हैं। आधुनिक ज्ञान अर्थव्यवस्था में भारत की प्रतिभा ने, जो पहले सामने नहीं आई थी, विश्व का ध्यान खींचा। युवा भारत नौकरियों के आकर्षक ख़ाके और बेहतर वेतन पैकेजों के साथ नए व्यवसायों की ओर उन्मुख हुआ। युवाओं को आवश्यक योग्यताओं के साथ तैयार करके भारत के कौशल संग्रह में बढ़ोतरी करने के लिए इंजीनियरिंग और व्यावसायिक कॉलेज तेज़ी से सामने आए। इस बीच, महत्वाकांक्षी युवा व्यवसायियों के हाथ में आई प्रयोज्य आय से ऑटोमोबाइल, घरेलू उपकरणों, रियल एस्टेट एवं वित्तीय सेवाओं की मांग और इनका उपभोग बढ़ा। यह विकास की ऐसी प्रक्रिया है जिसे फेरा नहीं जा सकता। कोई भी भारतवासी आईसीटी की घुसपैठ के वापस लौटने की कल्पना भी नहीं कर सकता। वास्तव में, हर जगह भारतवासी, ग्रामीण क्षेत्रों में अधिकाधिक, मोबाइल और इंटरनेट सेवाओं, टेलीविज़न और मनोरंजन के अन्य तरीक़ों के लिए ज़्यादा संयोजकता चाहते हैं। हर कोई 24×7 वैश्विक तंत्रिका नेटवर्क से जुड़े रहना चाहता है।

आइए, टेलीकॉम क्षेत्र के विभिन्न तत्वों के विकास की वास्तविक संख्याओं की जांच करते हैं। दूरसंचार पर मार्च 2014 की आईबीईएफ़ की रिपोर्ट से हम अपने आंकड़े लेंगे।

ये कुछ अहम आंकड़े हैं:

- 898 करोड़ सब्सक्राइबर आधार (2012-13 के अंत तक) के साथ, भारत में विश्व का दूसरा सबसे बड़ा टेलीकॉम नेटवर्क है।
- 165 करोड़ इंटरनेट कनेक्शनों के साथ (2012) भारत विश्व में तीसरे

स्थान पर है।

- मोबाइल आधारित इंटरनेट भारतीय इंटरनेट प्रयोग का महत्वपूर्ण घटक है। आठ में से सात उपभोक्ता इंटरनेट के लिए मोबाइल फ़ोन का इस्तेमाल करते हैं।
- प्रति सौ व्यक्तियों के लिए टेलीफ़ोन कनेक्शनों की संख्या को परिभाषित करने के लिए टेलीघनत्व शब्द का प्रयोग किया जाता है। भारत का शहरी टेलीघनत्व 2009 के 89 प्रतिशत से बढ़कर 2013 में 147 प्रतिशत; ग्रामीण टेलीघनत्व 2009 के 15 प्रतिशत से बढ़कर 2013 में 41 प्रतिशत हो गया था।

भारतीय टेलीकॉम बाज़ार को मोटे तौर पर तीन खंडों में बांटा जाता है:

- मोबाइल (वायरलैस): ये वायुतरंगों के माध्यम से प्रत्यक्ष संचार प्रदान करते हैं।
- फ़िक्स्ड लाइन (वायरलाइन): ये लैंडलाइन, माइक्रोतरंगों (विशाल प्रसारण टॉवर जो उन मुश्किल इलाक़ों में सहायक होती हैं जहां लैंडलाइन बिछाना मुश्किल होता है—अब कुछ जगहों पर इनकी जगह सैटेलाइट संचार ने ले ली है) और सैटेलाइट और लैंडलाइनों के संयोजन के माध्यम से संचालित होते हैं। यहां हम जिस लैंडलाइन का उल्लेख कर रहे हैं वह सामान्यतया देखे जाने वाले टेलीफ़ोन तार ही नहीं बल्कि समाक्षीय केबल और फ़ाइबर ऑप्टिक लाइन भी हैं।
- इंटरनेट सेवाएं: ये उपरिलिखित दोनों की संचार और प्रसारण क्षमताओं पर आधारित होती हैं लेकिन उपभोक्ता और कॉरपोरेट चैनलों के माध्यम से ब्रॉडबैंड इंटरनेट कनेक्शन भी प्रदान करती हैं। इन व्यवसायों को इंटरनेट सर्विस प्रोवाइडर्स (आईएसपी) कहा जाता है।

वायरलैस खंड कुल सब्सक्रिप्शनों का 966 प्रतिशत है और इस प्रकार बाज़ार पर हावी है। शेष वायरलाइन है।[1]

मार्च 2013 तक टेलीफ़ोन सब्सक्राइबरों का संयोजन दिलचस्प है:

- शहरी वायरलैस 58.5 प्रतिशत
- ग्रामीण वायरलैस 38.1 प्रतिशत
- शहरी वायरलाइन 2.6 प्रतिशत
- ग्रामीण वायरलाइन 0.7 प्रतिशत[2]

भारत में मोबाइल टेली घनत्व वित्त वर्ष 2006-07 (जब यह 14.6 प्रतिशत था) और वित्त वर्ष 2012-13 (जब यह 70.9 प्रतिशत था) के बीच पांच गुणा बढ़ा था।

इंटरनेट का प्रवेश उतना तेज़ नहीं रहा है जितना कि मोबाइल सब्सक्रिप्शन का है। 2006 में भारत में 8.6 लाख इंटरनेट सब्सक्राइबर थे; 2012 तक यह संख्या बढ़कर दो करोड़ तिरेपन लाख हो गई थी। 2016 में सब्सक्राइबरों की प्रस्तावित संख्या 215 करोड़ है। इंटरनेट सब्सक्राइबरों में भी ब्रॉडबैंड सब्सक्रिप्शन कम है: वित्त वर्ष 2012-13 में यह एक करोड़ इक्यावन लाख था (जो कि इंटरनेट सेवा रखने वालों का लगभग 60 प्रतिशत है)।

अगर भारतवासियों को वाक़ई ज्ञान अर्थव्यवस्था में आगे बढ़ना है तो इंटरनेट सेवाएं और अधिक भारतीयों तक पहुंचनी होंगी। विशेषकर ब्रॉडबैंड तक पहुंच अहम है, केवल व्यापार या मनोरंजन के लिए ही नहीं, बल्कि ज्ञान के लिए भी। अगर ब्रॉडबैंड क्रियाशील आयु के और सीखने के चरण में मौजूद सभी भारतीयों को उपलब्ध हो तो नए कौशल आसानी से सिखाए जा सकते हैं क्योंकि ब्रॉडबैंड से अच्छी गुणवत्ता के वीडियो चलाए जा सकते हैं और यह संवादमूलक सत्रों को सक्षम करता है। हमें इसे ही लक्ष्य बनाना चाहिए क्योंकि यह भाषा के अंतराल को भरने में भी मदद करेगा जो कि भारत में राष्ट्रव्यापी संवाद में अक्सर अड़चन खड़ी करता है; तात्कालिक भाषांतरण ब्रॉडबैंड से आसानी से सुलभ हो सकते हैं।

उम्मीद करते हैं कि भारत बहुत जल्दी 4जी क्रांति में प्रवेश करेगा ताकि इस प्रकार की सेवाएं मोबाइल फ़ोनों पर भी व्यापक रूप से उपलब्ध हो सकें।

हाल की एक रिपोर्ट[3] के अनुसार, सरकार ग्रामीण क्षेत्रों में इसे सुगम बनाने को प्रोत्साहन देने के लिए एक नई ब्रॉडबैंड नीति लाने पर विचार कर रही है। रिपोर्ट के अनुसार, डिजिटल विकास के लिए ब्रॉडबैंड आयोग ने अनुमान लगाया है कि इंटरनेट इस्तेमाल करने वाले व्यक्तियों के प्रतिशत के संदर्भ में विश्व के लगभग दो सौ देशों में भारत का स्थान 145वां है, और मोबाइल उपलब्धता के संदर्भ में 106वां।

हमारे लिए स्वयं को इन श्रेणियों के बारे में और स्वयं को वैश्विक संदर्भ में रखने की याद दिलाना महत्वपूर्ण है। यद्यपि टेलीकॉम क्षेत्र ने उल्लेखनीय प्रगति की है, किंतु अभी बहुत काम किया जाना शेष है। भारत में अभी भी क़रीब

62,443 गांव ऐसे हैं जहां टेलीफ़ोन सेवाएं नहीं पहुंची हैं। बहुत से दूसरे ग्रामीण इलाक़ों और कुछ शहरी इलाक़ों में भी सब्सक्राइबरों को कनेक्शन की विश्वसनीयता पर बहुत यक़ीन नहीं है। उसी तरह विश्वसनीय जैसे बिजली की उत्तम सप्लाई आधुनिकीकरण का अहम बल है, 24×7 विश्वसनीय टेलीफ़ोन संयोजकता और इंटरनेट सुविधा तंत्रिका नेटवर्क की कुंजी है जो विकास और ज्ञान अर्थव्यवस्था का प्राण है। इसे राष्ट्रीय प्राथमिकता बनाना होगा।

नए अवसर

जैसा कि आईबीईएफ़ की रिपोर्ट में ख़ाका दिया गया है, राष्ट्रीय टेलीकॉम नीति 2012 मांग करती है:

- 2 एमबी प्रति सैकंड की न्यूनतम डाउनलोड गति के साथ 'सबके लिए ब्रॉडबैंड'
- ग्रामीण टेली घनत्व को 2017 तक 70 और 2020 तक 100 प्रतिशत किया जाए
- स्पैक्ट्रम का उदारीकरण और नेटवर्क, सेवाओं और उपकरणों का अभिसरण
- संगठित लाइसेंसिंग, लाइसेंस से स्पैक्ट्रम का पृथक्करण, ऑनलाइन वास्तविक काल प्रविष्टि और प्रक्रिया
- लक्ष्य 'एक राष्ट्र–एक लाइसेंस' का नियम हो जिसमें कोई रोमिंग शुल्क न हो और देशव्यापी नंबर सुवाह्यता हो।

हमें आशा है कि इस नीति का कार्यान्वयन तेज़ गति से होगा। नीति की घोषणा को दो साल पहले ही बीत चुके हैं। हमारे पास बर्बाद करने के लिए समय नहीं है।

अगर टेलीकॉम क्षेत्र उसी तरह से आगे बढ़ता है जैसा कि नीति में कहा गया है और सामग्री बैंडविड्थ के तालमेल में रहे, तो भारत में ज़बर्दस्त ज्ञान क्रांति आ जाएगी। यह आगे चलकर आर्थिक क्रांति का मार्ग प्रशस्त करेगी।

यह देखने के लिए कि ये किस तरह सूत्रबद्ध हैं, हम डेलॉइट और सीआईएल की हाल ही में आई एक रिपोर्ट का संदर्भ देना चाहेंगे।[4] रिपोर्ट विश्व बैंक को उद्धृत करती है:

मोबाइल और ब्रॉडबैंड के प्रयोग में दस प्रतिशत की बढ़ोतरी विकासमान

देश में प्रति व्यक्ति सकल घरेलू उत्पाद को क्रमशः 081 और 138 प्रतिशत बढ़ा देती है।

ध्यान दें कि यहां हम केवल सकल घरेलू उत्पाद की नहीं बल्कि प्रति व्यक्ति सकल घरेलू उत्पाद की बात कर रहे हैं। वर्धित मोबाइल और ब्रॉडबैंड प्रयोग वास्तव में राष्ट्र का रूपांतरण कर सकता है।

अगले अध्याय पर जाते हुए हम बहुत आशावान हैं कि निकट भविष्य में भारत का तंत्रिका नेटवर्क और भी मज़बूत होगा और प्रत्येक भारतीय को विश्व की ज्ञान अर्थव्यवस्था तक पहुंच प्रदान करेगा।

अध्याय-10

अपशिष्ट से समृद्धि तक

कोई समाज जितना समृद्ध होगा, उतना ही वह अपशिष्ट उत्पन्न करेगा। यह विकासशील देशों के लिए भी सच है और विकसित देशों के लिए भी। अमेरिका के एक मध्यवर्गीय परिवार के पास भी जूस, दूध आदि के बड़े-बड़े डिब्बों से भरा विशाल रेफ्रिज़रेटर होगा। कॉर्नफ़्लेक्स से लेकर पीत्ज़ा तक विस्तृत, सजावटी पैकिंग में आता है। अल्यूमीनियम फ़ॉयल का प्रयोग बहुत आम है, और रेज़रों से लेकर सॉफ़्ट ड्रिंक्स की प्लास्टिक बोतलों तक 'प्रयोज्य' वस्तुओं का प्रयोग भी। यह कहना व्यर्थ है कि इनमें से कोई भी चीज़ पर्यावरण के अनुकूल नहीं है।

भारत में अभी दूध के डिब्बे इतने आम नहीं हुए हैं, लेकिन दूध के लिए हम प्लास्टिक के पैकेटों का इस्तेमाल करते हैं जो प्रयोग के बाद हज़ारों की तादाद में बिखरे पड़े होते हैं। अगर आप किसी कॉन्फ़्रेंस या उच्च स्तर के कार्यक्रम में जाएं तो पानी की प्लास्टिक की छोटी बोतलों का फैलाव पाएंगे। और हमारी सड़कें—चाहे वे शहरों की हों या क़स्बों की—काग़ज़ और प्लास्टिक के फेंके हुए कप-प्लेटों, नैपकिन आदि से अटी पड़ी होती हैं।

यह एक संकेत है कि भारत समृद्ध हो रहा है—लोग अब ज़्यादा सुविधाएं हासिल करने के लिए ज़्यादा ख़र्च करने में समर्थ हो रहे हैं, और इसमें आमतौर पर बहुत सारी 'प्रयोज्य' चीज़ों का इस्तेमाल शामिल होता है। जैसे-जैसे देश

आर्थिक और सामाजिक सूची पर विकसित हो रहा है, भारतीयों द्वारा अनुकरण करने के लिए जो प्रणालियां सुगमता से उपलब्ध हैं, वे पश्चिमी हैं। कुछ मामलों में प्रयोज्य वस्तुओं की तालिका में हम अपना पेंच भी ले आते हैं, चाय के लिए प्लास्टिक के मिनी कपों, शैंपू के एक बार के इस्तेमाल वाले सैशे, मुखवास के छोटे पैकेटों आदि के रूप में।

1960 के दशक के दौरान पश्चिमी समाज कचरे के निपटान की समस्या और अपशिष्ट जल की चुनौतियों से गुज़रे थे। इससे पूर्व उपभोक्तावाद बढ़ रहा था लेकिन देश बहुत समृद्ध नहीं हुए थे। जब वे समृद्ध हुए तो बढ़ते हुए कचरे की समस्याएं सिर उठाने लगीं। यूएसए में हल ढूंढ़ पाना तुलनात्मक रूप से आसान था: देश के पास विशाल भूमि है और जनसंख्या का घनत्व काफ़ी कम है, इसलिए वे भराव क्षेत्र बना सकते थे। यूरोप में स्थान की समस्या अधिक थी और इसलिए उन्होंने ऐसी प्रौद्योगिकियां विकसित करनी शुरू कीं जो कचरे को विद्युत शक्ति में तब्दील कर सकें। सीधे-सीधे कचरे को जला देना विकल्प नहीं था क्योंकि इससे वातावरण दूषित होता है। पहले ही रासायनिक और धातु संयंत्र अत्यधिक विकसित कोयला, तेल, गैस और विद्युत शक्ति स्टेशनों के साथ वातावरण को दूषित कर रहे थे। 1960 और 1970 के दशकों के दौरान एक समय ऐसा था जब वर्षा के जल के साथ इन रसायनों के गिरने के कारण यूरोप को एसिड वर्षा की समस्या का सामना करना पड़ा था। औद्योगिक उत्सर्जन भी राइन और टेम्स जैसी ऐतिहासिक नदियों को दूषित कर रहे थे; बड़े शहरों में धुंध की समस्या भी सामने आने लगी थी।

लेकिन वे आगे आए और उत्सर्जनों और रासायनिक उत्सर्जनों को उनके उत्पन्न होने के स्थान पर ही रोकने और कणिकाओं को दूर करने के द्वारा स्वच्छ प्रौद्योगिकी लाए। बेशक, इनके लिए संयंत्रों में अधिक निवेश की आवश्यकता थी और इसके कारण उपभोक्ताओं को उनसे उत्पन्न होने वाली विद्युत, या धातुओं या रसायनों के लिए ज़्यादा भुगतान करना पड़ा, जिसे सार्वजनिक हित, स्वयं अपने कल्याण और अपनी संतानों के भविष्य के लिए करने को वे तैयार थे। इसके लिए आवश्यक शोध एवं विकास की प्रक्रिया में वैज्ञानिकों ने यह भी जाना कि शुरू में ही अपशिष्ट के उत्पादन को कैसे कम किया जा सकता है।

साथ ही, सहज रूप से, इन समाजों ने अच्छा नागरिक अनुशासन भी विकसित किया। अधिकांश नागरिक घरों और सार्वजनिक स्थानों पर निर्धारित

कचरे के डिब्बों में ही अपना कचरा फेंकते हैं। इधर-उधर कूड़ा फेंकने की कोई अवधारणा ही नहीं है। इसलिए कचरे का निपटान और अपशिष्ट व्यवस्थापन कहीं ज़्यादा आसान है।

नतीजे भी स्पष्ट देखे जा सकते हैं। राइन और टेम्स अब कई दशकों से स्वच्छ हैं। यूरोप, यूएसए, जापान आदि में सारे जलस्त्रोतों का स्वच्छता के कठोर बोध के साथ रखरखाव किया जाता है। स्वच्छता के मापदंडों को अद्यतन करते और माइक्रोकैमिकल और माइक्रोबायोलॉजिकल प्रदूषण में निरंतर शोध करते हुए यूएसए क्लीन लेक मैनेजमेंट में अग्रणी है। अपशिष्ट जल का पुनर्चक्रण एवं पुनर्प्रयोग इनमें से अधिकांश राष्ट्रों के जीवन का अंग बन गया है।

कचरा निपटान से आगे

विकासशील देशों में उभरते बाज़ारों की ज़ोरदार खोज के साथ 1980 के दशक से वैश्विक व्यापार में अप्रत्याशित वृद्धि होने और साथ ही अधिकांश विकासशील देशों द्वारा एक उदार 'बाज़ार अर्थव्यवस्था' अपनाए जाने से पूंजी अर्जन में ज़बर्दस्त वृद्धि आई। पहले कभी भी से कहीं ज़्यादा लोग अब अच्छी जीवनशैली वहन कर सकते हैं, और इसका अर्थ है अधिकाधिक उत्पादों और सेवाओं का उपभोग।

पुरानी शैली की प्रौद्योगिकियां ऊर्जा अक्षम थीं: वे बड़ी मात्रा में कच्चे माल का उपयोग करती थीं और अधिकांश मध्यवर्ती उत्पादों को बर्बाद करती थीं। अतएव, विशुद्ध व्यावसायिक विचार से, विकसित दुनिया के उद्योगों ने 1980 के दशक में ऊर्जा-सक्षम प्रौद्योगिकियों पर शोध करने एवं उन्हें अपनाने का निर्देश दिया। ये रासायनिक या धातु की फ़ैक्टरियों में जल या अयस्क या अन्य कच्चे माल के प्रयोग के बहुत कम स्तर को लक्षित करती हैं।

इंडिया 2020 में हमने सर्वश्रेष्ठ वैश्विक उपलब्धियों (1995 तक) और भारत को क्या लक्ष्य रखना चाहिए, के संदर्भ में इस्पात, सीमेंट निर्माण आदि के लिए कुछ संख्याएं दी थीं। तब से दो दशक बीत चुके हैं। विकसित दुनिया में संख्याओं में हर साल सुधार आ रहा है। यद्यपि भारतीय उद्योग में ऊर्जा सक्षमता के संदर्भ में कुछ सुधार आए हैं, लेकिन अभी भी वैश्विक मापदंडों तक पहुंचने के लिए अपने अपशिष्ट को कम करने के लिए इसे बहुत लंबा रास्ता तय करना है।

सहस्त्राब्दी बदलने के साथ वैज्ञानिकों को अहसास होने लगा कि कार्बन डाईऑक्साइड का वैश्विक उत्सर्जन का स्तर भी ख़तरनाक ढंग से बढ़ रहा है।

यह वस्तुतः विकसित और विकासशील देशों में बढ़ते उपभोग स्तर से जुड़ा है। अगर विकासशील दुनिया के सारे लोग, इसकी विशाल और लगातार बढ़ती आबादी, विकसित दुनिया की जीवनशैली और उपभोग स्तर को प्राप्त कर ले तो परिणामस्वरूप होने वाले उत्सर्जन और अपशिष्ट को पृथ्वी झेल नहीं पाएगी। बेशक उपभोग को प्रतिबंधित करना संभव नहीं है, यह व्यापक असमानता और असंतोष को जन्म देगा।

तो हल मात्र पुनर्चक्र या अपशिष्ट कम करने से आगे जाना है। विश्व को अपने उपभोग्य उत्पादों को बनाने के बुनियादी रूप से नए तरीक़ों को अपनाना होगा। मिसाल के लिए, यातायात और विद्युत उत्पादन के लिए ऊर्जा स्त्रोतों को कोयले, पेट्रोलियम उत्पाद और प्राकृतिक गैस जैसे सामान्य जीवाश्म ईंधन से हटाना होगा। बेशक ये विश्वसनीय ईंधन जो मानव को आधुनिक युग में ले जाने में मददगार रहे हैं, कम से कम इस सदी में तो हमारे साथ रहेंगे। परमाणु ऊर्जा को स्वच्छ विकल्प माना जाता है क्योंकि इसमें कार्बन डाईऑक्साइड का लगभग ज़रा भी उत्सर्जन नहीं होता, लेकिन इसके प्रयोग से जुड़ी सुरक्षा समस्याएं हैं।

लघु एवं मध्य अवधि में भारत को नवीनतम स्वच्छ तकनीकों के साथ कोयला आधारित और गैस आधारित विद्युत उत्पादन को बढ़ाना होगा। लेकिन इसके साथ ही हमें विद्युत उत्पादन के लिए ऊर्जा के अन्य स्त्रोतों का प्रयोग शुरू करना होगा। भारत ने पवन और सौर ऊर्जा का उपयोग करने के लिए कुछ क़दम उठाए हैं। लेकिन पवन की उपलब्धता में परिमित बाधाएं हैं, और सौर ऊर्जा के लिए स्थान की आवश्यकता बाधाएं खड़ी कर सकती है, क्योंकि भूमि की अन्य प्रतिस्पर्धात्मक ज़रूरतें हैं। साथ ही, केवल विद्युत उत्पादन ही यातायात सैक्टर की मदद नहीं कर सकता जो प्रयुक्त होने वाली प्रौद्योगिकी के कारण अभी भी किसी न किसी रूप में जीवाश्म ईंधन पर निर्भर रहता है। यहीं पर एथेनॉल जैसे जैव आधारित स्त्रोत एक बड़े मायने में मदद कर सकते हैं।

वे प्रौद्योगिकियां जो अभी एथेनॉल के लिए उपलब्ध हैं, गन्ने, मकई और अन्य अनाजों पर आधारित हैं। ये मिश्रण की तरह बहुत कारगर हैं। जैसी कि हमने इसी पुस्तक में कहीं और भी चर्चा की है, कृषि अक्षम तरीक़ों से भूमि का अपव्यय करना वहन नहीं कर सकती जैसा भारत में अक्सर होता है। अच्छी पैदावार, पानी के कम प्रयोग वाली कृषि इस समय की ज़रूरत है। भारत दस करोड़ हैक्टेयर की भूमि के प्रयोग से अपनी एक अरब तीस करोड़ की आबादी और पशुओं का

पेट भर सकता है; शेष कृषि योग्य भूमि, लगभग सात करोड़ हैक्टेयर, एथेनॉल और अन्य सैल्युलॉसिक सामग्री उत्पन्न करके भविष्य के लिए नए जैव उद्योग निर्मित कर सकती है।

इसी प्रकार रसायन उद्योग को अधिकाधिक ज्ञान रसायनों के साथ रूपांतरित होना चाहिए जिसमें मानव हस्तक्षेप आणविक स्तर की प्रक्रियाओं को और अधिक सक्षम बनाएगा। बायोरिएक्टर रसायन प्रतिक्रिया की अनेक प्रतिक्रियाओं को निष्पादित कर सकते हैं।

सौर सैल और ज़्यादा पतले हो सकते हैं, वे बस इतने मोटे हों कि फ़ोटोवॉल्टिक क्रिया पूरी कर सकें, इस तरह सिलिकॉन सामग्री बचेगी, जिसमें से अधिकांश अभी बेकार जाती है। शुद्ध सिलिकॉन बनाने में बहुत ज़्यादा ऊर्जा लगती है, जिससे अपशिष्ट और अधिक अनुत्पादक हो जाता है; जर्मनी जैसे कुछ उन्नत देशों में विद्युत उत्पादन के लिए तुलनात्मक रूप से अशुद्ध सिलिकॉन ब्लॉकों का प्रयोग करने पर भी शोध जारी हैं।

नैनोटैक्नोलॉजी और आणविक परत के अन्य रूपों के साथ पदार्थ प्रौद्योगिकी भी एक बड़े रूपांतरण से गुज़र रही है जिससे पदार्थ का प्रयोग कम हो जाएगा। एक और बिल्कुल ही नया क्षेत्र जो एक बड़ा अनुप्रयोग बन सकता है, जैव ईंधन के लिए आपूर्ति स्टॉक के रूप में शैवाल बायोमास का प्रयोग है। और भी बहुत सी नवीन खोजें हैं जो शोध के चरण में हैं; मुमकिन है इनमें से कुछ कारगर न हों, लेकिन कुछ हमारे जीने के तरीक़े में ज़बर्दस्त बदलाव लाएंगी।

आगे बढ़ते हुए हमें हर उत्पाद को उसके पूर्ण जीवनचक्र के भौतिक प्रयोग के संदर्भ में उसको सुघड़ता से इस्तेमाल करने की संस्कृति विकसित करनी होगी। उपभोग की 'फेंक देने' की संस्कृति को पुनर्चक्र की संस्कृति से बदलना होगा। इसके सकारात्मक प्रभाव दूरगामी होंगे: इसका अर्थ होगा सारी मानवजाति के लिए एक ज़्यादा सुखद, ज़्यादा संतोषप्रद जीवन; और, जब वातावरण धीरे-धीरे नुक़्सानदेह गैसों से शुद्ध होगा, तो समुद्री और भूमि के नीचे स्थित जीवन भी फले-फूलेगा।

यह सब कुछ केवल तभी हो सकता है जब अपशिष्ट के विचार को वैज्ञानिक तरीक़ों के अनुसार पुनर्गठित किया, गढ़ा और जांचा जाएगा।

- फ़ैक्टरियों की चिमनियों को काला या पीला धुआं उगलते न देखना ही काफ़ी नहीं है; सारी मूल्य श्रृंखला की कुल गणना में कार्बन डाईऑक्साइड, नाइट्रोजन, सल्फ़र ऑक्साइड और अन्य हानिकारक

गैसों की कुल वृद्धि में प्रक्रियाओं का योगदान कम होना होगा। इसे इन हानिकारक उत्सर्जनों के 'पदचिह्नों' के वैज्ञानिक-इंजीनियरिंग मॉडलों के माध्यम से ही मापा जा सकता है।

- कृषि भूमियों में ही हरियाली देखना काफ़ी नहीं है—पदचिह्नों के उसी माप से मीथेन उत्सर्जन आदि के स्तर को भी देखना होगा।
- झीलों और नदियों में नीला पानी देखना ही पर्याप्त नहीं है; पानी में मौजूद विभिन्न रसायनों का माप निर्दिष्ट पार्ट्स पर मिलियन (पीपीएम) स्तर से कम होना होगा।

आसन्न भविष्य में, शायद चालीस से पचास वर्ष में, यह सब एक वास्तविकता हो सकती है। वर्ष 2000 के बाद जन्मे लोग यक़ीनन अपने जीवनकाल में इस रूपांतरण को देख सकेंगे।

इसे पाने के लिए, निकट भविष्य में हमें कचरे से उसके अशोधित रूप में निबटना होगा और उसे 'अपशिष्ट से समृद्धि' नारे के तहत उपयोगी वस्तुओं में बदलना होगा। यह भविष्य के शून्य-अपशिष्ट समाज की राह प्रशस्त करेगा।

अब हम 'अपशिष्ट से धन' के उदाहरणों को देखते हैं जिनका हम लघु और मध्य अवधियों में लक्ष्य रख सकते हैं।

ठोस अपशिष्ट प्रबंधन

भारत में ठोस अपशिष्ट प्रबंधन या नगरपालिका ठोस अपशिष्ट पर सैकड़ों लेख और रिपोर्टें आई हैं। इंटरनेट[1] पर उपलब्ध एक रिपोर्ट से हम कुछ संख्याएं उद्धृत करेंगे ताकि पाठक इस मसले के आयामों को देख सकें।

• भारत के शहरी क्षेत्रों में उत्पन्न ठोस अपशिष्ट की कुल मात्रा (कुल योग)	1,15,000 टन प्रतिं दिन (100%)
(क) छह बड़े शहरों में उत्पन्न अपशिष्ट (कुल का प्रतिशत)	21,100 टन प्रति दिन (18.35%)
(ख) मेट्रो शहरों में उत्पन्न अपशिष्ट (वे शहर जिनकी जनसंख्या 10 लाख से अधिक है) (कुल का प्रतिशत)	19,643 टन प्रति दिन (17.08%)
(ग) अन्य प्रथम श्रेणी के शहरों में उत्पन्न अपशिष्ट	42,635 (37.07%)

(वे शहर जिनकी जनसंख्या एक लाख से अधिक है)	
(कुल का प्रतिशत)	
(घ) (क), (ख), (ग) का कुल योग	83,378 (72.50%)
(कुल का प्रतिशत)	

जैसा कि हमने पहले कहा था, ये संख्याएं बढ़ती ही जाएंगी। हमें यह भी ध्यान रखना चाहिए कि इस अपशिष्ट में मानव मल शामिल नहीं है लेकिन कचरे के अन्य रूप शामिल हैं: बायोमास, पशु अपशिष्ट, खाद्य अपशिष्ट, फेंके गए काग़ज़ एवं प्लास्टिक आदि। हम देख सकते हैं कि अगर सारे प्रथम श्रेणी के और ऊपरी दर्जे के शहरों में वैज्ञानिक तरीक़े से ठोस अपशिष्ट प्रबंधन को लागू किया जाए तो भारत के लगभग 72.5 प्रतिशत या मोटे तौर पर दो-तिहाई कचरे को प्रभावी ढंग से प्रयोग में लाया जा सकता है।

रिपोर्ट नगरपालिका ठोस अपशिष्ट (जो खाद्य आदतों के अनुरूप हर स्थान पर भिन्न होता है) को भी निम्न प्रकार से विभाजित करती है:

• खाद योग्य/प्राकृतिक रूप से सड़नशील पदार्थ (खाद/ईंधन में बदले जा सकते हैं)	30% से 55%
• अक्रिय पदार्थ (भराव क्षेत्र के लिए)	40% से 45%
• पुनर्चक्रीय पदार्थ	5% से 10%

नगरपालिका ठोस अपशिष्ट का सामान्य संघटक इस प्रकार है :

जैविक अपशिष्ट	51%
पुनर्चक्रीय	17%
ख़तरनाक	11%
अक्रिय	21%

भारत में नगरपालिका ठोस अपशिष्ट का संग्रहण एवं निपटान बहुत सक्षम नहीं है। केंद्रीय प्रदूषण नियंत्रण बोर्ड (सीपीसीबी) का पैंतीस राज्यों पर आधारित एक अध्ययन कहता है कि नगरपालिका ठोस अपशिष्ट की संग्रहण सक्षमता 22 से 60 प्रतिशत के बीच है। यह कहता है: 'सारे नगरपालिका ठोस अपशिष्ट का लगभग 40 प्रतिशत इकट्ठा किया ही नहीं जाता है और शहरों/क़स्बों में बिखरा

पड़ा रहता है और किसी प्रकार समीप के नालों और जल स्रोतों में चला जाता है जिससे नाले भर जाते हैं और सतही स्तर का जल प्रदूषित होता है।'

अक्सर देखा जाता है कि भारत में पौधों की खाद बनाने का काम भी बहुत अच्छी तरह से नहीं होता है; इसकी एक वजह यह हो सकती है कि शहरी क्षेत्रों में खाद बेचना मुश्किल होता है जिसकी ज़्यादा ज़रूरत खेतों में होती है। कचरे से प्राप्त ईंधन (आरडीएफ़) संयंत्र जो कचरे से विद्युत उत्पादन करते हैं, महत्वपूर्ण बदलाव ला सकते हैं। 1990 के दशक के मध्य में विज्ञान एवं प्रौद्योगिकी विभाग ने मुंबई के निकट देवनार में एक आरडीएफ़ संयंत्र का पूर्ण प्रदर्शन किया था, और तदंतर कचरे से बिजली उत्पादन के लिए हैदराबाद में एक संयंत्र बनाया था; इसके बाद की प्रगति को तेज़ करना है।

कचरे के विद्युत रूपांतरण के ऐसे संयंत्र विशेषकर उपयोगी हैं केवल इसलिए नहीं कि ये अति-आवश्यक विद्युत उत्पन्न करते हैं बल्कि इसलिए भी कि ये अक्रिय पदार्थों के अलावा लगभग सारे अपशिष्ट पदार्थ को इस्तेमाल में ला सकते हैं। इसका अर्थ है कि कचरा भराव क्षेत्र व्यावहारिक रूप से ख़त्म हो सकते हैं: अधिकांश अपशिष्ट सामग्री विद्युत उत्पादन में इस्तेमाल हो जाएगी; और अक्रिय सामग्री को सड़कों की मरम्मत आदि के लिए प्रयोग किया जा सकता है।

जब ये तकनीकें परिपूर्ण हो जाएंगी तो अधिकांश कृषि उत्पाद और बायोमास को भी जो वर्तमान में गांवों में बर्बाद हो जाता है, विद्युत उत्पादन संयंत्रों में भेजा जा सकता है। ग्रामीण भारत के लिए यह कैसा वरदान होगा, जब कृषि अपशिष्ट ग्रिड का ईंधन बनेगा और स्थानीय उपभोग के लिए विद्युत उत्पन्न करेगा। जबकि अभी, अधिकांश कृषि अपशिष्ट बस जला दिया जाता है क्योंकि उसका निपटान बहुत महंगा होता है।

अन्य अपशिष्ट उत्पाद भी हैं जिन पर ध्यान दिया जा सकता है जैसे भवन निर्माण सामग्री का मलबा, कोयला विद्युत स्टेशनों का कचरा, फ्लाइ ऐश, प्लास्टिक कचरा आदि। इन पर बल दिए जाने की ज़रूरत है।

भारत में विश्व के अनेक हिस्सों से प्राप्त लोहे और इस्पात के कचरे को दूसरे दर्जे के इस्पात में बदलने का अच्छा उद्योग है। इनमें से कुछ में ख़तरनाक सामग्री भी होती है। कचरे को संभालते समय हमें हमेशा कर्मचारियों की सुरक्षा और पर्यावरणीय सुरक्षा का ध्यान रखना चाहिए। मिसाल के लिए, इलेक्ट्रॉनिक्स

अपशिष्ट, जो कि भविष्य में एक विशाल क्षेत्र बनने वाला है, अक्सर ख़तरनाक सामग्री से भरा होता है। जब हम 'अपशिष्ट से समृद्धि' के सिद्धांत के महत्व पर बल देते हैं तब भी इन संचालनों को सुरक्षित बनाने पर पर्याप्त ध्यान दिए जाने की ज़रूरत होती है।

अपशिष्ट जल प्राप्ति और पुनर्प्रयोग को एक आंदोलन की तरह लेना चाहिए। कृषि क्षेत्र जल का सबसे बड़ा (80% या अधिक) प्रयोक्ता है, और यहीं सबसे ज़्यादा अपव्यय होता है। लेकिन बड़े अपार्टमेंट कॉम्प्लेक्स, दफ़्तर, होटल आदि जैसे शहरी संस्थान भी समान रूप से दोषी हैं। इनमें से प्रत्येक को अलग-अलग वर्षाजल संचयन सुविधाओं के साथ ही पहले दर्जे के अपशिष्ट जल पुनर्प्रयोग जैसी सुविधाएं स्थापित करनी चाहिए। शैक्षिक संस्थानों को भी अपशिष्ट और जल पुनः प्राप्ति और पुनःप्रयोग पर विस्तृत कोर्स उपलब्ध करवाने चाहिए, ताकि हरेक नागरिक को जागरूक किया जा सके कि क्या किया जाना है।

ज्ञान रसायन

यहां हम एक उभरते हुए क्षेत्र को भी इंगित करना चाहेंगे जो प्रक्रिया स्तर पर ही अपशिष्ट को कम करके लगभग एक दशक में भारत के लिए अहम हो जाएगा। ज्ञान रसायनों पर टीआईएफ़एसी की एक रिपोर्ट में इस प्रकार की प्रौद्योगिकी के एक पूरे सैट के बारे में बताया गया है, जिसका अध्याय 8 में संदर्भ दिया गया है। इस विशेष प्रौद्योगिकी को प्रक्रिया तीव्रीकरण कहा जाता है। रिपोर्ट से एक उद्धरण:

> प्रक्रिया तीव्रीकरण में प्रक्रियाओं को तेज़, सुरक्षित, ज़्यादा उत्पादक, ऊर्जा सक्षम और पर्यावरण अनुकूल बनाकर रसायन उद्योग की प्रतिस्पर्धात्मकता बढ़ाने का माद्दा है। प्रक्रिया तीव्रीकरण को लागू किए जाने के लिए क्रिएटिव एनर्जी ऑफ़ नीदरलैंड्स द्वारा तैयार कार्य योजना के अनुसार, प्रक्रिया तीव्रीकरण के परिपालन में उच्चतर चयनात्मकता और प्रक्रिया चरण एकीकरण के माध्यम से कुल लागत में कमी लाकर औषधि उद्योग के लागत व्यय को पांच से दस वर्ष की अवधि में लगभग 20 प्रतिशत और दस से पंद्रह वर्ष में लगभग 50 प्रतिशत कम करने का सामर्थ्य है।[2]

टीआईएफ़एसी की रिपोर्ट में वर्णित एक और बड़ा क्षेत्र हरित निर्माण है

जिसमें यूरोप और यूएसए में औषधि उद्योग ज़बर्दस्त प्रगति कर रहे हैं। इसमें घुलनशील क्षय कम करना, जैव-उत्प्रेरक विकल्पों का प्रयोग करना, जैव-नवीकरणीय स्रोतों का प्रयोग करना, आदि शामिल हैं। ये सभी प्रक्रियाएं लागत कम करती हैं क्योंकि ये स्वयं प्रक्रियाओं के माध्यम से आरंभ में ही विभिन्न तरह के अपशिष्टों को दूर कर देती हैं।

भारत को भविष्य की तैयारी के लिए क्या करना चाहिए

अपशिष्ट बहाली, अपशिष्ट पुनःप्रयोग, अपशिष्ट न्यूनीकरण आदि को बढ़ाने के साथ ही भारत को ज्ञान-आधारित रसायन प्रक्रियाओं में भी पूरी शक्ति के साथ प्रवेश करना होगा। भविष्य में इनकी मापदंडों के रूप में मांग की जाएगी और रसायन उद्योगों पर इनका पालन करने के लिए दबाव डाला जाएगा। ये आगे चलकर लगभग प्रत्येक उद्योग में लाए जाएंगे।

भविष्य के उद्योग अभीष्ट मापदंडों और बहुत कम अपशिष्ट के साथ बने उत्पादों के रूप में धनार्जन करेंगे। वे पुनर्चक्र और पुनःप्रयोग के सिद्धांतों पर आधारित होंगे।

ऐसी ही दुनिया होगी जिसे एक दशक की अवधि में हम देखेंगे। भारत को अब इसके लिए तैयारी करनी है।

अध्याय-11

सबके लिए स्वास्थ्य

डॉ. कलाम का जन्म 1931 में हुआ था, आज़ादी मिलने से सोलह साल पहले; राजन का जन्म 1944 में हुआ था। उस समय आयु संभाव्यता बहुत कम हुआ करती थी: पुरुषों की राष्ट्रीय औसत आयु बत्तीस वर्ष और महिलाओं की छब्बीस वर्ष होती थी। आज एक भारतीय पुरुष की औसत आयु संभाव्यता सड़सठ वर्ष और भारतीय महिला की उनहत्तर वर्ष से ऊपर है।[1] अब—इतिहास में पहली बार—एक भारतीय महिला की आयु संभाव्यता एक भारतीय पुरुष से ज़्यादा है।

स्वास्थ्यसेवा क्षेत्र में भारत ने जो भारी प्रगति की है, यह उसका एक छोटा सा उदाहरण है। हैज़े और चेचक को पूरी तरह मिटा दिया गया है जिन्होंने स्वतंत्रता संघर्ष के दौरान अनेक जानें ली थीं। जैसा कि इस पुस्तक के आरंभ में हमने बताया था, अब पोलियो को भी मिटा दिया गया है। खसरा और काली खांसी जैसी अनेक दूसरी बीमारियां भी लुप्त हो चुकी हैं। मलेरिया और टीबी, साथ ही एड्स भी नियंत्रण में हैं। भारत में शिशु मृत्यु दर भी तेज़ी से घटी है और प्रसव के दौरान और प्रसवोपरांत संक्रमणों के कारण होने वाली महिलाओं की मृत्यु दर में भी काफ़ी कमी आई है।

ऊपर दी गई बहुत सी उपलब्धियों को कभी-कभी आसानी से भुला दिया जाता है क्योंकि स्वास्थ्यसेवा क्षेत्र में अभी भी बहुत कुछ किया जाना बाक़ी है।

लेकिन यह याद रखना महत्वपूर्ण है कि ये उपलब्धियां किस तरह हासिल हुई थीं। ये पौष्टिक आहार और साफ़ जल की बेहतर उपलब्धता, साफ़–सफ़ाई में आम सुधार, व्यापक टीकाकरण कार्यक्रम, विभिन्न लक्षित जागरूकता कार्यक्रम, बेहतर शिक्षा (विशेषकर महिलाओं के लिए), और सबसे महत्वपूर्ण डॉक्टरों और स्वास्थ्य सेवाओं तक बेहतर पहुंच, और आवश्यक एवं जीवनरक्षक दवाओं की आसान उपलब्धता और कम मूल्यों के कारण हासिल हुई हैं (हमारे उन्नत और सक्रिय औषधि उद्योग की मेहरबानी से)।

लेकिन अभी भी, बहुत से भारतीयों के लिए किसी के बीमार होने पर स्वास्थ्य सेवाओं तक तुरंत पहुंच पाना एक दुस्स्वप्न ही है। समृद्ध और ताक़तवर लोगों के लिए, बेशक, आधुनिक स्वास्थ्यसेवा का सारा संसार उपलब्ध है। और कुछ सौभाग्यशाली भारतीयों के लिए जो संगठित क्षेत्र (सरकार, सार्वजनिक क्षेत्र की कंपनियों, और निजी क्षेत्र की मंझोली एवं बड़ी कंपनियों)[2] में काम करते हैं, किसी रूप में स्वास्थ्यसेवा बीमा भी उपलब्ध है। लेकिन अधिकांश भारतीयों को रीता–सीता छोड़ दिया गया है। सिद्धांततः वे किसी भी निकटतम सरकारी अस्पताल में जा सकते हैं, लाइन में खड़े हो सकते हैं और तुलनात्मक रूप से सस्ता चिकित्सकीय परामर्श, परीक्षण और दवा पा सकते हैं। मगर व्यवहार में, सरकारी अस्पतालों की संख्या बहुत कम है, और उनमें बहुत बदइंतज़ामी होती है। इसलिए ज़्यादातर लोग वैकल्पिक दवाओं, यानी आयुर्वेद, यूनानी, होम्योपैथी, सिद्ध औषधि आदि पर निर्भर करते हैं। जब कोई बीमारी जड़ पकड़ लेती है या बहुत परेशानी पहुंचाने लगती है, केवल तभी वे किसी 'एलोपैथिक' डॉक्टर को दिखाने का प्रयास करते हैं। सर्वेक्षण बताते हैं कि तब भी ऐसे क़रीब अस्सी प्रतिशत मरीज़ ही प्राइवेट डॉक्टरों, नर्सिंग होम या छोटे अस्पतालों में जाते हैं। बड़े, ब्रांडेड प्राइवेट अस्पतालों में जाना जहां नवीनतम चिकित्सकीय सुविधाएं हों, औसत भारतवासी की कल्पना से भी परे है।

सरकारी स्वास्थ्य सेवा प्रदान प्रणाली का मोटा–मोटा अनुक्रम, जो अधिकांश जनसंख्या की आवश्यकता पूरी करता है, इस प्रकार है।

- सबसे निचले स्तर पर प्राथमिक स्वास्थ्यसेवा केंद्र या उप प्राथमिक स्वास्थ्यसेवा केंद्र हैं। राज्य सरकारों द्वारा संचालित ये केंद्र भारत के मरीज़ के लिए निदान और चिकित्सकीय सलाह के लिए डॉक्टर के पास जाने का पहला बिंदु हैं। सारे प्राथमिक स्वास्थ्यसेवा केंद्र अच्छी

तरह से सुसज्जित नहीं हैं; अक्सर डॉक्टरों के नियमित रूप से उपस्थित रहने पर भी सवालिया चिह्न लगा रहता है। ठीक-ठाक संसाधनों से युक्त प्राथमिक स्वास्थ्यसेवा केंद्र भी भारत की एक बड़ी समस्या से जूझते हैं: नियमित बिजली का अभाव। इस वजह से महत्वपूर्ण दवाएं जिन्हें रेफ्रिजरेटर में रखना होता है, ख़राब हो जाती हैं, और ऐसे अहम उपकरणों को चलाया नहीं जा पाता जो बिजली से चलते हैं।

- दूसरे स्तर पर, जहां अस्पताल में भरती किए जाने की कुछ सुविधाएं भी उपलब्ध होती हैं, माध्यमिक स्वास्थ्यसेवा केंद्र होते हैं। आमतौर पर ज़िला मुख्यालयों में स्थित—गांवों और क़स्बों से दूर—इनमें, जैसा कि अपेक्षा की जा सकती है, अक्सर भीड़भाड़ होती है। ये भी अनिश्चित बिजली आपूर्ति से जूझते हैं।
- अनुक्रम में इनके ऊपर बड़े, बेहतर सुसज्जित तृतीयक सेवा अस्पताल होते हैं जो राज्य की राजधानी या अन्य कुछ बड़े शहरों में होते हैं। तृतीयक सेवा अस्पतालों में आपातकालीन वार्ड और बाह्य रोगी विभाग (ओपीडी) भी होते हैं।
- इनके अतिरिक्त, अपने कर्मचारियों के लाभार्थ सार्वजनिक क्षेत्रों की बड़ी इकाइयों के अपने स्थान पर अपने अस्पताल भी होते हैं। सेना के पास अपना पूरी तरह सुसज्जित चिकित्सा संस्थान है, और कुछ केंद्रीय सरकार के विभागों जैसे डीआरडीओ, डीएई और इसरो के पास भी अपने कर्मचारियों के लिए सामान्य स्तर की चिकित्सकीय सुविधाएं हैं। अपने कर्मचारियों को स्वास्थ्य बीमा उपलब्ध करवाने के अतिरिक्त निजी क्षेत्र की कुछ बड़ी कंपनियों के पास स्वयं के प्राथमिक, माध्यमिक, और कभी-कभी तृतीयक स्वास्थ्य सेवा सिस्टम भी होते हैं।

स्पष्ट है कि प्राथमिक स्वास्थ्य सेवा पर अंतरराष्ट्रीय कॉन्फ्रेंस की अल्मा-एटा घोषणा के अनुसार 'सबके लिए स्वास्थ्य' प्रदान कर पाने से पहले भारत को अभी बहुत लंबा रास्ता तय करना है। प्रसंगवश 1978 में हुई इस घोषणा को पूरा करने की लक्ष्य तिथि 2000 थी।

सरकारी स्वास्थ्यसेवाओं द्वारा छोड़े गए बड़े अंतराल को अंशत: निजी चिकित्सकों और प्राइवेट अस्पताल-क्लीनिकों द्वारा भरा जाता है। ये सभी समुचित

रोगनिदान संबंधी सुविधाओं या उपकरणों से लैस नहीं होते। इन्हें अपने पास उपलब्ध सीमित अनुभव और योग्यता से काम चलाना होता है। कुछ स्वास्थ्यसेवा विश्लेषक भारत भर में फैले बहुत से निजी चिंकित्सकों को नीमहकीम कहते हैं। लेकिन यह समझना चाहिए कि औषधि उद्योग द्वारा उपलब्ध करवाई जाने वाली सस्ती दवाओं के साथ ही ये डॉक्टर भी अधिकांश मरीज़ों का प्रधान सहारा हैं। यही वे डॉक्टर हैं जिनके पास ऐसे अधिकांश लोग भागते हैं जिन्हें संगठित स्वास्थ्यसेवाओं का विशेषाधिकार प्राप्त नहीं होता।

भारत के सामने असली चुनौती भारत के सभी हिस्सों में रोगियों को न्यूनतम मूल्य पर नैदानिकी प्रयोगशाला परीक्षण, रोग निदान एवं जानकारीपरक परीक्षण, एक्सरे, अल्ट्रासाउंड आदि सेवाएं उपलब्ध करवाना है। अगर ये सरलता से उपलब्ध हों तो रोग का पता लगाने में पूरी तरह नाकाम रहने की संभावना कम होने के साथ ही निजी चिकित्सक इन्हें इलाज के लिए आरंभिक बिंदु के रूप में प्रयोग कर सकते हैं।

विरोधाभासी मांगें

भारत की स्वास्थ्यसेवा की आवश्यकताएं बेहद बुनियादी से लेकर उन्नत तक हैं। भारत की जनसंख्या का एक बड़ा हिस्सा दैनिक मज़दूरी कमाते हुए, और वह भी अक्सर अनिश्चित होती है, एक-एक दिन के अस्तित्व में जीता है। इस खंड के लोग तब तक चिकित्सकीय सुविधाएं पाने के बारे में नहीं सोचते जब तक कि हालत बहुत ख़राब न हो जाए। वे भारत में उपलब्ध बहुत सस्ती चिकित्सकीय सेवाओं का भी पैसा चुकाने में असमर्थ होते हैं। टीकाकरण कार्यक्रमों को लागू करने को बहुत बड़ा श्रेय देना होगा कि ये कार्यक्रम सफलता के साथ उन लोगों और उनके बच्चों तक पहुंच सके।

लेकिन टीकाकरण कार्यक्रमों से आगे, स्वास्थ्यसेवाओं तक प्रत्येक भारतीय नागरिक की थोड़ी सी बेहतर पहुंच उनके लिए जीवन को बेहतर बनाने और उनकी उत्पादक-क्षमता में सुधार लाने और इस प्रकार संपूर्ण अर्थव्यवस्था में मदद करने के लिए अत्यधिक लाभकारी होगी। दो बातें जो बहुत ज़्यादा सहायक हो सकती हैं, इस प्रकार हैं:

- ग्रामीण और छोटे शहरों के डॉक्टरों के चिकित्सकीय ज्ञान को बेहतर बनाने और मरीज़ों के इलाज में नवीनतम विकासों के बारे में उनकी

जानकारी को अद्यतन रखने के लिए टेली-शिक्षा।

- सुदूर हिस्सों में लोगों तक पहुंचने के लिए देश भर में बड़ी संख्या में आधुनिक उपकरणों और विद्युत जेनरेटर से युक्त मोबाइल डायग्नोस्टिक सेंटर।

यद्यपि भारत में ग़रीबों का स्वास्थ्यसेवा से संपर्क काफ़ी विरल है, मगर इस क्षेत्र के मध्य वर्ग और उच्च मध्य वर्ग की मांगें बहुत ऊंची हैं। वे ज़रूरत से ज़्यादा काम, स्टाफ़ की कमी वाले सरकारी अस्पतालों और छोटे निजी अस्पतालों में ऐसी सुविधाओं की अपेक्षा करते हैं जो विश्वस्तर की हों। वे चाहते हैं कि डॉक्टर ज़्यादा डायग्नोस्टिक जांचें और नवीनतम दवाएं लिखें, जो पेटेंट संरक्षण में होती हैं और इसलिए उपभोक्ता को महंगी पड़ती हैं। ये मांगें न केवल स्वास्थ्यसेवा उद्योग पर अनावश्यक दबाव डालती हैं, बल्कि अमीर-ग़रीब के बीच की खाई को और बढ़ाती हैं, जो कि लंबी अवधि में देश के लिए अच्छा नहीं है।

लंबी अवधि में, जैसे लगभग दो दशक में, हमें शायद इसकी चिंता भी न करनी पड़े। एक बार उचित और व्यापक स्वास्थ्य बीमा योजनाएं लागू हो जाएंगी तो लोग उन सुविधाओं और दवाइयों की मांग कर सकते हैं जो वे चाहते हैं और ऊंचे बीमा प्रीमियमों से उनका भुगतान कर सकते हैं। लेकिन आज अधिकांश नागरिक किसी न किसी रूप में सरकारी कोष से स्वास्थ्य रिआयतें पाते हैं, जिससे ज़्यादा समृद्ध लोगों की बढ़ी हुई मांगें वित्त प्रणाली पर अतिरिक्त दबाव डालती हैं, और सरकार की उन लोगों की मदद करने की क्षमता को कम कर देती हैं जिन्हें वाक़ई सरकारी मदद की ज़रूरत है।

इस संदर्भ में यह देखना दिलचस्प होगा कि दिल्ली स्थित भारत के अग्रणी चिकित्सा संस्थान अखिल भारतीय आयुर्विज्ञान संस्थान के डॉक्टरों के एक समूह ने सोसायटी फ़ॉर लैस इंवेस्टिगेटिव मेडिसिन (एसएलआईएम) नाम से एक पहल आरंभ की है। वे परामर्श देते हैं कि गहन मेडिकल रिसर्च ने स्थापित किया है कि स्वस्थ व्यक्तियों के लिए अधिकांश नियमित वार्षिक (या अधिक) चैकअप अनावश्यक हैं और बस स्वास्थ्यसेवा के व्यय बढ़ाते हैं।[3]

डॉक्टरों और अस्पतालों के ख़िलाफ़ बढ़ता पूर्वाग्रह, जब उनके फ़ैसलों पर लगातार सवाल उठाए जाते हैं और कभी-कभी उन्हें अदालत में भी घसीटा जाता है, चिंता का एक और क्षेत्र है। निश्चय ही हम डॉक्टरों और अस्पतालों की मरीज़ों के प्रति जवाबदेही के, और चिकित्सा सेवा को उपभोक्ता संरक्षण क़ानून के तहत

लाने के पक्ष में हैं। लेकिन यह याद रखना चाहिए कि अगर कोई डॉक्टर एक ग़लत फ़ैसला लेता/या लेती है, तो वह सौ सही फ़ैसले भी लेता/या लेती है, जिनमें से कुछ वास्तव में जीवनरक्षक होते हैं। मरीज़ों की प्रतिकूल मानसिकता के कारण डॉक्टर सुरक्षित आचरण करते हैं और अधिकाधिक जांच और परामर्श लेने की राय देते हैं, जिससे अनावश्यक रूप से स्वास्थ्यसेवा का व्यय बढ़ जाता है, जो हमें याद रखना चाहिए कि ज़्यादातर सरकारी कोष से चुकाया जाता है।

दिलचस्प बात यह है कि ऐसे ही मुक़द्दमों के कारण विश्व में स्वास्थ्यसेवा का प्रति व्यक्ति सबसे ज़्यादा ख़र्च यूएसए में है, जिन्हें अक्सर उसके अपने संगठित चिकित्सा व्यवसायियों द्वारा बढ़ावा दिया जाता है। यही वजह है कि दुनिया का सबसे समृद्ध देश भी अपने सबसे निचले स्तर के 10-20 प्रतिशत नागरिकों को सुगमता से सुलभ स्वास्थ्यसेवा प्रदान नहीं कर पा रहा है। अगर यह चिकित्सकीय मुक़द्दमों की दमनकारी रूप से कठोर प्रणाली में कमी ला पाता और डॉक्टरों में ज़्यादा विश्वास जगा पाता तो अमेरिका में अब तक सर्वव्यापी स्वास्थ्यसेवा प्रणाली स्थापित हो गई होती।

विकसित देशों की ग़लतियों से हमें सबक़ लेना चाहिए और स्वास्थ्यसेवाओं के तुलनात्मक रूप से सस्ते तरीक़े विकसित करने चाहिए जो प्रत्येक भारतवासी को उपलब्ध हो सकें।

बायोमेडिकल उपकरण

भारत में स्वास्थ्यसेवा से जुड़ा एक अत्यंत महत्वपूर्ण मुद्दा बायोमेडिकल उपकरणों का स्थानीय निर्माण है।

1990 के दशक में आईटी उछाल के समय सरकार ने सॉफ़्टवेयर उद्योग को उचित रूप से बहुत सारे प्रोत्साहन और कर रिआयतें दी थीं, लेकिन उसने आईसीटी हार्डवेयर के स्थानीय निर्माण के लिए समान रूप से सहायता प्रदान नहीं की। जैसा हमने देखा है कि इसका अर्थव्यवस्था पर दीर्घगामी विपरीत प्रभाव पड़ा है। हम आयातों पर बहुत ज़्यादा निर्भर रहते हैं, यहां तक कि हमारा वर्तमान घाटा भी हाथ से बाहर निकल गया है। भारत जैसे देश में यह विशेषरूप से दुखद बात है जिसके पास जनसांख्यिकीय लाभ है, जहां मानव संसाधन को स्थानीय निर्माण में उत्पादक रूप से भागीदारी करने के लिए प्रवीण किया और अर्थव्यवस्था को सुधारा जा सकता है।

हमें यह समझने में एक दशक नहीं लगना चाहिए कि अगर हमने स्थानीय निर्माण को प्रोत्साहन नहीं दिया तो बायोमेडिकल उपकरणों का प्रयोग जो स्वास्थ्यसेवा प्रदान करने और रोगों की रोकथाम के लिए इतना अहम है, हमारे विदेशी विनिमय का एक बड़ा निकास बन जाएगा, संभवतः तेल के आयात से भी अधिक।

बायोमेडिकल उपकरण इलेक्ट्रॉनिक्स, कंप्यूटर से जुड़े उन्नत मॉडलों और विनिर्माण की सूक्ष्म तकनीकों से निकट से जुड़े हैं। पिछले दो दशकों में वे परिष्करण के बहुत उच्च स्तरों तक विकसित हुए हैं। यह देखना दिलचस्प है कि इंजीनियरिंग में विश्व के अग्रणियों में से एक जनरल इलेक्ट्रिक (जीई) ने अपेक्षाकृत सस्ते अल्ट्रासाउंड उपकरण विकसित करने के लिए बंगलौर में बायोमेडिकल उपकरणों का अनुसंधान एवं विकास केंद्र स्थापित किया है; इस संस्थान के उत्पादों को अब जापान जैसे विकसित देशों में बेचा जाता है। जीई अकेला नहीं है—भारत में विदेशी बहुराष्ट्रीय कंपनियों द्वारा स्थापित ऐसे लगभग 400 औद्योगिक अनुसंधान एवं विकास केंद्र हैं। इससे पता लगता है कि भारत में नई चुनौतियों को स्वीकार करने के लिए मानव संसाधन और कौशल मौजूद है। हमारी सरकार, शैक्षिक प्रणाली और उद्योगों पर यह एक दुखद टिप्पणी है कि हम स्थानीय स्तर पर प्रतिस्पर्धात्मक उत्पादों के निर्माण की ओर इन संसाधनों को चालित नहीं कर रहे हैं।

यह आवश्यक है कि हम भारत में सभी बायोमेडिकल उपकरणों के स्थानीय उत्पादन को बढ़ाएं। स्थानीय उत्पादन में तेज़ी अनेक युवा भारतीय उद्यमियों को भारतीय और विश्व बाज़ारों के लिए भारत में ही विकसित और निर्मित विश्वस्तर के मापदंडों के नए उत्पाद लेकर आने के लिए भी प्रेरित करेगी। बायोमेडिकल उपकरणों का स्थानीय निर्माण अहम है, क्योंकि यही स्वास्थ्यसेवा प्रणाली को वहनीय बनाने और यह सुनिश्चित करने का एकमात्र तरीक़ा है कि यह प्रत्येक भारतवासी को उपलब्ध हो सकें, उनको भी जिनके पास बहुत सीमित संसाधन हैं।

चल स्वास्थ्यसेवा की उपलब्धता

डॉक्टर और अस्पतालों द्वारा मरीज़ों का इलाज किए जाने से पहले पैथोलॉजिकल परीक्षणों के रूप में रोग की पहचान करना आवश्यक होता है। आज के भारत में इसके लिए आवश्यक उपकरणों तक पहुंच हो पाना एक समस्या है। प्राथमिक

स्वास्थ्यसेवा केंद्रों में भारी निवेश लागत प्रभावी नहीं हैं; बिजली और डॉक्टरों की उपलब्धता की समस्याएं भी रहती हैं।

टीआईएफ़एसी ने अपने टेक्नोलॉजी विज़न 2020 अभियान की अनुवर्ती कार्रवाई के रूप में इस अहम समस्या को लिया था, जिसमें स्वास्थ्यसेवा क्षेत्र एक बड़ा घटक था। अनेक परामर्शों के आधार पर इसने एक सुझाव रखा जो उस समय किसी हद तक क्रांतिकारी था: चल स्वास्थ्यसेवा सुविधा जो हर किसी के पास जा सके। उत्तराखंड में प्रयोगात्मक आधार पर अनेक योग्य डॉक्टरों ने स्वेच्छा से इस परियोजना पर कार्य किया; राज्य सरकार ने भी बहुत सहयोग दिया।

इस परियोजना के महत्वपूर्ण तत्व इस प्रकार थे:

- डॉक्टर और लैब के अहम तकनीशियन और फ़ार्मासिस्ट समुचित मेडिकल और संचार सुविधाओं से युक्त अल्मोड़ा में रहेंगे।
- डायग्नोस्टिक उपकरणों से युक्त एक बस अनेक गांवों से होती हुई एक निर्दिष्ट मार्ग पर चलेगी। समय निश्चित रहेगा, और कार्यक्रम में किसी बदलाव की अनुमति नहीं दी जाएगी। यह उन स्थानों पर रुकेगी जहां कोई बड़ा माध्यमिक स्वास्थ्यसेवा केंद्र नहीं होगा। ग्रामवासी वहीं पर आएंगे।
- इस चल डायग्नोस्टिक अस्पताल और शोध केंद्र का मुख्य काम मरीज़ की जांच करना और उसे जांच की रिपोर्ट एवं चिकित्सकीय परामर्श देना होगा। इसके लिए उनसे मामूली सा शुल्क लिया जाएगा। चल इकाइयों से कुछ दिन की दवाएं भी बेची जाएंगी; बाद की ख़ुराक मरीज़ बाज़ार से ख़रीदेंगे। उत्तराखंड सरकार द्वारा निर्दिष्ट ग़रीबी रेखा से नीचे स्थित लोगों को दवाएं मुफ़्त दी जाएंगी और उन्हें डायग्नोस्टिक व्यय भी नहीं देना होगा।
- सारे रिकॉर्ड कंप्यूटर में दर्ज होंगे ताकि मेडिकल रिकॉर्ड के खोने से मरीज़ के इलाज पर असर न पड़े।

चुनौती लैब के सारे उपकरण, ईसीजी, एक्सरे और अल्ट्रासाउंड यूनिट हासिल करना और एक सामान्य बस में, जो कि चौबीस फ़ुट से ज़्यादा बड़ी नहीं होती है, परीक्षण मेज़ फ़िट करना थी। सारे उपकरण 15 केवीए के शोररहित डीज़ल जेनरेटर पर चलते थे। यह एक बहुत बड़ी नई प्रक्रिया थी जिसे उत्कृष्ट विकासात्मक इंजीनियरिंग के माध्यम से प्राप्त किया गया था। चूंकि टीआईएफ़एसी या उत्तराखंड

सरकार इस अभियान को नियमित रूप से चलाने के लिए साजो-सामान से भलीभांति लैस नहीं थे, इसलिए एक स्थानीय पार्टनर, भीमताल के एक इंजीनियरिंग कॉलेज, को यह दायित्व सौंप दिया गया और उसे इस सेवा का भुगतान किया गया।

डॉ. कलाम के टीआईएफ़एसी के प्रबंध मंडल के अध्यक्ष और वाई.एस. राजन के कार्यकारी निदेशक होने के दौर में परिकल्पित यह परियोजना बहुत सफल रही थी। अक्तूबर 2002 में डॉ. कलाम द्वारा इसे औपचारिक रूप से आरंभ किए जाने तक वे भारत के राष्ट्रपति बन चुके थे। टीआईएफ़एसी में वाईएस राजन का यह अंतिम बड़ा उद्यम था—आगामी माह उन्होंने भी टीआईएफ़एसी को छोड़ दिया था।

टीआईएफ़एसी की अचला खन्ना द्वारा तैयार किए जा रहे एक शोध पेपर में दिए डाटा के अनुसार, साढ़े पांच साल (अक्तूबर 2002 से मार्च 2008) की अवधि में आयोजित शिविरों की कुल संख्या 1018 थी (लगभग हर दूसरे दिन आयोजित एक शिविर, इस पूरी अवधि में बस एक निर्धारित शिविर नहीं लग पाया था)। लगभग एक लाख मरीज़ों का इलाज किया गया, जिनमें से चौवन प्रतिशत ग़रीबी रेखा से नीचे की श्रेणी के थे और साठ प्रतिशत महिलाएं थीं। रिपोर्ट के कुछ आंकड़ों को देखना दिलचस्प हो सकता है।

सारणी 11.1

चल डायग्नोस्टिक अस्पताल एवं शोध केंद्र, उत्तराखंड के आंकड़े
(20 अक्तूबर 2002 से 31 मार्च 2008)

1.	चल अस्पताल वाहन द्वारा कवर किए गए कुल ज़िले	6
2.	एक माह में कवर किए गए कुल स्थान	15
3.	कुल आयोजित शिविर	988
4.	पंजीकृत मरीज़ों की कुल संख्या	84449
5.	पुनः आए मरीज़ों की कुल संख्या	12029
6.	चैकअप (ए+बी) करवाने वाले कुल मरीज़	96478
7.	चैकअप करवाने वाले पुरुष मरीज़	28115
8.	चैकअप करवाने वाली महिला मरीज़	50845
9.	चैकअप करवाने वाले बाल मरीज़	5489
10.	चैकअप करवाने वाले बीपीएल मरीज़	45644
11.	चैकअप करवाने वाले अन्य मरीज़	38805
12.	कुल अल्ट्रासाउंड	20953

13.	कुल एक्सरे	9861
14.	कुल ईसीजी	2602
15.	कुल लैब परीक्षण	38839
16.	मोबाइल वैन द्वारा तय की गई दूरी	92620 किमी.

स्रोत: अचला खन्ना, टीआईएफ़एसी

राष्ट्रीय ग्रामीण स्वास्थ्य मिशन (एनआरएचएम) 2005-12 के तहत इस सफल प्रदर्शन के परिणामस्वरूप मुश्किल इलाक़ों में स्वास्थ्यसेवा प्रदान करने के लिए पीपीपी पद्धति के तहत देश भर में फैले 442 ज़िलों में 1951 चल स्वास्थ्य यूनिटों को उतारा गया। इसके अतिरिक्त, अग्रिम परामर्श परिवहन सेवाओं के लिए 7097 आपातकालीन प्रतिक्रिया वाहन (ईआरवी) और 7458 एंबुलैंसों को कार्यान्वयन के लिए अनुमोदित किया गया।

इस प्रकार की चल स्वास्थ्य यूनिटों को केवल मुश्किल पहुंच वाले ग्रामीण इलाक़ों तक सीमित नहीं रहना चाहिए। वे क़स्बों और शहरों में भी ग़रीबों और निम्न मध्य वर्ग को स्वास्थ्य सेवाएं प्रदान करके वास्तविक फ़र्क़ पैदा कर सकते हैं। हमारा आकलन है कि हरेक ज़िले में कम से कम तीन या चार इस तरह की चल यूनिटें होनी चाहिए; बड़े शहरों में वहां के जनसंख्या घनत्व के अनुसार और ज़्यादा यूनिट हो सकती हैं। कुल मिलाकर भारत में कम से कम 1000 और सर्वोद्देशीय चल डायग्नोस्टिक केंद्र और होने चाहिए।

रोज़गार उत्पादक के रूप में स्वास्थ्यसेवाएं

यह तो स्पष्ट है कि स्वास्थ्यसेवा प्रदान करना मानवाधारित गतिविधि है। प्रत्येक रोगी को वैयक्तिक देखभाल की ज़रूरत होती है। डायग्नोस्टिक्स के संचालन के लिए अनेक मशीनें हो सकती हैं, लेकिन उन्हें भी चलाने की ज़रूरत होती है। चिकित्सकीय प्रक्रिया में हर क़दम पर मानव हस्तक्षेप की आवश्यकता होती है। स्वास्थ्यसेवाओं के प्रत्येक भारतवासी तक पहुंचने के लक्ष्य के साथ ही यह देखना आसान है कि स्वास्थ्यसेवा क्षेत्र एक बड़ा रोज़गार उत्पादक हो सकता है और विकासशील अर्थव्यवस्था का मज़बूत संबल बन सकता है।

डॉ. कलाम ने भारत के राष्ट्रपति के रूप में गणतंत्र दिवस, 2005 को देश के नाम अपने संबोधन में स्वास्थ्यसेवा क्षेत्र की इन संभावनाओं को खंगाला था। अपनी चर्चा को हम रोज़गार उत्पादन के लिए उनकी कार्य योजना के एक उद्धरण

के साथ समाप्त करेंगे।

एक और क्षेत्र जो रोज़गार उत्पादक है, स्वास्थ्यसेवा उद्योग है। हमारे पास प्रति 1800 लोगों पर केवल एक डॉक्टर है, जबकि कुछ विकसित देशों में डॉक्टर और जनसंख्या का अनुपात 1:600 है। अपने सभी नागरिकों को उत्तम स्वास्थ्यसेवा प्रदान करने के लिए हमें देश भर में डॉक्टरों और पैरामेडिकल स्टाफ़ की कम से कम दोगुनी संख्या चाहिए। ज़रूरी नहीं है कि इस आवश्यकता में निवेश अकेले सरकार का ही हो। करों में कुछ रिआयतों और रिआयती बुनियादी सुविधाओं की मदद के साथ निजी क्षेत्र द्वारा भी अस्पताल स्थापित किए जा सकते हैं। तीन लाख गांवों के अंचल के अंदर तीस हज़ार मुख्य स्थानों में फैले तीस हज़ार अचल टेली-मेडिसिन स्टेशन स्थापित करने और बीस हज़ार चल टेली-मेडिसिन यूनिटें उपलब्ध करवाने से उत्तम स्वास्थ्यसेवा को प्रत्येक घर के निकट पहुंचाया जा सकेगा, जो ज़िले, राज्य के सरकारी अस्पतालों, कॉरपोरेट अस्पतालों और देश के सुपर स्पेशलिटी अस्पतालों से जुड़ी होंगी। यह संभव है क्योंकि भारत में उपग्रह संचार का नेटवर्क है।

स्वास्थ्यसेवा को हमारी जनसंख्या के बड़े भाग तक कैसे पहुंचाया जाए? कुछ राज्यों में एक नया तरीक़ा अपनाया गया है। यह प्रणाली उन नागरिकों को मुफ़्त स्वास्थ्य कवर प्रदान करती है जो सदस्य हैं और प्रति माह बीमे के प्रीमियम के तौर पर दस रुपए प्रति व्यक्ति देते हैं। राज्य और केंद्र सरकारें इस बीमा योजना को प्रायोजित कर सकती हैं। इस तरह का बीमा कवर महंगी ओपन हार्ट सर्जरी समेत सब तरह की बीमारियों के लिए सुरक्षा प्रदान करेगा। एकीकृत, लागत प्रभावी स्वास्थ्यसेवा प्रदान करने के लिए विभिन्न राज्यों में सरकार, बीमा एजेंसियों, कॉरपोरेट अस्पतालों और ग़ैर सरकारी संगठनों के बीच एक सहव्यवस्था होनी चाहिए। पूरी तरह क्रियाशील होने पर यह योजना 600,000 अतिरिक्त डॉक्टरों और बारह लाख पैरामेडिकल स्टाफ़ को सीधे रोज़गार प्रदान कर सकती है। जटिल रोगों के उपचार में हमारी प्रतिस्पर्धात्मकता को देखते हुए ये कॉरपोरेट अस्पताल नागरिकों को स्वास्थ्यसेवा प्रदान करने के अलावा देश में बड़ी संख्या में मेडिकल पर्यटकों को आकर्षित कर सकते हैं।

अध्याय–12

राष्ट्रीय सुरक्षाः ताक़त, ख़ुफ़िया तंत्र एवं सतत सतर्कता

सामरिक क्षेत्र डॉ. कलाम को बहुत प्रिय है। उनका वैज्ञानिक कैरियर रक्षा प्रयोगशाला से शुरू हुआ था; फिर वे इसरो के रॉकेट एवं उपग्रह प्रक्षेपण वाहन निर्माण में चले गए, जो कि मिसाइलों के मूलभूत तत्वों में से भी है; बाद में उन्होंने प्रारंभिक भारतीय मिसाइलों का भी मार्ग प्रशस्त किया।

सामरिक क्षेत्र में सेना संबंधी उद्योग और अन्य मूलभूत उद्योग एवं प्रौद्योगिकियां भी समाविष्ट हैं जो ख़ुफ़िया सूचनाएं जुटाने, सेना एवं आंतरिक सुरक्षाकर्मियों के लिए आवश्यक अहम संचार आदि जैसे राष्ट्र के कई अन्य सुरक्षा कार्यों के लिए सहायक होते हैं।

इसके साथ ही अनेक इलेक्ट्रॉनिक और ऑप्टोइलेक्ट्रॉनिक यंत्र और विशिष्ट सामग्री हैं जिनसे बड़े स्तर के व्यावसायिक अनुप्रयोग प्राप्त होते हैं, वे भी देश की सुरक्षा से जुड़े उपकरणों के लिए महत्वपूर्ण तत्व हैं। उदाहरण के लिए, अनेक दुकानों एवं एटीएम में लगे सीसीटीवी में इस्तेमाल होने वाले ऑप्टिकल सेंसर अपने उन्नत रूप में सीमा पर घुसपैठ का पता लगाने या अहम संस्थापनों पर निगरानी रखने के लिए महत्वपूर्ण हो जाते हैं। यही चीज़ कंप्यूटिंग क्षमताओं वाले अनेक उन्नत माइक्रोइलेक्ट्रिक चिप्स के लिए भी सच है जिनका इस्तेमाल हमारे कंप्यूटरों में होता है। इन्हें प्रौद्योगिकी का दोहरा प्रयोग कहते हैं।

पहले इन महत्वपूर्ण प्रौद्योगिकियों में से अनेक भारतवासियों के लिए अप्राप्य थीं, उदाहरण के लिए 1970 के दशक में जब भारत का अंतरिक्ष कार्यक्रम आरंभ हुआ था। लेकिन प्रौद्योगिकी में विकास के साथ इन उन्नत प्रौद्योगिकियों तक पहुंच अब आसान हो गई है।

हम कहां पर हैं ?

अपनी पुस्तक *इंडिया 2020* में हमने सामरिक उद्योगों के लिए एक योजना-कार्यक्रम प्रदान किया था। मुख्य बल आयात पर भारी निर्भरता से प्रबल स्थानीय निर्भरता और फिर प्रबल स्थानीय उत्पादन (विदेशी तकनीक या विदेशी साझेदारी में ही संही) पर जाने पर था; इस विकास में अंतिम चरण शीघ्रता से देसी, भारत में परिकल्पित, भारत में योजनाबद्ध और भारत में निर्मित उपकरणों, अस्त्र प्रणालियों आदि पर जाना होगा।

1998 में जब डॉ. कलाम रक्षा मंत्री के वैज्ञानिक सलाहकार थे, तो तत्कालीन मंत्री जॉर्ज फ़र्नांडीज़ ने उत्पादन के स्वदेशीकरण और भविष्य की प्रणालियों के लिए उद्योगों में अनुसंधान एवं विकास के प्रवर्तन के लिए त्वरित कार्य योजना विकसित करने के लिए उद्योग अग्रणियों, रक्षा सेवाओं, रक्षा उत्पादन एजेंसियों, डीआरडीओ एवं अन्यों के साथ एक सभा की थी। रिपोर्ट विश्वासोत्पादक थीं और सभी शेयरधारकों में कार्य योजना के लिए सहमति थी। रक्षा मंत्री और डॉ. कलाम ने आयात से स्थानीय उत्पादन के अनुपात को 1998 के 70:30 से बदलकर दस साल की अवधि में 30:70 करने का लक्ष्य निर्धारित किया था।

दो शासनकालों में हमारी बड़ी सफलता ब्रह्मोस मिसाइल रही, जिसे रूस और भारत के बीच संयुक्त उपक्रम के रूप में बनाया गया था, और इसका नाम ब्रह्मपुत्र और मॉस्कवा नदियों के नाम पर रखा गया था। इसे भारी सफलता मिली और तीनों सेवाबलों, थलसेना, नौसेना और वायुसेना, के प्रयोक्ता परीक्षणों पर यह खरी उतरी, और उन्होंने इसे सामरिक सेवा में शामिल कर लिया। ब्रह्मोस मिसाइल इस तथ्य को सिद्ध करती है कि भारत विश्वस्तर के रक्षा उपकरण बना सकता है।

लेकिन 2014 में स्थिति की समीक्षा करते हुए हमें दुख के साथ कहना पड़ रहा है कि न केवल आयात और स्थानीय उत्पादन का अनुपात 70:30 से कम नहीं हुआ, बल्कि वस्तुतः रक्षा उपकरणों और प्रणालियों में भारत विश्व का

सबसे बड़ा आयातक बन गया है—ऐसा शीर्ष स्थान जिस पर बहुत गर्व नहीं किया जा सकता।

रक्षा उपकरणों का इतना भारी आयात हमारी सकल राष्ट्रीय सुरक्षा के हित में नहीं है। साथ ही, आयात पर इस तरह की निर्भरता विदेशी पूंजी को बहुत ज़्यादा खींचती है, जिससे चालू खाते का घाटा और ज़्यादा बढ़ता है। और इस सबसे ज़्यादा, रक्षा उपकरणों में ज़्यादा स्थानीय उत्पादन न होने से हम भारतवासियों के लिए प्रतिवर्ष रोज़गार के लाखों अवसर भी गंवा रहे हैं।

हमें रक्षा उपकरणों और प्रणालियों के क्षेत्र में आत्मनिर्भरता के लिए क्रांति की आवश्यकता है, कृषि क्षेत्र में लाई गई हरित क्रांति की तरह। इस अध्याय में हम देखेंगे कि इस क्रांति को कैसे लाया जा सकता है। भारत की समृद्ध परंपराओं से प्रेरणा लेते हुए हमने इस कार्य योजना का नाम द्रोण क्रांति रखा है।

भारत की सुरक्षा स्थिति

आज भारत की सुरक्षा स्थिति 1990 के दशक की स्थिति से कहीं ज़्यादा जटिल है। निम्न प्रबलता के आतंकवादी हमलों ने गंभीर ख़तरा खड़ा कर दिया था, लेकिन आमतौर पर जनता ने उनके प्रभाव को महसूस नहीं किया। 1998 में भारत और पाकिस्तान द्वारा किए गए परमाणु विस्फोटों ने सामरिक समीकरण बदल दिया था। अंतरराष्ट्रीय समुदाय द्वारा भारत पर अनेक प्रतिबंध लगा दिए गए; लेकिन इनमें बहुत जल्दी ही ढील दे दी गई क्योंकि विकसित देशों की अग्रणी कंपनियों द्वारा भारत के विशाल बाज़ार को बहुत समय तक नज़रअंदाज़ नहीं किया जा सकता था।

मगर उदारीकरण के बाद के भारत में आर्थिक विकास के मार्ग ने सेवा क्षेत्र पर निर्भर रहकर और आयात के मार्ग पर भरोसा करके सुरक्षित रास्ता अपनाया। भारतीय उद्योगों के अंदर ही तकनीकी मज़बूतियों का निर्माण करने की संतुलित नीति को, जिसकी विज़न 2020 अभियान में सिफ़ारिश की गई थी, नीति-निर्माताओं, प्रशासकों और उद्योग अग्रणियों ने समान रूप से नज़रअंदाज़ कर दिया। प्रौद्योगिकी विकास और इंजीनियरिंग की नवीन खोजें पृष्ठभूमि में चली गईं।

इसी प्रकार की आसान नीति सीमा पार से देश में लाए जा रहे आतंकवाद के ख़िलाफ़ निर्णायक फ़ैसले न लेने के संदर्भ में अपनाई गई। देश के भीतर ही आतंकवादी गुट पनपने लगे। आतंकवादियों को खोज निकालने और उन्हें दंडित

करने के लिए आधुनिक तकनीकों और संगठित प्रणालियों का इस्तेमाल करने के लिए बहुत कम काम किया गया। जब हम देखते हैं कि 9/11 के हमले के बाद अमेरिका ने आतंकवादियों के लिए अपने देश में काम करना कितना मुश्किल बना दिया है, तो हम देख सकते हैं कि इसकी तुलना में भारत का रवैया कितना ढुलमुल रहा है।

आतंकवादियों की गतिविधियों को समझने के लिए पुलिस और अर्धसैन्य बलों को सक्षम बनाने की हमारी योजनाओं के बारे में बहुत कम जानकारी है। हमारे पास एक बुनियादी ख़ुफ़िया तंत्र तो है, लेकिन आतंकवादियों द्वारा प्रयोग की जाने वाली आधुनिक तकनीकों के साथ चलने के लिए उसे अद्यतन करने की ज़रूरत है। राष्ट्रीय सुरक्षा के लिए नए संकट क्षेत्रों जैसे साइबर सुरक्षा पर तुरंत ध्यान देने की आवश्यकता है। समस्या को बढ़ाते हुए, हाल के वर्षों में घोटालों के आरोपों की वजह से कुछ महत्वपूर्ण रक्षा ख़रीदारियों को रोक दिया गया है।

सभी भारतवासियों के लिए यह समझना ज़रूरी है कि राष्ट्रीय सुरक्षा के क्षेत्र में बहुत कुछ किए जाने की ज़रूरत है, जैसे

(1) खोए समय की भरपाई करने के लिए अपने सुरक्षा बलों का अतिशीघ्र आधुनिकीकरण किया जाए,
(2) रक्षा उत्पादन का स्वदेशीकरण,
(3) आतंकवाद के विभिन्न रूपों के ख़िलाफ़ आंतरिक सुरक्षा प्रणालियों को मज़बूत और निपुण करना, और
(4) भारत को साइबर सुरक्षा के लिए तैयार करना।

अगर नागरिक वाक़ई आतंकवाद के ख़िलाफ़ 'शून्य सहिष्णुता' की मांग करते हैं और ऐसी मांग को पूरा करने के लिए अपने सार्वजनिक जीवन में कुछ महत्वपूर्ण बदलाव लाने के लिए तैयार होंगे तो भारत सुरक्षित हो सकता है। जैसे-जैसे भारत आर्थिक, सामाजिक और ज्ञान के क्षेत्र में आगे बढ़ेगा, विभिन्न रूपों में दुश्मन के हमले भी बढ़ेंगे। यह आवश्यक है कि हम हर समय, हर मोर्चे पर 'सतत सतर्कता' बनाए रखने की संस्कृति का निर्माण करें।

द्रोण कार्य योजना

पहला और सबसे प्रमुख काम भारत में रक्षा और आंतरिक सुरक्षा उपकरणों के उत्पादन के उच्च स्तर को प्राप्त करना है। पिछले छह दशकों के अनुभवों से यह

देखना आसान है कि इस प्रकार के कार्य को अकेले सार्वजनिक क्षेत्र की इकाइयों और ऑर्डिनेंस फ़ैक्टरियों द्वारा ही पूरा नहीं किया जा सकता; निजी क्षेत्र और विदेशी कंपनियों के लिए भी दरवाज़े खोलने होंगे। अब गंभीर चर्चा हो रही है, जैसे पूर्व में हुई थी, कि रक्षा क्षेत्र में कितने विदेशी प्रत्यक्ष निवेश (एफ़डीआई) की अनुमति दी जानी चाहिए। रक्षा प्रौद्योगिकी बहुत उत्कृष्ट और जटिल है; विदेश रक्षा व्यवसाय से भारत में तभी उपकरणों और प्रणालियों के निर्माण की अपेक्षा की जा सकती है जब उन्हें अपने व्यवसाय पर पूरा नियंत्रण हासिल हो। दूसरी ओर, अधिकांश भारतीय कंपनियों में रक्षा उत्पादन की कोई बड़ी प्रौद्योगिकी शक्ति नहीं है। इसलिए हमारी नीति, कम से कम अगले दशक के लिए, आगे आने वाली विदेशी कंपनियों या भारतीय निजी कंपनियों पर अनावश्यक प्रतिबंध लगाए बिना भारत में रक्षा उपकरणों और प्रणालियों के बड़े स्तर पर निर्माण का लक्ष्य रखने की होनी चाहिए।

स्वाभाविक रूप से ये कंपनियां रक्षा और आंतरिक सुरक्षा सेवाओं पर अपने उत्पादों को थोप नहीं सकतीं। अपने उपभोक्ता की आवश्यकताओं को ध्यान में रखते हुए, ठीक उसी तरह जैसे वे अन्य व्यवसायों में करती हैं, रक्षा और सुरक्षा सेवाओं के साथ काम करना होगा। इसी के साथ राजनीतिक नेतृत्व को रक्षा और सुरक्षा सेवाओं को स्पष्ट रूप से बताना होगा कि जहां तक संभव हो उन्हें आयात करने से बचना और मुख्य रूप से भारत में निर्माणरत यूनिटों से सामान ख़रीदना चाहिए। स्वदेशी ख़रीदारी के प्रतिशत का स्थूल मार्गनिर्देश दिया जाना चाहिए और उस पर निगाह रखनी चाहिए।

विदेशी और भारतीय कंपनियों को अपनी विनिर्माण योजना तय करने की स्वतंत्रता दी जानी चाहिए। संभव है वे भारत में सारी वस्तुएं न बना सकें; उन्हें कुछ महत्वपूर्ण घटक और फ़िटिंग विदेश से मंगानी पड़ सकती हैं। फिर भी, हमें चरणबद्ध विनिर्माण कार्यक्रम के पूर्ववर्ती युग के तरीक़ों का आश्रय नहीं लेना चाहिए जो उत्कृष्ट उत्पादन के स्वदेशीकरण में नाकाम रहा था। सभी फ़िटिंग्स के पूर्ण निर्मित और अर्धनिर्मित आयातों के साथ पूरे आकार की विनिर्माण यूनिट, जो भारत में महज़ इन समूहों को एकीकृत करे, की अनुमति नहीं दी जानी चाहिए; यह स्थानीय निर्माण को विकसित करने के मक़सद को ही ख़त्म कर देगा।

चूंकि कंपनियों को उपभोक्ता की आवश्यकताओं को पूरा करना और अपने बाज़ारों में वैविध्य लाने का जोखिम लेना होगा, इसलिए उन्हें निर्यात करने की पूरी स्वतंत्रता भी प्रदान करनी होगी। अगर ज़रूरत हो तो चयनित वस्तुओं के लिए

एक छोटी सी निर्यात प्रतिबंध सूची दी जा सकती है; अधिकांश विदेशी कंपनियों को यूरोप या यूएसए के अपने मूल देशों से पहले से ही इस प्रकार की सूची मिली होगी।

लक्ष्य भारत में भारतीय या विदेशी कंपनियों द्वारा चलाए जाने वाले बड़े रक्षा उद्योग को शुरू करना है। एक बार यह स्थापित हो जाए, तो भारतीय उद्योग पर यह ज़बर्दस्त प्रभाव डालेगा। हमारे इंजीनियरिंग कॉलेज भी समुचित रूप से दक्ष मानव संसाधन की आपूर्ति करने के लिए स्वयं को प्रवृत्त करने लगेंगे।

यह विस्फोटक शुरुआत द्रोण क्रांति की ओर पहला महत्वपूर्ण और आवश्यक क़दम होगा। लक्ष्य 2025 तक, अब से एक दशक बाद, हमारे सारे रक्षा और सुरक्षा उपकरणों के लिए अस्सी प्रतिशत स्थानीय उत्पादन और बीस प्रतिशत आयात होना चाहिए।

द्रोण कार्य योजना का दूसरा क़दम स्थानीय उत्पादन के लिए महत्वपूर्ण तत्वों की पहचान करना होगा। आरंभ बिंदु कुछ महत्वपूर्ण चीज़ों के लिए, दूसरे देशों के बौद्धिक संपत्ति अधिकारों के लिए पूरे सम्मान सहित, भारतीय डिज़ाइन और विकास सुविधाएं पाना होना चाहिए। इस गतिविधि को किसी राष्ट्रीय प्रयोगशाला या शैक्षिक संस्थानों पर नहीं छोड़ना चाहिए, बल्कि उद्योगों के संघ द्वारा किया जाना चाहिए। वे भारत या विदेशों में कार्यरत उत्पादन कंपनियों को अपनी खोजें बेचने में समर्थ होने चाहिए। बाद में किसी बिंदु पर अगर विदेशी शक्तियों द्वारा भारत को प्रौद्योगिकी प्रदान नहीं की जाती, तब ये उत्पाद एक आरक्षित बैकअप का काम भी करेंगे।

तीसरा, और समानांतर, क़दम रक्षा और आंतरिक सुरक्षा सेवाओं की नई आवश्यकताओं को पूरा करने के लिए छोटे-छोटे प्रगतिशील सुधारों के माध्यम से धीरे-धीरे मौजूदा प्रणालियों में सुधार लाना होगा। ये प्रगतिशील सुधार, जो सैकड़ों में हो सकते हैं, भारत की रक्षा और आंतरिक सुरक्षा प्रणालियों को कहीं ज़्यादा चुस्त, सतर्क और उन्नत बनाएंगे। यह प्रयास वास्तविक उपभोक्ताओं, अर्थात रक्षा सेवाओं, गुप्तचर सेवाओं और आंतरिक सुरक्षा सेवाओं के निकट सहयोग में उद्योगों द्वारा पूरा किया जाना चाहिए।

चौथा क़दम भूराजनीतिक दृष्टिकोण के साथ एक भारत-विशिष्ट सुरक्षा प्रणाली की बारीकियों को निर्धारित और सीमांकित करना होगा, जैसे चीन ने प्रशांत महासागर आधारित हमलों से अपने बचाव में किया है। भारत के देखने

के लिए कुछ अहम क्षेत्र घुसपैठ को रोकने के लिए भूमि सीमा सुरक्षा, पूर्वी तटीय क्षेत्रों की सुरक्षा, खाड़ी क्षेत्र में प्रवेश करने वाले भारतीय जहाज़ों को सुरक्षा देने के लिए अरब सागर में दस्यु गतिविधियों के ख़िलाफ़ कार्रवाई, हिंद महासागर पर निगरानी रखा जाना आदि हो सकते हैं। यह निर्णय कि प्राथमिकता वाले क्षेत्र कौन से हैं, राजनीतिक नेतृत्व और रक्षा एवं सुरक्षा सेवाओं द्वारा लिया जा सकता है। डीआरडीओ एवं अन्य वैज्ञानिक संगठनों को सामरिक सेवाओं और अन्य शेयरधारकों के निकट सहयोग के साथ इस दिशा में आगे बढ़ना होगा।

पांचवां क़दम रक्षा और आंतरिक सुरक्षा प्रणाली के लिए भारत में परिकल्पित और भारत में डिज़ाइन की गई एक नवीन प्रणाली पर काम करना होगा। इसे कोई बहुत विशाल प्रणाली होने की ज़रूरत नहीं है; शायद मौजूदा प्रणाली में एक सब-सिस्टम जोड़ना ही बाज़ी बदल सकता है। इसके लिए राष्ट्रीय प्रयोगशालाओं और भारतीय उद्योग के अनुसंधान एवं विकास खंड से सूत्र मिलना चाहिए। इन नवीन खोजों की मुस्तैदी से रक्षा करनी होगी और उनके बौद्धिक संपत्ति अधिकार को सावधानीपूर्वक बचाना होगा।

अगर द्रोण कार्य योजना की सभी पांचों 'उंगलियां' एक साथ और निष्ठा पूर्वक आरंभ हो जाती हैं तो एक दशक में, 2025 तक, हम आसानी से द्रोण क्रांति हासिल कर लेंगे। कार्य योजना भारत को पूरी तरह रूपांतरित कर सकती है और विश्व के फलक पर इसे विश्व अग्रेता के रूप में स्थापित कर सकती है; जैसा डॉ. कलाम कहते हैं, 'ताक़त, ताक़त की इज़्जत करती है।'

व्यापक राष्ट्रीय सुरक्षा

मगर यह पर्याप्त नहीं है। एक और क्षेत्र जिसमें हमें बहुत तेज़ी से आगे बढ़ना है, वह बचाव, सुरक्षा और अप्रिय हमलों के अपने सभी आयामों के साथ साइबर सुरक्षा है। इस मोर्चे पर हमारी सतर्कता केवल रक्षा, आंतरिक सुरक्षा और प्रशासनिक प्रणालियों तक ही सीमित नहीं रह सकती। साइबर सुरक्षा की ज़रूरत हर नागरिक को है—यह रेलवे बुकिंग सिस्टम, नेट बैंकिंग कार्यों, जन मनोरंजन सिस्टम, सोशल मीडिया प्रोफ़ाइल, और सैकड़ों दूसरी चीज़ों पर लागू होती है जिनसे आम नागरिक नियमित रूप से जुड़ा रहता है। हमें कोई कार्य योजना तैयार करनी होगी जो प्रत्येक नागरिक को साइबर सुरक्षा की गारंटी दे।

भारत ने साइबर सुरक्षा के क्षेत्र में छोटे-छोटे क़दम उठाए हैं जो पर्याप्त नहीं

हैं। साइबर सुरक्षा का क्षेत्र इतनी तेज़ी से बदल रहा है कि सरकार को इसके साथ गति बनाए रखने के लिए किसी तेज़ धावक की सी चुस्ती और मैराथन धावक की सी दृढ़ता चाहिए होगी।

प्रत्येक भारतवासी द्वारा सुरक्षित महसूस करने और विकास के फलों का आनंद लेने के लिए द्रोण क्रांति और साइबर सुरक्षा में तेज़ गति की कार्य योजना महत्वपूर्ण हैं।

हम इस अध्याय को डॉ. कलाम द्वारा 14 अगस्त, 2006 को, भारत के साठवें स्वतंत्रता दिवस की पूर्वसंध्या पर राष्ट्र के नाम दिए संदेश में से लिए एक छोटे से उद्धरण के साथ समाप्त करेंगे।

> त्वरित राष्ट्रीय विकास के लिए लोगों द्वारा एक-दूसरे के साथ सहयोग करने के लिए देश के सब हिस्सों में शांतिपूर्ण और सामंजस्यपूर्ण परिस्थितियां अनिवार्य हैं। मगर हमारी भौगोलिक सीमाओं के पार से, आतंकवाद और हिंसा से, और तेज़ी से कम़ होते प्राकृतिक संसाधनों से उत्पन्न होने वाले अभावों से शांति के लिए चुनौतियां खड़ी हो रही हैं। सुरक्षा की एक व्यापक, एकीकृत प्रणाली सुनिश्चित करने के लिए जिसमें चार बड़े अंग हों: क्षेत्रीय सुरक्षा, आंतरिक सुरक्षा, ऊर्जा सुरक्षा एवं आर्थिक सुरक्षा—ये गतिशील चुनौतियां विशेष उपायों की मांग करती हैं।
>
> सुरक्षा का एक महत्वपूर्ण पक्ष आंतरिक सुरक्षा है जो सारे देश और विश्व का ध्यान आकर्षित कर रहा है। कम क्षमता के छद्म युद्ध और आतंकवाद का सतत ख़तरा राष्ट्रीय जीवन का एक चिंताजनक पहलू बन गया है। यह युद्ध का नया रूप गढ़ता है। यह हम सबके लिए अत्यंत चिंता का विषय है। इसलिए मैं आपके सामने अपने विचार रख रहा हूं कि हम किस तरह इस चुनौती का सामना कर सकते हैं और इस ख़तरे को मिटाने का संकल्प ले सकते हैं।
>
> राज्य के स्तर पर, समन्वित निर्णय लेने की वृहत्तर और अधिक प्रभावी क्षमता सबसे मूलभूत आवश्यकता है। वैयक्तिक स्तर पर, पारंपरिक मूल्यों के प्रति अधिक सम्मान और अपने परिवार और शिक्षकों के प्रति प्रेम और सम्मान, पास-पड़ोस और समुदाय की सेवा, सत्ता के प्रति सहनशीलता जैसे सामाजिक दायित्वों का भाव

अब पूरी तरह से अनिवार्य हो गए हैं। सर्वोपरि, एक राष्ट्र के रूप में हमें, व्यक्तियों और विशेषकर संस्थाओं को, एक दूसरे के साथ सहयोग करने की अतिरिक्त क्षमता, इसके द्वारा अपने कार्य और व्यक्तिगत संबंध सुधारने की आवश्यकता है। यद्यपि क़ानून, पुलिस कैडर, ख़ुफ़िया एजेंसियों और न्यायिक प्रणाली के रूप में हमारे पास बुनियादी ढांचा है, फिर भी एक आचरण संहिता के साथ आवश्यक आधुनिकीकरण के साथ हमें उन्हें सुदृढ़ करना होगा। प्रत्येक नागरिक, प्रत्येक समूह, प्रत्येक धर्म एवं प्रत्येक राजनीतिक एवं कार्यकारी प्रणाली को बिना किसी बाधा के क़ानून को कार्य करने देना चाहिए।

अध्याय-13

शिक्षा का रूपांतरण

शिक्षा किसी राष्ट्र के विकास और समृद्धि का सबसे महत्वपूर्ण तत्व है। भारत स्वयं को एक विकसित देश में बदलने की प्रक्रिया में है। मगर फिर भी हमारे यहां पैंतीस करोड़ लोग ऐसे हैं जो शिक्षित नहीं हैं और उनसे भी कहीं ज़्यादा ऐसे हैं जिन्हें उदीयमान आधुनिक भारत और वर्तमान वैश्विक प्रवाह में फ़िट होने के लिए रोज़गारपरक योग्यताएं हासिल करने की ज़रूरत है।

हमारे समाज के कमज़ोर वर्गों के बच्चे कुपोषित हैं, और उनमें से एक बहुत छोटा-सा प्रतिशत ही आठ वर्ष की संतोषजनक शिक्षा पूरी कर पाता है। हमें विशेष रूप से उनके बारे में ही सोचना है। शिक्षा प्रत्येक भारतीय बच्चे का बुनियादी अधिकार है। क्या हम ऐसी स्थिति को जारी रहने दे सकते हैं जिसमें लाखों बच्चे आजीवन ग़रीबी में रहने के लिए मजबूर हैं? आवश्यकता इस बात की है कि माता-पिता किसी भी निकटवर्ती विद्यालय में जा सकें, अपने बच्चों को वहां भरती करवा सकें और इस विश्वास के साथ घर लौट सकें कि उनके बच्चों को अच्छी और मूल्य-आधारित उत्तम शिक्षा प्राप्त होगी। विकलांग बच्चों को भी समान रूप से केंद्रित ध्यान दिए जाने की ज़रूरत है। इस तरह के महत्वपूर्ण मुद्दों के मद्देनज़र, और अपनी ऐतिहासिक मानसिकता से निकलने के लिए भी, भारत में एक प्रभावी और स्व-नवीकरणीय शैक्षिक प्रणाली होना आज की ज़रूरत है। इस तरह की

प्रणाली वास्तव में सभ्यताओं के जीवित रहने और विकसित होने के लिए आधारभूत है।

अब हम विस्तार से शिक्षा से जुड़े मुद्दों को संबोधित करना और कुछ सुझाव देना चाहेंगे जिन्हें लागू करने पर विचार किया जा सकता है।

शैक्षिक संसाधनों तक पहुंच की असमानता

विभिन्न कारणों से शैक्षिक संसाधनों तक असमान पहुंच अभी भी विद्यमान है। उदाहरण के लिए, हमने अपने गांवों में तीन क़िस्म के परिवार देखे हैं। सौभाग्यशाली परिवार वे हैं जो किसी भी क़ीमत पर अपने बच्चों को शिक्षित करने का महत्व समझते हैं और सभी महत्वपूर्ण मोड़ों पर उनका मार्गदर्शन करते हैं; आर्थिक रूप से सुदृढ़ होने के कारण वे ऐसा कर पाने में समर्थ होते हैं। फिर ऐसे परिवार होते हैं जो शिक्षा के महत्व को तो समझते हैं, लेकिन जिन्हें अवसरों के बारे में पता नहीं होता, ना ही वे इन अवसरों को अपने बच्चों को उपलब्ध करवाने की प्रक्रियाओं और तरीक़ों के बारे में जानते हैं। एक तीसरी श्रेणी के परिवार भी होते हैं जो आर्थिक रूप से कमज़ोर होते हैं और शिक्षा के मूल्य को भी नहीं जानते; इसलिए पीढ़ियों से उनके बच्चे उपेक्षित हैं और ग़रीबी में जीते चले आ रहे हैं।

यह आवश्यक है कि हम समाज के सभी वर्गों को जानकारी प्रदान करें और शिक्षा की व्यापक जागरूकता का निर्माण करें, ख़ासकर ग्रामीण क्षेत्रों में और शहरी ग़रीब वर्ग में। इस महत्वपूर्ण सामाजिक उद्देश्य के लिए हमें टेक्नोलॉजी का प्रयोग करना चाहिए। जागरूकता पैदा करने के लिए ग़ैर सरकारी संगठनों, अन्य सामाजिक एवं मानवतावादी संस्थाओं और मीडिया के लिए इस क्षेत्र पर फोकस करना संभव है। सुविधाओं से वंचित वर्ग को शिक्षा उपलब्ध करवाने के लिए हमें आवश्यक संसाधनों का भी इस्तेमाल करना चाहिए। अब आगे के मार्ग पर विस्तार से चर्चा करते हैं।

शिक्षा का मिशन

पिछले सड़सठ वर्ष से एक के बाद एक आई सरकारें सबके लिए शिक्षा का राष्ट्रीय लक्ष्य प्राप्त करने के लिए प्रतिबद्ध रही हैं और उन्होंने शिक्षा के लिए बजट की राशि में निरंतर वृद्धि की है। मगर, हमारी वयस्क जनसंख्या के पैंतीस प्रतिशत को अभी भी साक्षरता प्राप्त करनी है। हमारे सकल घरेलू उत्पाद के प्रतिशत के

रूप में शिक्षा पर व्यय का हमारी साक्षरता पर सीधा प्रभाव पड़ता है। भारत में आज शिक्षा पर हमारा व्यय हमारे सकल घरेलू उत्पाद का चार प्रतिशत से कुछ ही अधिक है। अगर हमें लगभग सौ प्रतिशत साक्षरता प्राप्त करनी है तो यह आवश्यक है कि शिक्षा पर व्यय को बढ़ाकर सकल घरेलू उत्पाद का लगभग छह से सात प्रतिशत किया जाए। दो से तीन प्रतिशत की इस वृद्धि को केवल कुछ साल बनाए रखना होगा। इसके बाद, इस देश में साक्षरता के उच्च स्तर को बनाए रखने के लिए शिक्षा पर सकल घरेलू उत्पाद के कम प्रतिशत का आवंटन भी पर्याप्त होगा।

स्पष्ट रूप से, शिक्षा के मिशन के लिए सकल घरेलू उत्पाद के अतिरिक्त दो से तीन प्रतिशत को जुटाने की चुनौती केंद्र एवं राज्य सरकारों द्वारा किए सार्वजनिक व्यय मात्र से पूरी नहीं की जा सकती। यहीं हमें इस नेक उद्देश्य के लिए अतिरिक्त संसाधन उत्पन्न करने होंगे। शिक्षा पर व्यय, चाहे वह केंद्र में हो या राज्यों में, केवल विशिष्ट मंत्रालयों या मानव संसाधन विकास विभागों द्वारा ही उपलब्ध नहीं करवाया जा सकता। वास्तव में, मानव संसाधन विकास संस्थाओं के हिस्सेदार के रूप में प्रत्येक विभाग को एक महत्वपूर्ण भूमिका निभानी होगी, और संपूर्ण राष्ट्र को उत्तम शिक्षा उपलब्ध करवाने के मिशन को क्रियान्वित करने के लिए बजट एवं बुनियादी सुविधाओं के संदर्भ में संसाधनों का योगदान करना होगा।

सरकारी संसाधनों को बढ़ाने के लिए सारे कॉरपोरेट सैक्टर को कुछ कॉरपोरेट लीडरों द्वारा रखे गए उदाहरणों का अनुकरण करना होगा जिन्होंने राष्ट्रीय स्तर पर फ़र्क़ पैदा करने के लिए शिक्षा पर ध्यान केंद्रित किया है। कॉरपोरेट सैक्टरों द्वारा शिक्षा के लिए एक समग्र राष्ट्रीय मिशन के तहत देश के विभिन्न क्षेत्रों को अपनाया जा सकता है। यह क्रियाविधि कॉरपोरेटों को सक्षम करे कि वे अभिनव खोजें करने और सीधे परिणाम प्रदान करने के लिए स्वतंत्र हों।

अच्छी शिक्षा के लिए योजना

वरीयता प्राप्त विद्यालय की धारणा जो आज हमारे पास है, वह विशिष्ट गुणवत्ता और शिक्षण के मापदंडों के परिणामस्वरूप प्राप्त हुई है। सभी विद्यालयों में शिक्षण की उच्च गुणवत्ता बनाने की ज़रूरत है। नियमित विद्यालय में प्रवेश लेते समय बच्चे को प्रतियोगितात्मक बनाने के लिए प्रारंभिक शिक्षा की भी आवश्यकता है—ग्रामीण क्षेत्रों में भी। ग्रामीण क्षेत्रों में ऐसे स्कूल चलाने के लिए ग़ैर सरकारी संगठन

और कॉरपोरेट सैक्टर अहम भूमिका निभा सकते हैं। इसके अलावा समृद्ध माता-पिता, जो व्यय वहन कर सकते हैं, एक निश्चित संख्या में ग्रामीण बच्चों के लिए प्राथमिक विद्यालय की शिक्षा का भार उठा सकते हैं।

जब डॉ. कलाम ने भारत के राष्ट्रपति के रूप मे उत्तर प्रदेश के इटावा शहर का दौरा किया था, तो कक्षा दस के एक छात्र मास्टर कुलदीप यादव ने उनसे निम्नलिखित प्रश्न पूछा था :

> गांव भी प्रतिभाओं से संपन्न हैं लेकिन सुविधाएं केवल क़स्बों/शहरों में उपलब्ध हैं। क्या आपने इन बच्चों के लिए भी कुछ योजना बनाई है ताकि वे गांवों में ही अच्छी शिक्षा प्राप्त कर सकें?

हमें इस समस्या को संबोधित करना होगा, जिसके बहुआयाम हैं। विद्यालयों में बुनियादी सुविधाओं की अनुपलब्धता, विद्यालयों में पढ़ाए जाने वाले पाठ्यक्रम की समस्या और उत्तम शिक्षकों की अनुपलब्धता है।

रोज़गार के अवसरों की राष्ट्रीय व्यापकता होने के कारण पाठ्यक्रमों को इस प्रकार से बनाना चाहिए कि वे बदलती सामाजिक ज़रूरतों को पूरा कर सकें, उदीयमान व्यवसायों की ज़रूरतों को पूरा कर सकें, और छात्रों में शैक्षिक योग्यताओं के साथ ही उच्च नैतिक मूल्यों का संचार भी कर सके। उत्तम शिक्षा प्रदान करना केवल उत्तम शिक्षकों के माध्यम से ही संभव है। शिक्षक को प्रतिबद्ध होना होगा, शिक्षण और बच्चों के प्रति उसमें प्रेम हो, और उसे प्रभावी शिक्षण के लिए आवश्यक सारे ज्ञान से युक्त होना होगा। शिक्षक का आत्मसम्मान ऊंचा होना चाहिए और उसमें बच्चों का आदर्श बनने का गुण होना चाहिए। कार्य-निष्पादन पर आधारित प्रतियोगितात्मक पुरस्कार का भी कुछ अंश होना चाहिए। निरंतर अद्यतन की गई टेली-शिक्षा प्रणाली द्वारा प्रदान किए जाने वाले एक व्यापक शिक्षक शिक्षा कार्यक्रम के माध्यम से देश भर में योग्यता निर्माण करना होगा। इसे कॉरपोरेट सैक्टर के साथ मिलकर सरकार एवं शैक्षिक संस्थानों के संकाय द्वारा मूल्य-संवर्धित सेवाएं प्रदान करके पूंजीबद्ध एवं क्रियान्वित किया जा सकता है।

इस बात की फ़ौरी ज़रूरत है कि हरेक विद्यालय में मूलभूत सुविधाएं हों जैसे एक अच्छी लाइब्रेरी, नवीनतम आईटी उपकरणों और बुनियादी सुविधाओं से युक्त प्रयोगशालाओं के अलावा हवादार, रोशन और बड़ी-बड़ी कक्षाओं से सुसज्जित अच्छी इमारत, सुरक्षित पेयजल, स्वच्छ शौचालय और खेल के मैदान। ये सब संभव है अगर हम सकल घरेलू उत्पाद का अतिरिक्त दो से तीन प्रतिशत

शिक्षा के लिए निर्धारित कर दें।

बच्चों को विद्यालय में बनाए रखना

बताया जाता है कि कक्षा पांच तक की पढ़ाई करने के बाद 39% प्रतिशत बच्चे विद्यालय जाना छोड़ देते हैं और कक्षा आठ के बाद 55% बच्चे पढ़ाई छोड़ देते हैं। इस स्थिति में सुधारात्मक कार्रवाई करनी होगी, ख़ासकर तब जब संविधान के 86वें संशोधन को अनुमति दी जा चुकी है: पांच से चौदह वर्ष की आयु के बच्चों के लिए शिक्षा के अधिकार का क़ानून। लेकिन कोई क़ानून मात्र ही तब तक लक्ष्य को प्राप्त नहीं कर सकता जब तक कि इस तरह से शिक्षा प्रदान न की जाए जो उन लोगों की सामाजिक-आर्थिक वास्तविकता और दृष्टिकोण को ध्यान में रखे जिन्हें वह प्रदान की जा रही है। बच्चों को विद्यालय में आकर्षित करने के अलावा शिक्षा प्रणाली को बच्चों को पोषण प्रदान करने और उनमें रचनात्मकता का संचार करने में सक्षम होना चाहिए। शिक्षा प्रणाली का उद्देश्य बच्चों में चरित्र और मानव मूल्यों का निर्माण करना, प्रौद्योगिकी के माध्यम से सीखने की क्षमता को बढ़ाना, और आत्मविश्वास का निर्माण करना है ताकि वे भविष्य का सामना कर सकें।

कर्नाटक में लागू किया गया एक शैक्षिक मॉडल कंप्यूटर साधनों का इस्तेमाल करके सीखने की तीव्र क्षमता प्रदान करता है ताकि कंप्यूटरों के माध्यम से बच्चे उन्नत एनिमेशन उपकरणों से सीखने का रचनात्मक अनुभव प्राप्त कर सकें। अध्ययन का यह समग्र रूप जब प्राथमिक चरण में ही पैठ जाएगा, जिसमें सीखने की एक सुखद प्रक्रिया और अनुकूल मूल्यांकन होता है, भागीदारों द्वारा स्वैच्छिक अध्ययन की ओर ले जाएगा।

परीक्षा प्रणाली में सुधार

अनेक बच्चे और उनके माता-पिता अत्यधिक प्रवेश परीक्षाओं की शिकायत करते हैं जिनमें बच्चों को स्कूल, कॉलेज, यूनिवर्सिटी और व्यावसायिक कोर्सों में दाख़िला लेने के लिए बैठना पड़ता है। वास्तव में हमारे नौजवान नागरिकों पर यह एक भारी बोझ है। साथ ही, इससे प्रवेश परीक्षाओं के लिए छात्रों को तैयार करने के लिए ट्यूशनों और कोचिंग संस्थाओं की बाढ़ आ गई है। यूनिवर्सिटियों और व्यावसायिक कॉलेजों में प्रवेश के लिए हमें एक सामान्य अखिल भारतीय परीक्षा

की योजना बनानी होगी जिसे सरकार द्वारा नामांकित संस्थान द्वारा आयोजित किया जाए। परीक्षा को इस तरह से निर्धारित करना होगा ताकि कोई कोचिंग कोर्स सुविधा-संपन्न छात्रों को अनावश्यक लाभ प्रदान न कर सके। प्रवेश परीक्षाओं में योग्यता आकलन की प्रवृत्ति अधिक होनी चाहिए।

परीक्षा मूल्यांकन और रिपोर्टिंग की एक ज़्यादा पारदर्शी और विश्वसनीय प्रणाली की मांग उठती है। यह देखा गया है कि आजकल की परीक्षाएं मुख्यत: छात्रों की याद्दाश्त की परीक्षा लेती हैं। 1950 के दशक में, हमारी खुली पुस्तक की परीक्षाएं होती थीं, जो वास्तव में छात्रों के लिए परीक्षा को मुश्किल बना देती थीं। हमारा सुझाव है कि परीक्षा संगठन परीक्षाओं के लिए खुली-पुस्तक प्रणाली लाने पर विचार करें। इससे प्रश्नपत्र बनाते समय शिक्षकों की रचनात्मकता को बढ़ावा मिलेगा और छात्रों की रचनात्मक क्षमता का भी आकलन किया जाएगा। एक सुदृढ़ परीक्षा प्रणाली समय की मांग है।

परीक्षा संगठनों को एक विश्वसनीय मूल्यांकन प्रणाली बनानी चाहिए और समय से परिणाम घोषित करने चाहिए। मूल्यांकन प्रक्रिया में परीक्षकों को प्रमाणित करने के लिए परीक्षा संगठनों को विशेष प्रशिक्षण आयोजित करने होंगे। परीक्षा संगठनों को श्रेष्ठ पद्धतियां विकसित करनी होंगी और अपनी मूल्यांकन प्रणाली के लिए उत्तम सत्यापन प्राप्त करना होगा।

प्रौद्योगिकी-संवर्धित शिक्षा

विज्ञान और प्रौद्योगिकी के कुछ क्षेत्रों में ज्ञान के तेज़ी से अप्रचलित हो जाने के साथ ही समय और स्थान के प्रतिबंधों ने विभिन्न संस्थाओं के विभिन्न कोर्सों के लिए दूरस्थ मोड की बहुत भारी मांग पैदा कर दी है। एक क्रियाशील डिजिटल लाइब्रेरी प्रणाली की भी आवश्यकता है जो स्वयं ही, दीर्घावधि में, एक ज्ञान समाज के लिए आवश्यक पहुंच प्रदान कर सकती है। प्रौद्योगिकी-संवर्धित अध्ययन एक हल है। यह सूचना और संचार प्रौद्योगिकी में तीव्र विकास का लाभ उठाने की कोशिश करता है। जब संचार बैंडविड्थ का बढ़ना और कंप्यूटर शक्ति के मूल्य का गिरना जारी है तो प्रौद्योगिकी-संवर्धित अध्ययन आर्थिक रूप से व्यवहार्य हल बन जाएगा। टेली-शिक्षा प्रदान करने की प्रणालियों के माध्यम से भविष्य की आभासी कक्षाएं अनेक स्थानों पर मौजूद छात्रों को भौगोलिक रूप से बंटे हुए शिक्षकों की टीम द्वारा शिक्षित करेंगी।

रोज़गार निर्माण

हमारी रोज़गार निर्माण प्रणाली ने शिक्षित नौजवानों के अंतर्प्रवाह के साथ तालमेल नहीं रखा है। शिक्षा को और अधिक आकर्षक बनाने और साथ ही साथ रोज़गार संभाव्यता उत्पन्न करने के लिए एक त्रिसूत्री रणनीति की आवश्यकता है।

सबसे पहले, शिक्षा प्रणाली को उद्यमिता के महत्व को रेखांकित करना होगा और कॉलेज के समय से ही छात्रों को उद्यम स्थापित करने की दिशा में जाने के लिए तैयार करना होगा। कार्य में योग्यताओं और दृष्टिकोणों की विविधता एक उद्यमी का निर्माण करती है। इसके साथ ही, कॉलेज पाठ्यक्रमों में, कला, विज्ञान और कॉमर्स विषयों में भी, ऐसे विषय और प्रैक्टीकल सम्मिलित होने चाहिए जिनमें इस प्रकार की उद्यमिता संभव हो।

दूसरे, बैंकिंग प्रणाली को प्रत्याशित उद्यमियों को नए उद्यम स्थापित करने के लिए गांव के स्तर से ही उद्यम पूंजी प्रदान करनी चाहिए। बैंकों को पारंपरिक 'भौतिक आस्ती' सिंड्रोम को परे रखकर, युवा उद्यमियों द्वारा धनार्जन को सक्षम बनाने के लिए नवीन उत्पादों को सहयोग देने में सक्रिय रहना होगा।

तीसरे, बिक्री योग्य उत्पादों के निर्माण और लोगों में क्रय शक्ति बढ़ाने के लिए आर्थिक बल होना होगा। यह अति-विशाल कार्यक्रमों जैसे ग्रामीण संयोजकता, नदीयों का क्षेत्रीय संपर्क, बुनियादी सुविधाओं के मिशन, विद्युत मिशन और पर्यटन, को लागू करने के द्वारा संभव हो सकता है।

ज़रूरत है कि हमारी शिक्षा प्रणाली उच्च मूल्य और उत्पादक रोज़गार अवसरों पर ध्यान दे और उस दिशा में चालित हो। हाल का एक अध्ययन दर्शाता है कि देश में बेरोज़गारी का स्तर नौ प्रतिशत है; और भारत में चालीस करोड़ लोग रोज़गार पाने योग्य हैं, बेरोज़गार लोगों की संख्या लगभग 36 करोड़ है। हम रतनजोत जैसे पौधों से बायो-डीज़ल उत्पादन, और खेती के लिए चिह्नित 33 हैक्टेयर उपलब्ध बंजर भूमि में शुष्क भूमि खेती और जड़ी-बूटियों की खेती जैसे कुछ विशिष्ट मिशन लांच करके निश्चय ही इन सभी 36 करोड़ लोगों के लिए लाभकारी रोज़गार तलाश सकते हैं।

वाई.एस. राजन की पुस्तक *वे बियांड द थ्री आर'स* के अपने प्राक्कथन में डॉ. कलाम ने शिक्षा के संदर्भ में रोज़गार के मिशन को संक्षेप में इस प्रकार बताया है :

> ग्रेजुएशन के वर्षों में छात्रों को आर्थिक और सामाजिक रूप से सार्थक विशेषज्ञताओं की शिक्षा दी जानी चाहिए। इसी प्रकार सैकेंडरी स्कूल के दौरान छात्रों को सार्थक दक्षताओं में पारंगत करना चाहिए।
>
> जब तक छात्रों की शिक्षा पूरी हो, उनमें यह विश्वास आ जाना चाहिए कि वे रोज़गार बाज़ार में फ़िट हो सकते हैं। कुछ मामलों में, वे रोज़गार इच्छुक के बजाए रोज़गार उत्पादक भी बन सकते हैं।[1]

निष्कर्ष

अंततः, अपने वास्तविक अर्थ में शिक्षा सत्य की खोज है। ज्ञान और शिक्षा के माध्यम से यह एक अंतहीन यात्रा है। इस तरह की यात्रा मानवता के विकास की नई संभावनाएं उजागर करती है जिनमें संकीर्णता, असंतुलन, ईर्ष्या, नफ़रत या शत्रुता के लिए कोई स्थान नहीं होता है। यह एक इंसान को एक संपूर्ण इकाई, नेक आत्मा और संसार के लिए एक मूल्यवान धरोहर में परिवर्तित कर देती है। अपने वास्तविक अर्थ में सार्वभौमिक बंधुत्व इस प्रकार की शिक्षा का केंद्र बनता है। असली शिक्षा इंसान की गरिमा को बढ़ाती है और उसके आत्मविश्वास में बढ़ोतरी करती है। अगर प्रत्येक व्यक्ति द्वारा शिक्षा के वास्तविक अर्थ को ही समझा और मानव गतिविधि के हर क्षेत्र में आगे ले जाया जा सके तो दुनिया जीने के लिए कहीं बेहतर स्थान बन जाएगी।

पुनः *वे बियांड द थ्री आर'स* के प्राक्कथन से डॉ. कलाम को उद्धृत करें तो अच्छी शिक्षा प्रणाली का अंतिम बिंदु यह होना चाहिए कि:

> सोचने और कार्य करने की अत्यंत उच्च क्षमंता वाले लोगों को रचनात्मक जोखिम लेने के पर्याप्त अवसर दिए जाने चाहिए। उन्हें आवश्यकता है तो अधिक स्वतंत्रता की और एक ऐसी प्रणाली की जो साहसी विचारों का समर्थन करती है और उन्हें दंडित नहीं करती।

भारत में शिक्षा का मिशन एक बुनियाद प्रदान करना है ताकि प्रबुद्ध नागरिकों का निर्माण सुनिश्चित हो सके जो भविष्य में भारत को एक समृद्ध, ख़ुशहाल और सुदृढ़ राष्ट्र बनाएंगे।

अध्याय 14

उभरती प्रौद्योगिकियां
बराबरी करना और आगे निकलना

पिछले अध्यायों में हमने बात की थी कि भारत कृषि, निर्माण, शिक्षा और स्वास्थ्य जैसे क्षेत्रों में विश्व में कहां खड़ा है, और हम घरेलू आवश्यकताओं और मांगों को पूरा करने में कहां हैं। हमने उन अवसरों पर भी बात की जो हमने खो दिए हैं और जो समस्याएं अभी हमारे सामने हैं। इस क़वायद का कारण यह सुनिश्चित करना है कि हम अपनी पिछली ग़लतियों को न दोहराएं और तरक़्क़ी के पथ पर आगे बढ़ें।

एक राष्ट्र के रूप में, हम ज़रा सी शुरुआती सफलता से बहुत जल्दी आत्मसंतुष्ट हो जाते हैं, और यह भूल जाते हैं कि अपने उद्देश्यों की पूर्ति करने से पहले हमें अथक परिश्रम करना है। हम अपनी मामूली सी कामयाबियों पर ख़ुश होकर अपनी पीठ थपथपाने में लग जाते हैं, और ख़ुद को बेहतर बनाने के बहुत से अवसरों को व्यर्थ जाने देते हैं। अगर 1970 के दशक से अब तक खोए गए अवसरों में से आधों को भी हमने यूंही न जाने दिया होता, तो भारत अब तक भूल चुका होता कि ग़रीबी क्या होती है। हमें दक्षिण कोरिया के उदाहरण से सीख लेनी चाहिए, जो 1970 में भारत की तुलना में कहीं अधिक बदहाल था, लेकिन देखें कि उन्होंने उसके बाद से कैसी ज़बरदस्त तरक़्क़ी की है।

1991 में आर्थिक उदारीकरण ने ही भारत को काम पर लग जाने के लिए

प्रेरित किया। उसके तुरंत बाद टैक्नोलॉजी विज़न 2020 के द्वारा उठाए गए क़दमों ने प्रगति और विकास के लिए एक महत्वाकांक्षी राह तैयार की। अगर सरकार और उद्योगों द्वारा विज़न 2020 में रेखांकित किए गए तरीक़ों, दिशाओं और कार्यक्रमों का पालन किया गया होता, तो आज 2014 में हम बाक़ी दुनिया के 'बराबर आने' की बात नहीं कर रहे होते। पिछले दो दशकों में हम दुनिया के बराबर आ चुके होते और आगे बढ़ने के तरीक़े खोज रहे होते, जिस तरह चीन ने किया। हम भारत को वर्ष 2020 तक एक विकसित देश बनाने की परियोजना के आख़री दौर पर काम कर रहे होते, और पहले शुरू कर दी गई प्रक्रियाओं को पूरा करने में लगे होते। भारत में हज़ारों नवीन शुरुआतें हो चुकी होतीं और अब तक विकसित हो चुके ज्ञान-कौशल परितंत्र की वजह से दुनिया भर के देश भारत को अपना आधार बना रहे होते। सारी दुनिया के उद्यम पूंजीपति भारत पर मंडरा रहे होते, और हमारी अर्थव्यवस्था शक्तिशाली होती।

यह सब कुछ अब एक सपने जैसा लगता है। भारत ने लगातार दस वर्षों तक स्थिर दस प्रतिशत की सकल घरेलू उत्पाद वृद्धि दर प्राप्त करने के लिए विज़न 2020 उपक्रम द्वारा सुझाए गए तुलनात्मक रूप से कठिन मार्ग का अनुसरण नहीं किया।

मगर, 1991 से, उतार-चढ़ावों से भरी सकल घरेलू उत्पाद विकास दरों के बीच भी भारत ने बहुत से क्षेत्रों में तेज़ प्रगति की है।

आइए, भारत की उपलब्धियों पर एक नज़र डालते हैं। विकसित-इंडिया विज़न 2020 ने उत्तरोत्तर आने वाली सरकारों के तहत बहुत धीमी प्रगति की है। आज, भारत ने कृषि उत्पादकता को बढ़ाने में, प्रति व्यक्ति आय को बढ़ाने और आईटी और आईटी-सक्षम सेवाओं के निर्यात को 86 खरब डॉलर से ऊपर ले जाने में महत्वपूर्ण प्रगति की है। फ़ार्मा उद्योग बढ़कर 15 खरब डॉलर का व्यापार हो गया है; 2014 में 28 लाख वाहनों के उत्पादन के साथ भारतीय ऑटोमोबाइल उद्योग विश्व में तीसरा सबसे बड़ा ऑटोमोबाइल उद्योग हो गया है; 90 करोड़ प्रयोक्ताओं के साथ भारत दुनिया का दूसरा सबसे बड़ा मोबाइल फ़ोन प्रयोक्ता बन गया है; *चंद्रयान 1* से हमने चांद पर खोज की है और वहां पानी पाया। इसके अतिरिक्त, अनेक लेन की सड़कों और आधुनिक हवाई अड्डे के इंफ्रास्ट्रक्चर जैसे ग्रामीण और शहरी विकास मिशनों के अंग के रूप में बड़े पैमाने के इन्फ्रास्ट्रचर निर्मित किए गए हैं; बारहमासी ग्रामीण सड़कें विकसित की जा रही हैं। भारत में वर्तमान साक्षरता दर 74.04% (2012 में) है। भारत के स्वास्थ्यरक्षा क्षेत्र के

लगभग 40 खरब डॉलर बढ़ने की अपेक्षा की जा रही है और 2015 तक स्वास्थ्यरक्षा की उत्तम बुनियादी सुविधाएं अठारह राज्यों में पहुंच जाएंगी। हम देश के सभी नागरिकों को स्वच्छ हरित ऊर्जा और सुरक्षित पेयजल उपलब्ध करवाने की आकांक्षा कर रहे हैं।

इस विकास के साथ, हमें आकलन करना होगा कि 1990 के दशक में हमने जो महत्वाकांक्षाएं की थीं, उनके संदर्भ में हम कहां हैं, और उपलब्धियों में कहां कमी रह गई है। अब समय है कि हम यह जांच करने के लिए एक समीक्षा मिशन शुरू करें कि कहां कमी रह गई थी और ऐसे तरीक़े सुझाएं जिनसे प्रगति में तेज़ी ला सकें, ताकि 2020 और उसके बाद भारत ग़रीबी मुक्त, सौ प्रतिशता साक्षरता युक्त, सबके लिए स्वास्थ्यसेवा, सबके लिए मूल्य-प्रणाली से युक्त उत्तम शिक्षा, और प्रत्येक नागरिक के लिए उसकी शिक्षा और व्यावसायिक योग्यताओं के अनुरूप मूल्य-संवर्धित रोज़गार देने वाला विकसित देश बन सके।

इसे टेक्नो-आर्थिक कार्यक्रम के रूप में करना होगा जिसमें केंद्रीय एवं राज्य सरकारों के लिए स्पष्ट निर्देश हों और एक सशक्त, योग्य और त्वरित प्रशासनिक शासन प्रणाली हो। समीक्षा को अर्थशास्त्रियों को समर्थ करना होगा कि वे सकल घरेलू उत्पाद वृद्धि को मौजूदा 45 प्रतिशत से बढ़ाने के लिए काम करें और वैज्ञानिक एवं टेक्नोलॉजिस्ट ऐसे तरीक़े निर्धारित करें जिनसे वे अभीष्ट वृद्धि प्राप्त कर सकें और उस वृद्धि को वर्ष 2020 तक और उसके बाद भी बरक़रार रख सकें।

वे नीतियां जो स्थिर आर्थिक विकास को प्राप्त करने के लिए आवश्यक हैं, इस प्रकार हैं:

- स्थायी और समावेशी आर्थिक नीतियां बनाना।
- उन पुराने, आदिम क़ानूनों, नियमों, नियामकों और प्रक्रियाओं को छोड़ना जो अड़चनें डालने वाली और प्रकृति से निष्कर्षणीय हैं।
- परियोजनाएं पारित करने के लिए एकल खिड़की सुविधा केंद्र का निर्माण करना जिसमें उत्तरदायित्व और सेवा की गुणवत्ता के पैरामीटर तय हों।
- सख़्त कर-संरचनाओं को हटाना ताकि उद्योग और सेवा क्षेत्र फल-फूल सकें और लोग बचत करने के लिए प्रोत्साहित हों।
- मंत्रालयों का पुनर्गठन करना और उन्हें पुनराकार देना और तीव्र एवं

सक्षम प्रशासन उपलब्ध करवाने के लिए एक सुरक्षित, गतिशील कार्य-प्रगति-आधारित ई-गवर्नैंस लागू करना।

- कृषि खाद्य प्रसंस्करण स्थापित करना ताकि कृषि उत्पाद में मूल्य संवर्धन के साथ ईकोसिस्टम को मार्केट किया जा सके।
- छोटे और मंझोले उद्यमों और योग्यता विकास को सशक्त करने के लिए एक भारतीय औद्योगिक निवेश ईकोसिस्टम का निर्माण करना ताकि कृषि खाद्य प्रसंस्करण, उद्योग और सेवा क्षेत्र में और अधिक रोज़गार उत्पन्न हो सके।
- मॉड्युलर सौर फ़ार्मों और समुद्रीजल विलवणीकरण संयंत्र स्थापित करने के लिए एक समर्थकारी माहौल का निर्माण करना।
- चीनी उत्पादन बढ़ाने और तेल के आयात को कम करने के लिए एथेनॉल नीति को तुरंत क्रियान्वित करने की घोषणा करना।
- अन्य चीज़ों के साथ ही, कॉरपोरेट कर रिआयतों के साथ पर्यटन, आतिथ्य और ग्रामीण क्षेत्र के विकास को सक्रिय करना और प्राप्य लक्ष्यों के साथ रोज़गार के और अधिक अवसर उत्पन्न करना।

अगले दस वर्षों के लिए स्थायित्व के साथ इस विकास दर को प्राप्त करने के लिए हमें अपने मज़बूत पक्षों, अपनी मूलभूत क्षमताओं और रचनात्मक नेतृत्व के अपेक्षित स्तरों को खोजना होगा जो अगले दशक में हमें उपलब्ध हो सकें। हमारी मुख्य मूलभूत क्षमता कृषि है। इसलिए एक दीर्घकालिक आर्थिक बुनियादी ढांचे को बनाने के लिए हमें कृषि और संबंधित क्षेत्रों के साथ शुरू करना होगा।

एक वर्ष में 265 करोड़ टन खाद्य का उत्पादन करके भारत पहले ही खाद्य सुरक्षा हासिल कर चुका है। वर्ल्ड इकोनॉमिक फ़ोरम की रिपोर्ट के अनुसार, पिछले कुछ वर्षों में खाद्य असुरक्षा और विश्व आर्थिक संकट ने दीर्घकालिक कृषि प्रणालियों को विकसित करने की फ़ौरी ज़रूरत को रेखांकित किया है। लगभग एक अरब लोगों—विश्व भर में छह में से एक व्यक्ति—को पर्याप्त भोजन और पोषण उपलब्ध नहीं है। 2050 तक, विश्व की जनसंख्या नौ अरब से ज़्यादा हो जाएगी और कृषि उत्पादों की मांग दोगुनी हो जाएगी। आर्थिक रूप से कहें तो इसके आकार, विश्व में इसकी खपत और इस तथ्य को देखते हुए कि खाद्य सुरक्षा हम सबकी बुनियादी ज़रूरत है, कृषि खाद्य क्षेत्र किसी भी अन्य क्षेत्र से ज़्यादा

संभावनापूर्ण है। कृषि में भारत की पिछली उपलब्धियों को देखते हुए, 2020 तक प्रति वर्ष 35 करोड़ खाद्य उत्पादन करने के लिए उसे अब दूसरा क्रांति मिशन लांच करना चाहिए। हमें कृषि संबंधित निर्माण, उद्योग और सेवा क्षेत्र मिशनों के साथ संयुक्त करके एक समेकित कृषि और खाद्य प्रसंस्करण मिशन लांच करना चाहिए। हमारा अंतिम लक्ष्य 2050 तक विश्व के कृषि खाद्य बाज़ार के कम से कम चालीस प्रतिशत भाग को हासिल करना होना चाहिए। इसके लिए लगभग 50 अरब डॉलर का वार्षिक निवेश आवश्यक होगा और यह अनेक संबंधित क्षेत्रों के विकास को आवश्यक बना देगा। इस मिशन को संभव बनाने के लिए, हमें एक समर्थकारी आर्थिक बुनियादी संरचना का निर्माण करना होगा।

दीर्घकालिक विकास के संकेतक हैं प्रति व्यक्ति ऊर्जा, जल, कोयला और इस्पात की खपत। इन संघटकों की खपत किसी भी राष्ट्र की विकासात्मक स्थिति के प्रत्यक्ष अनुपात में होती है। हमारी आर्थिक नीतियों को इन तत्वों के हमारे प्रयोग को विश्व औसत तक और उससे ज़्यादा बढ़ाने में मदद करनी चाहिए ताकि विकास लाया जा सके।

- इस्पात: अपने आयातों को कम करने के लिए हमें लौह अयस्क को इस्पात में परिवर्तित करना, और इस प्रक्रिया में 2020 तक इस्पात की हमारी प्रति व्यक्ति खपत को दस गुणा, यानी 67 करोड़ टन, बढ़ाना होगा।
- कोयला: कोयले की प्रति व्यक्ति खपत में भारत विश्व में पच्चीसवें स्थान पर है, जबकि चीन पहले स्थान पर है। संसदीय क़ानूनों के माध्यम से क़ानूनी बाधाओं को दूर करके और अपने संसाधनों के सक्षम प्रयोग के लिए पारदर्शी और सक्रिय नीतियों का अनुपालन करके 2020 तक हमें अपना कोयले का उत्पादन और खपत सात गुणा बढ़ाकर 200 करोड़ टन करना होगा।
- ऊर्जा: हमारा मिशन 2030 तक ऊर्जा के क्षेत्र में आत्मनिर्भरता हासिल करना, देश को जीवाश्म-ईंधन पर निर्भरता से मुक्त करना होना चाहिए। 2011 में भारत की प्रति व्यक्ति ऊर्जा खपत 684 केडब्ल्यूएच थी; 2020 तक हमें इसे कम से कम पांच गुणा बढ़ाना होगा। हाई-वोल्टेज पावर ग्रिड के निर्माण के साथ ही, उत्पन्न की जा रही ऊर्जा का लाभकारी तरीक़े से प्रयोग और संचरण एवं वितरण के नुक़सानों को

कम करना पूर्णतया अनिवार्य है।

- जल: भारत में, प्रति व्यक्ति प्रति दिन जल की खपत 135 लीटर है। जल की प्रति व्यक्ति उपलब्धता लगातार कम हो रही है और 2011 की जनगणना तक कम होकर 1545 क्युबिक मीटर रह गई है। 2025 तक इसमें 1340 क्युबिक मीटर की तेज़ गिरावट आ जाएगी और 2050 तक और कम होकर 950 क्युबिक मीटर रह जाएगी। भारत को अपनी भंडारण क्षमता को सुधारने के लिए योजना बनानी होगी जो वर्तमान में मात्र 200 क्युबिक मीटर प्रति व्यक्ति है। चुनौती जल प्रबंधन प्रणालियों और व्यवहारों को पहचानना है जिनसे उपलब्धता बढ़ेगी। प्रति व्यक्ति जल उपलब्धता का लक्ष्य 2025 तक 2500 क्युबिक मीटर, और 2050 तक और बढ़कर 5000 क्युबिक मीटर होना चाहिए। ऐसा मुमकिन बनाने के लिए हमें बाढ़ के 1500 अरब क्युबिक मीटर पानी को नियंत्रित करने और उसे हमारे 15,000 किमी लंबे जलमार्गों में प्रवाहित करने के लिए एक दक्ष जलमार्ग ग्रिड मिशन लांच करना होगा जो सभी बड़े बांधों में वर्ष में दो बार से ज़्यादा पानी की आपूर्ति करेगा।

इन उपलब्धियों और प्रस्तावित दीर्घकालिक आर्थिक विकास योजनाओं और नीतियों के साथ अब हम उभरती प्रौद्योगिकियों पर महारत हासिल करने के उत्तेजनापूर्ण क्षेत्र पर नज़र डालेंगे, ताकि 2025 के बाद, हम सिर्फ़ दुनिया के बराबर पहुंचने की कोशिश में न लगे रहें बल्कि वैश्विक लीडर के रूप में अपनी उपस्थिति दर्ज करा सकें।

कृषि

विश्व में सर्वश्रेष्ठ के बराबर पहुंचने और अपनी पूर्ण संभावनाओं को पूरा करने के लिए कृषि क्षेत्र में हमारे लिए ये काम करने आवश्यक हैं।

1. आधुनिक कृषि-विज्ञान प्रथाओं के द्वारा *सारी कृषि योग्य भूमि का उत्पादन बढ़ाएं।* आरंभ में मिट्टी का परीक्षण करें ताकि उर्वरकों और सूक्ष्म पोषक आदानों को ज़मीन में पैदा की जाने वाली फ़सल की क़िस्मों से मैच किया जा सके। इस विधि ने विज़न 2020 के प्रोजेक्टों के माध्यम से बिहार में कृषकों के जीवन सफलतापूर्वक बदल डाले

हैं। स्वर्गीय सी. सुब्रह्मण्यम द्वारा स्थापित नेशनल एग्रो फ़ाउंडेशन तमिलनाडु में मिट्टी का परीक्षण करती है और किसानों को कृषि संबंधित सलाह देती है। कृषि को प्रौद्योगिकी द्वारा बदल देने के लिए भारत को ऐसी सौ संस्थाएं चाहिए।

2. *वर्षा-मुक्त खेती।* यह विभिन्न तरीक़ों से किया जाएगा जिनमें फ़ोकस बीज बोने से लेकर पौधा बनने और उसके बाद तक के चरण तक पानी की उपलब्धता पर रहेगा। उद्देश्य है पौधों को पूरे समय पानी की कमी से बचाना। सूक्ष्म-सिंचाई, ड्रिप सिंचाई, झील सिंचाई इत्यादि कुछ ऐसी विधियां हैं जिनका इसके लिए प्रयोग किया जा सकता है। कई स्थानों पर प्रयुक्त पानी की पुनर्चक्रीकरण और पुन:प्रयोग और साथ में वर्षा जल के संचय से मदद मिलेगी। कुछ स्थानों पर भूजल के चयनात्मक उपयोग की भी आवश्यकता पड़ सकती है। सैटेलाइट रीमोट सैंसिंग विधियां और साथ ही जीआईएस (ज्योग्राफ़िक इन्फ़ॉर्मेशन सिस्टम) भी सारे भारत में ज़मीन की आर्द्रता की स्थिति पर नज़र रख सकते हैं।

3. *प्रति हेक्टेयर उत्पाद बढ़ाएं* और भारत के अधिकतर भागों की वर्तमान क्षमता को दोगुना करें। यदि फ़सलों के सही आवर्तन के साथ ऊपर दिए गए (1) और (2) को पूरा किया जा सके, तो अधिकतर कृषि योग्य भूमि में दो या तीन तक भी फ़सलें पैदा करना संभव है। इस बिंदु पर जीएम फ़सलों को भी तेज़ी से आरंभ किया जा सकता है। अगर ऐसा किया गया, तो भारत में कृषि का उत्पाद तेज़ी से बढ़ेगा।

4. *कृषि-उत्पादों को निर्यात और मार्केटिंग की आज़ादी दें।* बढ़ा हुआ उत्पादन सीधे तौर पर उपभोक्ताओं और किसानों को लाभ पहुंचाएगा, लेकिन सिर्फ़ तभी जबकि मार्केट करने की आज़ादी पर मौजूदा पाबंदियों को हटा लिया जाए। हमें आक्रामक रूप से निर्यात करने की भी आवश्यकता है; इसके लिए किसानों को सरकार और कॉरपोरेट क्षेत्र से विशेष सहायता की ज़रूरत पड़ेगी।

5. *बेहतर पशु स्वास्थ्य प्रदान करें।* कृषि क्षेत्र के भाग के रूप में, पशुचिकित्सा एक ऐसा क्षेत्र है जिस पर तुरंत ध्यान दिए जाने की आवश्यकता है। हालांकि भारत में पशुचिकित्सा केंद्रों का एक बहुत

विशाल नेटवर्क है, लेकिन उनकी सेवाएं बहुत ख़राब हैं। बेहतर होगा कि इनमें से कुछ केंद्र भारतीय एग्रो इंडस्ट्रीज़ फ़ाउंडेशन (बीएआईएफ़) जैसे सक्रिय संगठनों को सौंप दिए जाएं। पशु स्वास्थ्य से संबंधित कुछ काम को निजी हाथों में भी दिया जा सकता है। इसी तरह मछली पालन और मुर्ग़ी पालन केंद्रों के विस्तार की आवश्यकता है ताकि बढ़ती हुई घरेलू ज़रूरत को पूरा किया जा सके और निर्यात बाज़ार में पैठ बनाई जा सके।

6. *कृषि बुनियादी सुविधाओं में सुधार करें।* ऊपर दिए गए सारे बिंदुओं को विभिन्न प्रकार की बुनियादी सुविधाओं की ज़रूरत है—खेतों से और खेतों तक सड़कें, भंडारण सुविधाएं, कुछ चीज़ों के लिए एयर-कंडीशंड भंडारण, परिवहन सुविधाएं इत्यादि, और ज़ाहिर है, बिजली, साथ ही अब के बाद से ब्रॉडबैंड कनेक्टिविटी। सरकार को प्रयोक्ताओं पर पाबंदियों भरी शर्तें लागू किए बिना ये सुविधाएं देने के लिए आगे आना चाहिए। कुछ काम निजी क्षेत्र या विदेशी निवेशकों द्वारा भी किया जा सकता है।

7. गांवों और क़रीबी छोटे शहरों में *कृषि-खाद्य संसाधन और कृषि-अपशिष्ट संसाधन उद्योगों को बढ़ावा दें।* ये कृषि सुधारों के लिए महत्वपूर्ण हैं क्योंकि बड़ी संख्या में ऐसे लोगों को जो वित्तीय रूप से कृषि पर निर्भर हैं, उनकी भूमि निर्भरता से हटाकर उन्हें कृषि बुनियादी सुविधाओं, कृषि-उद्योग, खुदरा, परिवहन, भंडारण, पर्यटन और निर्माण जैसे अधिक आय वाले क्षेत्रों में लाना चाहिए जहां वे आसानी से सामंजस्य बिठा सकते हैं।

8. जब ऊपर के सातों बिंदु जड़ जमा लें और लोग बदलाव देखना शुरू कर दें, तो खंडित भूमि को बड़ी कंपनियों या निजी क्षेत्र के सहकारी विभागों द्वारा चलाए जाने का बड़ा कृषि सुधार आंदोलन आरंभ किया जाए। जो लोग अपनी ज़मीन बेच दें या लंबी अवधि के पट्टे पर दें, उन्हें कंपनियों में शेयर दिए जाने का अतिरिक्त विकल्प दिया जाए। यह प्रक्रिया 2020 के लगभग आरंभ की जा सकती है और यह भारत को उच्च-विकास और वैश्विक प्रतिस्पर्धात्मक कृषि के अगले चरण में ले जा सकती है। इससे कृषि में समृद्धि आएगी और बहुत से युवा

उद्यमी कृषि क्षेत्र (पशुपालन और वानिकी सहित) की ओर एक व्यवसाय के रूप में आकर्षित होंगे। वे 'कृषिद्यमी' होंगे और अन्य क्षेत्रों के उद्यमियों जितना ही कमाएंगे।

निर्माण

कृषि को मुक्ति तभी मिल सकती है जबकि कृषि पर बड़ी तादाद में निर्भर रहने वाले लोगों को निर्माण क्षेत्र में जज़्ब किया जा सके। दुनिया की बराबरी करने और सारी घरेलू ज़रूरतों की पूर्ति करने के लिए भारतीय निर्माण क्षेत्र के सामने तीन चुनौतियां हैं।

1. ग्रामीण और शहरी क्षेत्रों से बड़ी आबादी को उत्पादक गतिविधियों में शामिल करने के लिए और घरेलू व निर्यात आवश्यकताओं को पूरा करने के लिए *छोटे स्तर के, अपेक्षाकृत सामान्य कौशल वाले मीडियम एंड स्मॉल मैन्युफ़ैक्चरिंग एंटरप्राइज़ेज़ (एमएसएमई) बनाएं।*
2. *निर्माण के मध्यम और उच्च-तकनीक क्षेत्रों में तेज़ी पकड़ें* (सामग्री, मशीनों और उत्पादी माल से लेकर इलेक्ट्रॉनिक्स और ऑप्टेइलेक्ट्रॉनिक्स तक)। भारत में निर्माण क्षेत्र को लगभग एक चौथाई शताब्दी तक उपेक्षा का सामना करना पड़ा है, विशेषकर उदारीकरण के बाद। इलेक्ट्रॉनिक्स, टेलीकॉम इत्यादि के कई क्षेत्रों में भारत को 'अनौद्योगिक्रीकृत' कर दिया गया है। हमें कई दशकों की उपेक्षा की भरपाई करनी है।
3. *(1) और (2) के परे निर्माण के कई उभरते क्षेत्रों में जाएं।* इन क्षेत्रों में चीन और मलेशिया जैसे देशों ने काफ़ी प्रगति की है और भारत को वहां तक पहुंचने के लिए बहुत काम करना है। इन क्षेत्रों में भारत को, उन्नत सामग्री के अतिरिक्त, उच्च जानकारी गहनता और उससे भी बढ़कर कंप्युटिंग और ऑटोमेशन सिस्टम में समन्वय की आवश्यकता है। ऐसे क्षेत्र न केवल इलेक्ट्रॉनिक्स या एरोनॉटिक्स में हैं बल्कि बिजली उत्पादन, खनन, वस्त्र और बायोमेडिक्स इत्यादि में भी मौजूद हैं।

हमने इनमें से कई क्षेत्रों पर पहले विस्तार से बात की है। यहां हम निर्माण के कुछ ऐसे महत्वपूर्ण क्षेत्रों पर बल देना चाहेंगे जिनमें भरपाई करना ज़रूरी है।

1. इलेक्ट्रॉनिक्स क्षेत्र में 1970 के दशक से ही खोए हुए अवसरों का इतिहास रहा है। होमी भाभा और विक्रम साराभाई के द्वारा इसे भविष्य के लिए एक महत्वपूर्ण क्षेत्र बताए जाने के नतीजे में केंद्र सरकार में एक विशेष विभाग बनाया गया। दुर्भाग्य से, उद्योग को प्रोत्साहन देने के बजाए यह विभाग उभरते हुए उद्योगों के लिए एक भयानक नियंत्रक बन गया। नतीजतन भारत ने इस मैदान में लगभग चालीस साल का संचयी अनुभव खो दिया, और स्थिति यह है कि भारत के प्रक्षेपण यानों या मिसाइलों में यद्यपि लगभग सारे तत्व देसी हैं, लेकिन फिर भी हमें अनेक विदेशी इलेक्ट्रॉनिक पुर्जों पर निर्भर रहना पड़ता है। कंप्यूटर क्षेत्र, फ़ाइबर ऑप्टिक्स और बायोमैडिकल उपकरणों की तरह हमारे दूरसंचार क्षेत्र भी पूरी तरह आयात पर निर्भर हैं।
   विदेशी खिलाड़ियों के बराबर आना कठिन है और इसमें बहुत वर्ष लग सकते हैं। भारत को उन लोगों को विशेष प्रोत्साहन पैकेज देने चाहिए जो सभी इलेक्ट्रॉनिक और ऑप्टोइलेक्ट्रॉनिक आइटमों—उपकरणों और फ़िटिंग से लेकर सिस्टम तक—के लिए ग्रीनफ़ील्ड परियोजनाएं बनाने में भारत में निवेश करें। भारत को इलेक्ट्रॉनिक उत्पादों, उपकरणों और सामग्री इत्यादि में विदेशी बहुराष्ट्रीय कंपनियों द्वारा अनुसंधान एवं विकास केंद्रों की स्थापना को विशेष प्रोत्साहन देना चाहिए। इन्हें स्पेशल इलेक्ट्रॉनिक्स एक्सपोर्ट ज़ोन्स (एसईईज़ेड) में बनाया जा सकता है। रक्षा क्षेत्र में विदेशी प्रत्यक्ष निवेश भी इलेक्ट्रॉनिक्स उद्योग पर विशेष ध्यान दे सकता है, क्योंकि रक्षा इलेक्ट्रॉनिक्स भारत में हाई-तकनीक के इलेक्ट्रॉनिक्स उद्योगों को बढ़ावा देगा।
2. वस्त्र, चर्म, कृषि-खाद्य संसाधन इत्यादि जैसे परंपरागत क्षेत्रों में भारत में मशीनों के निर्माण का लक्ष्य बनाने की ज़रूरत है। इसे आरंभ करने के लिए बहुत से आयातित सामान की ज़रूरत पड़ेगी लेकिन लगभग एक दशक के समय में उनमें से ज़्यादातर भारत में बनने लगेंगे।
3. भारी मशीनरी, उत्पादी माल इत्यादि के क्षेत्र में भारत ने अपनी बढ़त खो दी है। पूरी दिल्ली मेट्रो ट्रेन आयातित है। भारत में राजमार्ग और ऊंची इमारतें बनाने में इस्तेमाल होने वाली ज़्यादातर मशीनें आयातित हैं; हम किसी भारतीय कंपनी का नाम ज़्यादा से ज़्यादा मार्केटर या

एसेंब्लर के रूप में देखते हैं। मशीन टूल क्षेत्र 80 फ़ीसदी आयात पर निर्भर है। यहां तक कि कई कृषि मशीनों को भी प्रौद्योगिकी में अद्यतन की आवश्यकता है। विभिन्न प्रोत्साहनों का प्रयोग करके अनेक विदेशी मशीन निर्माता कंपनियों को भारत आने और ग्रीनफ़ील्ड परियोजनाएं शुरू करने या फिर भारतीय कंपनियों के साथ संयुक्त उपक्रम शुरू करने के लिए आकर्षित करना चाहिए। उन्हें आकर्षित करने के लिए भारत को अपने ऊपर से 'बिज़नेस करने के लिए सबसे कठिन देश' का ठप्पा हटाना होगा।

4. बराबरी पर आने की प्रक्रिया के भाग के रूप में, भारत को 2020 तक भारत की सीमाओं के अंदर वैश्विक पैमाने पर काम कर रही लगभग दस मेगा मैन्युफ़ैक्चरिंग इंडस्ट्रीज़ (एमएमआई) बनाने का उद्देश्य सामने रखना चाहिए। ज़रूरी नहीं है कि इन सभी के मालिक भारतीय हों; उनका स्वामित्व विदेशी हो सकता है या फिर वे संयुक्त उपक्रम हो सकते हैं। ऐसी कंपनियों के लिए काम कर रहा विशाल भारतीय कार्यबल 2020 के बाद के वर्षों में भारत के लिए एक बड़ी बढ़त होगी।

प्राकृतिक संसाधन

स्वामी विवेकानंद ने भारतीयों को फटकारा था कि बस 'लकड़ी काटने और पानी खींचने वाले' न बनें। उन्होंने इस बात की आवश्यकता पर बल दिया था कि वे मूल्य-शृंखला में ऊपर चढ़ें। भारत के पास बहुत से खनिज संसाधन हैं, लेकिन अफ़सोस कि हम बस अयस्कों के निष्कर्षक और कच्चे अयस्कों के निर्यातक रहे हैं। हम अपनी घरेलू ज़रूरतों के लिए कोयले और लोहे के अयस्कों का आयात करते हैं।

हमें पूरी तेज़ी के साथ अपने खनन उद्योग में नए सिरे से जान डालने की आवश्यकता है। इससे भारतीय कार्यबल के लिए रोज़गार के भी अच्छे अवसर पैदा होंगे। हमें आवश्यकता है कि:

1. सुरक्षित खनन विधियां अपनाएं
2. भारत में मूल्य संवर्धन बढ़ाएं, विशेषकर खानों के निकट क्योंकि यह स्थानीय लोगों को अधिक आय वाले रोज़गार भी देगा

3. वर्तमान अक्षम सार्वजनिक क्षेत्र खनन कंपनियों का पुनर्गठन और निजीकरण होने दें, और
4. विदेशी निवेशकों को भारत में अधिक मूल्य संवर्धन पर फ़ोकस के साथ आने के लिए प्रोत्साहित करें।

ऊपर दिए गए बिंदुओं पर तेज़ी से कार्यान्वयन के अतिरिक्त, हमें और अधिक खनिज संसाधन ढूंढ़ने के लिए व्यापक सर्वेक्षण भी करने चाहिए। कई विशेषज्ञों का मानना है कि भारत ने अपनी खनिज संपदा की संभावना की पूरी खोज और उसका सर्वेक्षण नहीं किया है। जिन तत्वों की खोज पर विशेष रूप से ध्यान देना चाहिए, उनमें लैंथेनाइड और यूरेनियम के स्रोत प्रमुख हैं।

बुनियादी सुविधाएं

यह एक ऐसा क्षेत्र है जिसके क्रियान्वयन में चहुंमुखी धीमापन है। हमें चाहिए कि :

1. वर्तमान स्वीकृत प्रोजेक्टों में तेज़ी लाएं।
2. प्रतीक्षारत प्रोजेक्टों की सारी बाधाओं को दूर करके और पर्यावरण संबंधी मुद्दों के व्यावहारिक समाधान ढूंढ़कर उन प्रोजेक्टों को आगे बढ़ाएं। एक विशेष शक्तिशाली तंत्र की स्थापना की जा सकती है जो विस्थापित व्यक्तियों की जायज़ शिकायतों का निवारण कर सके और सरकारों द्वारा पहले किए गए वादों का निपटान कर सके।

सड़कें और 24 घंटे बिजली अत्यंत महत्वपूर्ण हैं। रेलमार्ग और अंतर्देशीय व तटीय जलमार्ग बुनियादी सुविधाओं की वृद्धि में सहायक होते हैं। हमें अधिक से अधिक जलमार्ग आरंभ करने चाहिए—छोटे-छोटे भी। हमें द्वितीय विश्व युद्ध के दौरान बनाए गए पुराने छोटे हवाई अड्डों का भी पुनरोद्धार करना चाहिए; इससे कई प्रथम श्रेणी के शहर भी हवाई मार्गों से जुड़ जाएंगे।

यह सब करने के साथ ही, हमें यह भी ध्यान में रखना चाहिए कि हम रेल कोच, मेट्रो, वायुयान, जलमार्ग उपकरण इत्यादि को प्रोत्साहन देकर भारतीय निर्माण क्षेत्र की सहायता करें।

भारतीय बुनियादी सुविधाओं के क्षेत्र का पुनरोद्धार करते समय हमें इस पर भी नज़र रखनी चाहिए कि विदेशी और घरेलू पर्यटकों को आकर्षित करने और भारत को पर्यटन केंद्र बनाने के लिए क्या करना चाहिए। पर्यटन भारतीयों के लिए

एक बहुत बड़ा रोज़गार प्रदाता बन सकता है और यह भारत की अर्थव्यवस्था को उछाल देगा; पर्यटन में तरक़्की के साथ आतिथ्य, स्वास्थ्य सेवा, सुरक्षा और अन्य उद्योग भी प्रगति करेंगे।

जैव विविधता

हमने अपनी जैव विविधता के संरक्षण, और उससे भी महत्वपूर्ण, इससे कोई स्थायी व्यावसायिक लाभ लेने के लिए, बहुत कम काम किया है। विज़न 2020 के दस्तावेज़ों में तटीय समुद्री संसाधनों के प्रयोग पर विस्तारपूर्वक चर्चा की गई थी। इसी प्रकार हमारे हर्बल संसाधनों के खनन और उन्हें उच्च-मूल्य व्यापार के लिए प्रयोग करने की भी आवश्यकता है, जिस प्रकार दक्षिण-पूर्व एशियाई देशों द्वारा किया गया है।

रसायन

सरकार और उद्योगों को टैक्नोलॉजी विज़न 2020 दस्तावेज़ों के आधार पर मिशन कैमिस्ट्री आरंभ करना चाहिए; हमने अध्याय में कई कार्रवाई बिंदुओं पर प्रकाश डाला है। 2020 तक विश्वस्तर पर पहुंचने और बाद में विश्व में अग्रणी बनने के लिए रसायनों का ज्ञान हमारा फ़ोकस होना चाहिए।

ज्ञान अर्थव्यवस्था

यह अत्यंत चिंता का क्षेत्र है। अभी भारत में कंप्यूटिंग सेवाएं बहुत अच्छी हैं, लेकिन विस्तार करने और सारे भारतीयों तक पहुंचने की कोशिश में इस क्षेत्र को जल्दी ही गंभीर समस्याओं का सामना करना पड़ सकता है। इसका कारण कंप्यूटर हार्डवेयर में आयात पर गंभीर निर्भरता है। सारे नीति उपायों में फ़ोकस होना चाहिए ताकि 2020 तक अधिकतर महत्वपूर्ण निर्माण भारत में ही हो, चाहे विदेशी कंपनियों द्वारा या संयुक्त उपक्रमों द्वारा या भारतीय उद्योगों द्वारा। यह बराबरी तक आने की रणनीति का पहला भाग होगा।

भारत के लिए एक अन्य कमज़ोरी यह है कि हमारे यहां कोई ऐसी बड़ी स्वामित्व प्रणाली या एप्लिकेशन सॉफ़्टवेयर नहीं है जिसे सारी दुनिया में इस्तेमाल किया जाता हो। हमारी बराबर आने की रणनीति के दूसरे भाग के रूप में, 2020 तक व्यावसायिक रूप से विक्रय होते हमारे कम से कम से दस भारतीय सॉफ़्टवेयर उत्पाद होने चाहिए।

उसके बाद का अगला क़दम भारत में गूगल, माइक्रोसॉफ़्ट, नोकिया और एपल जैसी पांच कंपनियों की स्थापना होगा।

अपशिष्ट प्रबंधन

वर्तमान परिस्थिति को 2020 तक एक बीती बात बनाने के लिए हमारे पास एक तीन भाग की कार्य योजना होनी चाहिए।

1. सारे महानगरों, शहरों और क़स्बों में पूर्ण कचरा निपटान, ताकि शहरी भारत पूरी तरह कचरा-मुक्त हो सके।
2. कम से कम आधे शहरी भारत और गंगा और यमुना जैसी बड़ी नदियों के अंतर्वाह में अपशिष्ट जल का पुनर्चक्रीकरण और पुनर्प्रयोग। हमें कम से कम तीस प्रतिशत अधिक सिंचित कृषि क्षेत्रों में व्यर्थ जल के पुनर्चक्रीकरण का प्रयास करना चाहिए।
3. भारत के अधिकतर भागों में कम से कम 50 प्रतिशत अपशिष्ट को खाद, पशुओं/पक्षियों के चारे या ऊर्जा जैसे उपयोगी उत्पादों में बदलें।

स्वास्थ्यसेवाएं

1. इस क्षेत्र में बराबरी पर आने का सबसे बड़ा मिशन मोबाइल डायग्नोस्टिक क्लीनिकों को 2020 तक 100 प्रतिशत क्षमता के साथ काम करने के लिए राष्ट्रीय ग्रामीण स्वास्थ्यसेवा योजना के अंतर्गत स्वीकृत कराना होना चाहिए।
2. इसी के साथ, हमें सारे टीकाकरण कार्यक्रमों में बिना आलस बरते तेज़ी लानी चाहिए।
3. हमें क़स्बों, झुग्गी बस्तियों और ग्रामीण क्षेत्रों में स्वच्छता सुविधाओं में सुधार लाना चाहिए, और यह प्रोजेक्ट 2020 तक पूरा हो जाना चाहिए।
4. अंत में, हमें स्वस्थ जीवनशैली और शारीरिक फ़िटनेस कार्यक्रमों के प्रति जागरूकता पैदा करनी चाहिए। हमारी जनसांख्यिकीय बढ़त का आधार हमारी विशाल युवा आबादी है, जिनके स्वास्थ्य पर भारत का भविष्य टिका है।

सुरक्षा

विकसित देशों और चीन जैसे देशों में इस क्षेत्र में जो करना आवश्यक है और जो किया जा रहा है, उसकी तुलना में भारत का सुरक्षा इन्फ़्रास्ट्रक्चर और सक्षम मानव संसाधन बहुत कम है। शेष संसार के बराबर आने के लिए बहुत कुछ किए जाने की ज़रूरत है। सबसे पहला क़दम यह होना चाहिए कि हम अपने आलस को दूर करें। सुरक्षा को मज़बूत बनाने के लिए जिस चीज़ की आवश्यकता है वह है एकीकृत प्रयास और निरंतर निगरानी। रक्षा सेवाएं, आंतरिक सुरक्षा और साइबर सुरक्षा सब ऐसे क्षेत्र हैं जिनमें हमें वर्तमान जानकारी का उपयोग करना चाहिए और आधुनिकीकरण करना चाहिए।

शिक्षा

यहां हमारा उद्देश्य सीखने वाली आबादी को अधिक विविधता और ज़्यादा विकल्प देना है, ताकि हम अधिक समावेशी हो सकें और एक बड़े शिक्षित, दक्ष कार्यबल का निर्माण कर सकें। इसे संभव बनाने के लिए:

1. सभी युवा और प्रौढ़ भारतीयों को समकालीन आर्थिक और सामाजिक कौशलों में दक्ष होने चाहिए।
2. ई-शिक्षा के प्रसार के लिए ब्रॉडबैंड कवरेज को बढ़ाने और गति देने की आवश्यकता है।
3. रटकर याद करने की परंपरा को रोकने और ज्ञान और दक्षता के आधार पर सीखने के तरीक़े को प्रोत्साहन देने के लिए हमें अपनी शैक्षिक सामग्री की समीक्षा करने की ज़रूरत है।

उभरते क्षेत्र

पाठक कह सकता है कि जब हमें इतने सारे क्षेत्रों में बराबरी पर आने की आवश्यकता है, तो अभी नए उभरते क्षेत्रों में संघर्ष करने की क्या ज़रूरत है?

वास्तविकता यह है कि ये उभरते क्षेत्र क्षितिज के परे नहीं हैं, जिन्हें केवल विशेष रूप से दूरदर्शी लोग ही देख सकते हैं। उन पर सारी दुनिया में प्रयोग हो चुके हैं; उनमें से कुछ को प्रयोगात्मक स्तर पर या प्रारंभिक व्यावसायिक स्तर पर आज़माया जा रहा है। अधिकतर प्रौद्योगिकियों पर कई पेटेंट आ चुके हैं। अगर हमने बहुत देर तक इंतज़ार किया, तो इन उभरते क्षेत्रों में बराबरी पर आना और

भी ज़्यादा मुश्किल हो जाएगा।

हम केवल कुछ उभरते क्षेत्रों पर नज़र डाल रहे हैं; इसका कारण यह है कि हमें अच्छी तरह शोध की गई ऐसी पर्याप्त रिपोर्टें या योजनाएं नहीं मिलीं जिनमें अगले बीस-पच्चीस वर्ष में भारत के लिए कोई कार्य योजना रेखांकित की गई हो।

लेकिन हमें अपने शोध के दौरान चीन के लिए एक रिपोर्ट मिली।[1] जैसा कि हमने *इंडिया 2020* में उल्लेख किया था, चीन ने भी अपनी विज़न 2020 क़वायद की थी जैसा कि तब उसके उपलब्ध दस्तावेज़ से ज़ाहिर होता था। यह बहुत विस्तृत थी और इसमें विस्तृत योजनाएं और हर पांच वर्ष के लिए संभावित लक्ष्य थे।

वर्तमान चाइना 2050 दस्तावेज़ भी उतना ही विस्तृत है। दस्तावेज़ का सार यह है कि 'चीन को आसन्न साइंस एंड टैक्नोलॉजी (एस एंड टी) क्रांति के लिए पूरी तरह तैयार रहना चाहिए' और इसमें चीन की आधुनिकीकरण प्रक्रिया के लिए एस एंड टी के नवीनीकरण की मांगें सूचीबद्ध हैं। इसमें अंतिम प्रयोगों या प्रयोक्ताओं के लिए परिचालन या व्यावसायिक अंतरण पर बल दिया गया है। प्रत्येक आइटम के लिए 2020, 2030 और 2050 वर्षों के लिए निश्चित लक्ष्य निर्धारित किए गए हैं।

बेशक भारत की आवश्यकताएं चीन से भिन्न हैं, विशेषकर अर्थव्यवस्था और शासन प्रणालियों में भिन्नताओं के कारण, लेकिन दोनों की प्रौद्योगिकीय आवश्यकताओं में कई महत्वपूर्ण समानताएं हैं, चाहे यह कृषि के क्षेत्र में हों या ऊर्जा के। अमेरिका के भी अनेक दस्तावेज़ हैं, ख़ासकर नेशनल एकेडमी ऑफ़ साइंस (एनएएस) और नेशनल एकेडमी ऑफ़ इंजीनियरिंग (एनएई) के, जो प्रौद्योगिकियों और भविष्य के व्यावसायिक अवसरों के एक विशाल क्षेत्र को कवर करता है, जिनमें से कुछ भारत के लिए भी प्रासंगिक हैं।

इस पृष्ठभूमि में हम कुछ उभरती हुई प्रौद्योगिकियों को सूचीबद्ध करना चाहेंगे जो भारत के लिए प्रासंगिक हैं, ताकि भारत विश्व स्तर पर प्रतिस्पर्धात्मक हो सके और सभी भारतीयों को एक बेहतर ज़िंदगी और बेहतर भविष्य की आशा मिल सके। इनमें से कुछ क्षेत्र हैं:

- कृषि में जैवप्रौद्योगिकीय अनुप्रयोग, जल तनाव प्रतिरोध को बेहतर बनाने, दालों और सब्ज़ियों के प्रोटीन अंश को बढ़ाने और कीट प्रतिरक्षा आदि के लिए विभिन्न आनुवंशिक रूप से संशोधित फ़सलें।

- जलवायु परिवर्तन प्रतिरोधी कृषि विधियां: पौधों की क़िस्में, कृषि विज्ञान प्रथाएं इत्यादि।
- क्षतिग्रस्त हो चुकी या हो रही भूमि को सुधारने के लिए मृदा जीवविज्ञान का उपयोग।
- वनों के विकास में तेज़ी लाने के लिए जैवप्रौद्योगिकी और अन्य जीववैज्ञानिक प्रथाएं।
- अक्षय ऊर्जा का एक बेहतर स्त्रोत प्रदान करने के लिए जैव ईंधन में वृद्धि।
- पारंपरिक कृत्रिम वीर्यारोपण और आनुवंशिक अभियांत्रिकी के प्रयोग द्वारा पशुओं की बेहतर क़िस्में।
- अंतर्देशीय जल मत्स्यों की उपज में सुधार।
- जैव विविधता की सुरक्षा, विशेषकर लुप्तप्राय या लगभग लुप्त पौधों, पशुओं, पक्षियों, कीटों इत्यादि को बचाने के लिए।
- शेल गैस की खोज और भारतीय ऊर्जा के लिए एक उपयोगी मिश्रण के रूप में इसका अध्ययन।
- अप्रत्याशित चक्रवात, सुनामी और जलवायु परिवर्तन के संभावित प्रभावों से तटीय क्षेत्रों का बचाव।
- टीआईएफ़एसी रिपोर्टों में उभरते उद्योगों के रूप में सूचीबद्ध कई रासायनिक उद्योग क्षेत्र जिन पर अध्याय 8 में चर्चा हुई थी।
- जैव प्रक्रमण और जैवोत्पाद।
- भू जल स्त्रोतों का पुनरोद्धार।
- उत्सर्जनों का पृथ्वी के पारिस्थितिकी तंत्र के एक पुनरोत्पादक भाग के रूप में प्रयोग करने के लिए कोयले का स्वच्छ स्वरूप और विधियों के साथ प्रयोग।
- भारतीय संदर्भ में अतिसूक्ष्म प्रौद्योगिकी के विभिन्न नए अनुप्रयोग।
- सभी भारतीयों तक संचार रिपोर्टें पहुंचाने के लिए अंतरिक्ष-आधारित प्रणालियों (ज़मीनी प्रणालियों के साथ) के कम लागत के नए अनुप्रयोग।
- भारतीय भाषाओं से अंग्रेज़ी में और इसके उलट, और भारतीय भाषाओं से विश्व की अन्य भाषाओं में सरल कंप्यूटर अनुवाद प्रणालियां।

- अन्य अनुप्रयोगों के लिए भारतीय पारंपरिक ज्ञान आधारों की खोज।
- निर्माण की विभिन्न अपशिष्ट न्यूनीकरण तकनीकें।
- कम लागत वाली सौर फ़ोटोवोल्टिक और सौर थर्मल प्रणालियां।
- अंतरिक्ष तक कम लागत पर पहुंच।
- अंतरिक्ष कचरा निवारण प्रणालियां।
- भारतीय पोतों के समुद्री माल के बचाव और सुरक्षा में वृद्धि।
- कम लागत वाले विभिन्न जराचिकित्सा उपकरण।
- युवा, अधेड़ और वृद्ध भारतीयों की बेहतर फ़िटनेस के लिए कम लागत वाले व्यायाम उपकरण।
- शहरी क्षेत्रों में बड़े भूखंडों का प्रयोग किए बिना कम लागत की आवास व्यवस्था।
- छोटे शहरों और गांवों में काम करने वाले डॉक्टरों और सहयोगी स्टाफ़ के ज्ञान और कौशल को बढ़ाने के लिए साइबर–आधारित प्रशिक्षण ताकि वे रोगियों का उपचार आत्मविश्वास के साथ कर सकें।
- आधुनिक कार्यबल के लिए आवश्यक लगभग 5000 क्षेत्रों (बढ़ई, प्लंबिंग, भोजन बनाने, नाई के काम और निर्माण क्षेत्र इत्यादि सहित) में भी इसी प्रकार का प्रशिक्षण।
- आम नागरिक के मन में सुरक्षा की भावना को बढ़ाने के लिए उपकरण।

यह सूची बहुत लंबी हो सकती है। हम निवेदन करना चाहेंगे कि भारतीय वैज्ञानिक, इंजीनियर, शिक्षाविद, व्यापारी, नीतिनिर्माता, विचारक और राजनीतिज्ञ मिलकर उन चुनिंदा क्षेत्रों की एक सूची बनाएं जो भविष्य में भारत के लिए वास्तविक रूप से प्रासंगिक होंगे। यह हमारी अपनी इंडिया 2050 योजना बनाने की दिशा में पहला क़दम होगा।

अध्याय–15

क्या भारत यह कर सकता है?

इंडिया 2020 के पश्चकथन में हमने कहा था:

> भारत एक अरब लोगों का देश है। एक राष्ट्र की प्रगति उसके नागरिकों की सोच पर निर्भर करती है। विचार ही हैं जिन्हें कार्यों में रूपांतरित किया जाता है। भारत को एक अरब लोगों के राष्ट्र की तरह सोचना होगा। युवा मस्तिष्कों को विकसित होने दें—विचारों से भरे, समृद्धि से भरे।

यह 1998 में लिखा गया था; तब से सोलह साल बीत चुके हैं। अब भारत 127 अरब लोगों का देश है और अभी भी जनसंख्या में बढ़ रहा है। *इंडिया 2020* की परिकल्पनाओं के अनुसार भारत को उससे कहीं ज़्यादा समृद्ध होना चाहिए था जितना कि वह आज है। वास्तविकता में, भारत के बड़े हिस्से को अभी समृद्धि देखनी है। 1998 में जन्मे बच्चे, जो अब सोलह साल के होंगे, अपने सामने एक अनिश्चित भविष्य देखते हैं। वे यह कहने की स्थिति में नहीं हैं कि छह साल की अवधि में, 2020 तक, वे एक विकसित देश के गर्वित नागरिक होंगे। भारत विकासशील देश, एक उभरती हुई अर्थव्यवस्था ही है।

इंडिया 2020 के पहले अध्याय में डॉ. कलाम ने वस्तुतः राष्ट्रीय समृद्धि के बाद की एक दूसरी परिकल्पना का ख़ाका खींचा था; वह एक विकसित भारत

की परिकल्पना थी। उन्होंने लिखा था:

> भारत बहुत लंबे समय तक विकासशील देशों की पंक्ति में खड़ा रहा है। आइए हम, सामूहिक रूप से, एक विकसित भारत की दूसरी राष्ट्रीय परिकल्पना बनाते हैं। मुझे विश्वास है कि यह बिल्कुल संभव है और 15-20 वर्ष की अवधि में पूरी हो सकती है।

2018 में, अब से चार वर्ष बाद, *इंडिया 2020* को पहली बार लिखे हुए बीस वर्ष हो जाएंगे। एक विकसित देश बनने का सपना दुखद रूप से केवल सपना ही रह गया है।

जब हमने *इंडिया 2020* लिखी थी, तो हमारी परिकल्पना, वास्तव में, वर्ष 2020 के बाद के विकास तक फैली हुई थी। यह आगे बढ़ने की राह थी जिसका हमने ख़ाका खींचा था :

> **2020 के आगे**
>
> 2020 तक विकसित स्तर प्राप्त करने का अर्थ यह नहीं है कि तब हम अपने गौरव में आराम से रह सकेंगे। अपने सभी नागरिकों के कल्याण के लिए यह एक अंतहीन दौड़ है। विकसित राष्ट्र की हमारी परिकल्पना के भीतर समय का यह तत्व भी एकीकृत है। अनेक सन्निहित दक्षताओं और ज्ञान और तेजस्वी मनों से युक्त लोग ही इस तरह की दीर्घावधि की परिकल्पनाओं के लिए तैयार हो सकते हैं। हमारा विश्वास हैं कि अपने नागरिकों को ऐसी स्थिति तक पहुंचने के लिए विकसित करना संभव है, बशर्ते हम एक संतुलित राह पर चलें और अपने नागरिकों को ज़िंदगी भर बदलाव के लाभ उपलब्ध करवा सकें। केवल सांख्यिकीय सारणियों में ही नहीं, बल्कि वे अपनी और अन्यों की ज़िंदगियों में वास्तविक संदर्भों में सुधार आते देखें।
>
> **कार्रवाई**
>
> इसका अर्थ है कि परिकल्पना सरकारों से—वर्तमान और भावी—आगे निकल कर राष्ट्र का अंग बने। इसे संभव बनाने के लिए, अनेक कार्रवाइयों की ज़रूरत है। इन प्रयासों का एक महत्वपूर्ण तत्व विभिन्न अंतर्जात प्रौद्योगिकीय शक्तियों को विकसित करना है। आख़िरकार,

प्रौद्योगिकियां मानव अनुभव और ज्ञान का प्रस्फुटन हैं और इस तरह समर्थकारी वातावरणों में और अधिक रचनात्मक विकास में सक्षम हैं।

हम आज कहां है ?

इस बात पर नज़र डालना आवश्यक है कि सकल घरेलू उत्पाद के संदर्भ में हम विश्व में कहां खड़े हैं। ये नवीनतम (2014 के) आंकड़े हैं।

सारणी 151
2014 में शीर्ष देशों का सकल घरेलू उत्पाद (अरब अमेरिकी डॉलर में)

1. यूएसए	17528
2. चीन	10028
3. जापान	4846
4. जर्मनी	3876
5. फ्रांस	2886
6. यूके	2828
7. ब्राज़ील	2216
8. इटली	2171
9. रूस	2092
10. भारत	1996

स्रोत: Knoema.com

पाठक सोच सकते हैं कि जर्मनी, फ्रांस, यूके और इटली जैसे उन्नत देश भी सकल घरेलू उत्पाद सूची में चीन से पीछे क्यों हैं। हमें यह याद रखना चाहिए कि सकल घरेलू उत्पाद किसी देश के सभी नागरिकों द्वारा किए उत्पादन का कुल योग होता है। एक उन्नत देश में, यद्यपि लोगों की उत्पादकता बहुत ज़्यादा होती है, लेकिन उन लोगों की संख्या जो उत्पादन करते हैं, विकासशील देश के लोगों से कम होती है। उदाहरण के लिए चीन की जनसंख्या यूएसए से लगभग चार चुणा और जापान से दस गुणा ज़्यादा है। यह जनसांख्यिकीय लाभ है जिसका चीन ने बख़ूबी इस्तेमाल किया है। भारत को भी वही जनसांख्यिकीय

लाभ प्राप्त है, मगर हमने अपने कार्यबल को पर्याप्त दक्ष और विकसित नहीं किया है और स्थानीय उद्योगों को विकसित करने में भी हम नाकाम रहे हैं—इसीलिए हम दसवें स्थान पर पिछड़े हुए हैं।

केवल सकल घरेलू उत्पाद आंकड़ों को देखने की बजाए हमें प्रति व्यक्ति सकल घरेलू उत्पाद को भी देखना चाहिए। यह एक संकेतक है कि किसी देश ने उच्च मूल्य की चीज़ें उत्पन्न करने के संदर्भ में अपने नागरिकों को कितना सशक्त किया है, किसी देश का एक नागरिक कितनी पूंजी उत्पन्न करता है—जो बेशक काम करने के माहौल पर, व्यक्ति को प्राप्त प्रौद्योगिकियों, उसके ज्ञान और दक्षताओं आदि पर निर्भर करता है। (उदाहरण के लिए, ट्रैक्टर और अच्छे सिंचाई के साधनों से लैस एक किसान सूखी ज़मीन पर हल और बैलों की मदद से काम करने वाले किसान की तुलना में स्वाभाविक रूप से ज़्यादा पूंजी उत्पन्न करेगा।) प्रति व्यक्ति सकल घरेलू उत्पाद आधार ही इस बात के असली संकेतक हैं कि भारत अपने नागरिकों को सशक्त करने में कितना समर्थ रहा है। नवीनतम (2014 के) आंकड़ों के अनुसार ये विश्व के कुछ श्रेणीक्रम हैं।

सारणी 152
2014 में प्रति व्यक्ति सकल घरेलू उत्पाद श्रेणीक्रम
(अमेरिकी डॉलर में आकलित)

श्रेणी	देश
1	लक्ज़ेमबर्ग
2	नॉर्वे
5	स्विट्ज़रलैंड
6	ऑस्ट्रेलिया
9	सिंगापुर
10	यूएसए
18	जर्मनी
19	फ़्रांस
21	यूके
23	जापान

26	इटली
28	दक्षिण कोरिया
61	ब्राज़ील
66	मलेशिया
83	चीन
122	श्रीलंका
140	भारत

स्रोत: Knoema.com

यह वर्गीकरण इस बात को एकदम स्पष्ट करता है कि चीन, मलेशिया या ब्राज़ील तक से आगे निकलने के लिए हमें कितनी प्रगति करनी होगी। हम देश के प्रति व्यक्ति सकल घरेलू उत्पाद को कैसे बढ़ाएं? जवाब सीधा-सरल है। हमें और ज़्यादा उत्पन्न करना होगा, कार्यबल के अंग के रूप में अपनी और ज़्यादा जनसंख्या को लगाना होगा, और इस तरह जनसंख्या के प्रत्येक सदस्य के लिए और अधिक संपत्ति उत्पन्न करनी होगी। यह याद रखना महत्वपूर्ण है कि हमारे विशाल आयात हमारे सकल घरेलू उत्पाद के अंग के रूप में नहीं गिने जाते हैं, जबकि निर्यात गिने जाते हैं। हमें आयात कम और निर्यात ज़्यादा करना होगा।

इसे संभव बनाने के लिए हमें निर्णयात्मक नेतृत्व चाहिए जो भारत को तीव्र विकास के मार्ग पर लाने, दो दशकों में, वर्ष 2035 तक, सकल घरेलू उत्पाद के संदर्भ में यूएसए और चीन के बाद तीसरे स्थान पर, और प्रति व्यक्ति सकल घरेलू उत्पाद के संदर्भ में शीर्ष 50 की सूची में पहुंचने के साझा मिशन में देश को संगठित कर सके। वहां से आगे जाने के लिए हम वर्ष 2050 तक उच्चतर श्रेणी पर पहुंचने की महत्वाकांक्षा कर सकते हैं। लेकिन यह आसानी से नहीं होगा। हमें अपने मतभेद भुलाने और एक ऐसे नेतृत्व के तहत इस साझा मिशन पर कड़ी मेहनत करनी होगी जो वाक़ई देश की प्रगति के प्रति प्रतिबद्ध हो।

लक्ष्य

अब हम उन लक्ष्यों को भी इंगित करना चाहेंगे जिन पर हमारे विचार में वर्ष 2020 और उससे आगे देखते हुए भारत को ध्यान केंद्रित करना चाहिए।

लक्ष्य 1

भारत के आर्थिक विकास की दर को 2016-17 से दो अंकों में बढ़ाया जाना होगा। लक्ष्य 2022 तक सकल घरेलू उत्पाद के संदर्भ में विश्व में यूएसए और चीन के बाद तीसरे स्थान पर पहुंचना होना चाहिए। संयोग से 2022 में भारत को स्वतंत्रता प्राप्त किए पचहत्तर वर्ष हो जाएंगे; 15 अगस्त को प्रधानमंत्री को लाल क़िले से गर्व से इस उपलब्धि की घोषणा करने में समर्थ होना चाहिए।

यह बहुत मुश्किल लक्ष्य नहीं है, हालांकि यह आसान भी नहीं है। लेकिन अगर हम इसे हासिल कर सकें तो हम एक रूपांतरित भारत को देखेंगे। अनेक भारतीय जो अभी ग़रीब हैं आर्थिक रूप से ऊपर उठ जाएंगे, और युवाओं का एक बड़ा प्रतिशत आधुनिक आर्थिक एवं सामाजिक दक्षताओं में दक्ष होगा। प्रत्येक आयुवर्ग में क़रीब दो करोड़ लोगों के साथ वे एक विशाल वैश्विक कार्यबल का हिस्सा बनेंगे। भारत में अनेक वैश्विक स्तर के व्यापारिक उद्यम होंगे। लगभग 1000 नई कंपनियों के साथ कम से कम दस नए विशाल व्यापार भारत में उभरेंगे। भारत के वैज्ञानिक और प्रौद्योगिकीय आविष्कार घरेलू और वैश्विक आवश्यकताओं के लिए प्रासंगिक होंगे। भारत में कार्यरत कुछ वैज्ञानिकों के नामों पर नोबेल पुरस्कार सदृश प्रतिष्ठित पुरस्कार प्रदान करने के लिए विचार किया जाएगा। साथ ही, जैसे-जैसे हमारी अर्थव्यवस्था विशाल होगी और विभिन्न पृष्ठभूमियों के अनेक युवा इन क्षेत्रों में क़दम रखेंगे, वैसे-वैसे अनेक देशों में भारतीय कला, संस्कृति, मीडिया और मनोरंजन की मांग होगी। इसी तरह, भारतीय खिलाड़ी ओलंपिक खेलों जैसी अंतरराष्ट्रीय प्रतिस्पर्धाओं में प्रभावी बल बन जाएंगे।

लेकिन इस सारी प्रगति के बावजूद, भारत प्रति व्यक्ति सकल घरेलू उत्पाद के संदर्भ में विश्व में बहुत ऊंचा स्थान नहीं पा सकेगा; हम अस्सीवें स्थान के आसपास ही मंडराते रह सकते हैं।

लक्ष्य 2

2030 तक, या संभव हो तो पहले, भरत को प्रति व्यक्ति घरेलू उत्पाद के संदर्भ में विश्व के शीर्ष पचास में स्थान पाने का, और 2040 तक पच्चीसवें स्थान पर पहुंचने का लक्ष्य रखना चाहिए। इन स्तरों तक पहुंचने के लिए, केवल आर्थिक विकास पर फ़ोकस करना पर्याप्त नहीं है; सामाजिक क्षेत्रों में अनेक भिन्न प्रकार

के क़दम उठाना और भारत में विकसित उत्पाद बनाना हमारे वहां पहुंचने की दिशा में अहम क़दम होंगे।

लक्ष्य 1 और लक्ष्य 2 बारीकी से जुड़े हैं। ऐसा नहीं है कि हम पहले लक्ष्य 1 के कार्यों पर फ़ोकस करें और उन्हें पूरा करें और फिर लक्ष्य 2 के कार्यों पर काम शुरू करें। दोनों कार्यों पर एक साथ काम करना होगा; वास्तव में, लक्ष्य 1 तार्किक रूप से लक्ष्य 2 पर ले जाता है।

उदाहरण के लिए, लक्ष्य 1 के लिए, शिक्षा क्षेत्र में युवाओं के लिए लक्ष्य होने चाहिए:

40 प्रतिशत उच्चतर शैक्षिक योग्यताएं प्राप्त करें

20 प्रतिशत 10+2 शिक्षा स्तर के बाद अत्यंत उच्च दक्षता प्राप्त हों

40 प्रतिशत समुचित रूप से दक्ष और शिक्षित हों

पहले दो खंडों में प्रतिशत बढ़ने के साथ ही तीसरे खंड में प्रतिशत कम होगा। ज़ाहिर है, केवल सकल नामांकन अनुपातों (जीईआर) के पीछे न भागकर इन लक्ष्यों को बहुत सावधानी से योजनाबद्ध करना होगा। सिर्फ़ गुणवत्ता नहीं बल्कि शिक्षा और दक्षता की विविधता भारत को रूपांतरित करेगी।

शिक्षा के अतिरिक्त, प्रति व्यक्ति सकल घरेलू उत्पाद को दिमाग़ में रखते हुए औद्योगिक क्षेत्र, खपत के मापदंड, स्वास्थ्य सेवाएं आदि को निरंतर पुनरानुकूल करते रहना होगा। जब प्रत्येक भारतीय आर्थिक रूप से ऊपर उठ जाएगा, केवल तभी भारत का प्रति व्यक्ति सकल घरेलू उत्पाद विश्व श्रेणीक्रम में ऊपर आएगा। यह याद रखना भी महत्वपूर्ण है कि वर्तमान में वरिष्ठ नागरिक (साठ वर्ष की आयु से ऊपर) भारतीय जनसंख्या का लगभग सात या आठ प्रतिशत बनाते हैं। जब बेहतर पोषण, स्वास्थ्य सेवाएं और स्वास्थ्य के प्रति जागरूकता जनसंख्या के बड़े हिस्सों तक पहुंचेंगे तो 2030 तक ये आंकड़ा बढ़कर 15 प्रतिशत हो सकता है। प्रति व्यक्ति सकल घरेलू उत्पाद की गणना करते समय इसे भी ध्यान में रखना होगा।

लक्ष्य 3

लक्ष्य 1 और 2 से नज़दीकी से जुड़ा हुआ तीसरा लक्ष्य है: 2020 तक भारत को आतंकवाद से मुक्त बनाना। आम भावना यह है कि आतंकवादी हमलों के लिए—चाहे वे बाहरी हों या आंतरिक—भारत एक आसान लक्ष्य है। इसे बदलना

होगा। भारत को अगर वास्तविक आर्थिक एवं सामाजिक विकास प्राप्त करना है तो आतंकवाद के प्रति शून्य सहिष्णुता, जिससे आतंकवाद की शून्य घटनाएं होंगी, ही एकमात्र रास्ता है। आतंकवाद समाज को विखंडित करता है और राष्ट्रीय आत्मविश्वास को क्षति पहुंचाता है; यह एक ऐसी बाधा है जिसे हमें अपने रास्ते से हटाना होगा। वास्तविकता यह है कि जैसे-जैसे भारत आर्थिक रूप से विकास करेगा, वैसे-वैसे यह और अधिक आतंकवादी कार्रवाइयों का लक्ष्य बन जाएगा, जैसा कि समृद्ध राष्ट्र होते हैं। आगामी दशक हमारे पड़ोसी देशों के लिए ज़बर्दस्त उथल-पुथल का और मध्यपूर्व में गंभीर सांप्रदायिक संघर्षों का भी रहेगा, इन सबके प्रभाव भारत में भी दिख सकते हैं। भारत के कुछ हिस्सों में माओवादी संघर्ष भी गहन हो सकते हैं। इन ख़तरों के सामने देश को दृढ़ और एकजुट रहना होगा, और आतंकवाद को जड़ से मिटाने के लिए निर्णायक कार्रवाई करनी होगी। भारत के आगे बढ़ने के लिए यह महत्वपूर्ण है।

आतंकवाद के साथ ही, हमें एक और प्रवृत्ति से शीघ्रातिशीघ्र निबटना होगा जो भारत की आधी आबादी के लिए भयसूचक है, और वह है महिलाओं के ख़िलाफ़ जुर्म। अगर हम तेज़ी से आर्थिक और सामाजिक प्रगति करता एक सुरक्षित और न्यायसंगत राष्ट्र बनना चाहते हैं तो हमें इस ख़तरे को पूरी तरह से मिटाना होगा।

लक्ष्य 4

ऊपर दिए गए तीनों गोल हमें चौथे गोल की ओर ले जाते हैं जो कि सबसे ज़्यादा महत्वपूर्ण है: समरसतापूर्ण भारत का।

भारत की ख़ूबसूरती केवल इसकी जैव विविधता में नहीं है। यहां और भी अनेक विविधताएं हैं—धार्मिक, भाषाई, पारंपरिक, खानपान की, संगीत की, लोकसंगीत की, यहां तक कि मानवशास्त्र की भी। भारत को अनूठा संभवतः इसकी विविधता ही बनाती है।

यद्यपि वैश्वीकरण और बाज़ार की ताक़तें कभी-कभी इस विविधता को ख़तरे में डाल सकती हैं, मगर आधुनिक संचार पद्धतियां और प्रौद्योगिकीय विकास विभिन्न संस्कृतियों को संरक्षित और संवर्धित करने में मददगार भी हो सकते हैं।

अक्सर राजनीति से प्रेरित होकर कुछ बल समाज के भीतर विभाजन पैदा करने के लिए इस विविधता का शोषण करने का प्रयास करके भारत की इस ताक़त को ही इसकी कमज़ोरी बनाने की कोशिश करते हैं।

हममें से प्रत्येक को एक समरसतापूर्ण भारत बनाने के लिए पूरी वचनबद्धता के साथ काम करना होगा। हमारी लंबी ऐतिहासिक, सभ्यतागत और सांस्कृतिक परंपराएं दर्शाती हैं कि हमारी विविधताओं के भीतर भी पूर्ण समरसता संभव है। भविष्य के लिए एक महान राष्ट्र के निर्माण में आगे बढ़ने का केवल यही एक रास्ता है। 2020 तक इस समरसता को हासिल करना हमें अपना मिशन बनाना होगा।

सबके लिए कार्य

हम सबको इन लक्ष्यों को प्राप्त करने में भूमिका निभानी है। लेकिन हम नेतृत्व की भूमिकाओं को सूचीबद्ध करना चाहेंगे जो कुछ ख़ास लोगों को निभानी हैं।

पंचायती नेता

हम ज़मीनी स्तर से शुरू करेंगे। देश के एकदम प्रारंभ से निर्माण में पंचायती नेताओं को बहुत योगदान करना है। सबसे पहले तो उन्हें अपनी राज्य सरकार से मांग करनी चाहिए कि पचास या लगभग इतने ही नेटवर्क्ड गांवों के झुंड पर फ़ोकस करते हुए उनके गांवों के आसपास पुरा वातावरण निर्मित किया जाए। उनका लक्ष्य होना चाहिए:

(अ) भौतिक संपर्क

(ब) इलेक्ट्रॉनिक (ब्रॉडबैंड) संपर्क

(स) ज्ञान संपर्क एवं

(द) बाज़ार संपर्क

पंचायती नेता जिन अन्य परियोजनाओं को लक्षित कर सकते हैं, वे हैं अपने स्थान के जलस्रोतों का रखरखाव करना और बढ़ाना, और सिंचाई के लिए नहरों एवं ड्रिप सिंचाई सुविधाओं की मांग करना।

विधायक

स्थानीय विधायक अपने निर्वाचन क्षेत्र की समृद्धि पर ध्यान केंद्रित कर सकते हैं। उन्हें रोज़गार प्रदाता उद्योगों और दक्षता प्रदान करने वाले केंद्रों को लाने का लक्ष्य रखना चाहिए। इसके अलावा वे अपने क्षेत्र में चल डायग्नोस्टिक क्लीनिक लाने के लिए काम कर सकते हैं।

सांसद

सांसदों के पास काम करने के लिए कहीं ज़्यादा बड़ा क्षेत्र होता है। उन्हें अपने निर्वाचन क्षेत्र में मंज़ूर की गई परियोजनाओं में तेज़ी लाने और पंचायतों द्वारा मांगी जाने वाली पुरा परियोजनाओं में मदद करने के लिए ज़िला प्रशासन के साथ काम करना होगा। सरकारी योजनाओं को निर्वाचन क्षेत्र के आर्थिक विकास और लोगों के कल्याण के लिए प्रवृत्त करने में मदद करने में भी उन्हें महत्वपूर्ण भूमिका निभानी होगी। वास्तव में, प्रत्येक सांसद अपने निर्वाचनक्षेत्र के सकल घरेलू उत्पाद का आकलन कर सकता है और उसे बढ़ाने की दिशा में काम कर सकता है।

ज़िला स्तरीय प्रशासनिक अधिकारी

उनका मिशन यथासंभव सर्वश्रेष्ठ प्रशासन प्रदान करने की कोशिश करना है। वे प्रशासन निर्देशिका विकसित कर सकते हैं और उसे बेहतर बनाने का प्रयास करते रह सकते हैं।

राज्य मंत्री

उनका लक्ष्य अपने राज्य का सकल घरेलू उत्पाद 10 से 15 प्रतिशत बढ़ाना और राज्य के प्रति व्यक्ति सकल घरेलू उत्पाद पर नज़र रखना होना चाहिए।

केंद्रीय मंत्री

उन्हें उन चारों लक्ष्यों पर काम करना होगा जिनका हमने ऊपर ज़िक्र किया है, और उन्हें सारे भारत पर नज़र रखनी होगी। उन्हें ऐसी गतिविधियों में मदद करनी होगी जो तेज़ी पकड़ने में धीमी हों, और विशेष रूप से उनका प्रोत्साहन बढ़ाना चाहिए जो अच्छा कर रहे हों। उन्हें सर्वश्रेष्ठ कार्य प्रदर्शनों पर प्रोत्साहन देना चाहिए, और अन्यों के लिए सर्वश्रेष्ठ कार्य दर्शाने चाहिए। स्वयं में और देश में भारतीयों के विश्वास को मज़बूत करना उनका दायित्व है।

राज्यों और केंद्र में विपक्ष

उनकी भूमिका यह सुनिश्चित करना है कि सरकार विकास के वेग को शिथिल न करे।

नियामक/पर्यवेक्षक निकाय

वे सरकारी क्रियाकलापों पर निगरानी रखकर एक महत्वपूर्ण भूमिका निभाते हैं। उन्हें लक्ष्य 1 और 2 को ध्यान में रखते हुए ऐसा करना होगा। नियामक निकायों के लिए किसी भी कार्यक्रम में शुरू से शामिल होना और समय-समय पर संबंधित अधिकारियों को सूचित करते रहना आवश्यक है कि क्या काम सही हो रहा है और कहां ग़लती हो रही हो सकती है।

न्यायपालिका

न्यायिक प्रणाली को अहम भूमिका निभानी है विशेषकर लक्ष्य 3 एवं 4 के संदर्भ में। न्यायपालिका को आज के भारतीयों के सपनों और महत्वाकांक्षाओं के साथ तालमेल रखते हुए भारत की अर्थव्यवस्था को संबल देने के लिए अपना सर्वश्रेष्ठ प्रदर्शन करना चाहिए।

मीडिया

मीडिया सभी रूपों में भारत को जीवंत रूप से प्रजातांत्रिक रखने में मदद करता है। यह मीडिया का दायित्व है कि किसी भी ग़लत काम के ख़िलाफ़ लगातार निगरानी रखे; लेकिन जब रिपोर्ट करने के लिए कोई अच्छी बात हो तो इसे सकारात्मक संदेश भी फैलाना चाहिए।

कॉरपोरेट क्षेत्र

हमारे कॉरपोरेट अर्थव्यवस्था के चालक हैं। उन्हें न केवल घरेलू एवं वैश्विक बाज़ारों में लाभदायक और प्रतिस्पर्धात्मक होना होगा, बल्कि उनके पास सशक्त अंतर्जात प्रौद्योगिकीय शक्तियां भी होनी होंगी। भारतीय उद्योगों (छोटे से मंझोले आकार के उद्यमों समेत) को भारत में डिज़ाइन किए, भारत में खोजे, भारत में निर्मित उत्पादों और सेवाओं को सारे विश्व में पहुंचाने का लक्ष्य रखना चाहिए।

शैक्षिक एवं विज्ञान एवं प्रौद्योगिकी संस्थान

हालांकि अभी कुछ साल भारत एक अनुगामी अर्थव्यवस्था रहेगा, लेकिन 2022 तक सकल घरेलू उत्पाद के संदर्भ में विश्व में तीसरा स्थान पाने के लिए इसे मौलिक सोच और नए विचारों की आवश्यकता होगी। इन्हें हमारे शैक्षिक और वैज्ञानिक संस्थानों से आना होगा। इन्हें सामने मौजूद कार्य के अनुसार तेज़ी से बदलना और अनुकूल बनना होगा और ख़ुद को लक्ष्य 1 एवं 2 के अनुरूप लाना होगा।

विद्यार्थी एवं युवा

सारे युवाओं को किसी न किसी रूप में विद्यार्थी बनना चाहिए। उनका लक्ष्य स्वयं को भविष्य के भारत के लिए तैयार करना होना चाहिए, जो कि अगर इस पुस्तक में हमारे द्वारा चर्चा किए गए बहुत से विचारों को अपनाया जाए तो बहुत शीघ्र सामने आ जाएगा। अगर युवा दक्ष होंगे, अगर वे अनुशासित होंगे, अगर वे रचनात्मक होंगे, अगर वे स्वस्थ और शारीरिक रूप से चुस्त होंगे तो भारत इन चारों लक्ष्यों को प्राप्त कर लेगा जिन्हें हमने सूचीबद्ध किया है।

युवाओं के लिए मंत्र होना चाहिए
ठीक से सीखो
अनेक दक्षताएं सीखो
सीखना जारी रखो
सीखना सीखो।

हमारे सारे युवाओं के लिए, लड़कियों समेत, यह बहुत महत्वपूर्ण है कि वे कार्यबल में सम्मिलित हों और राष्ट्र की उत्पादकता में योगदान करें।

किसान

उन्हें एक महान भविष्य का निर्माण करना है। उन्हें ग़रीबी के विचार को त्यागना, रिआयतें मांगना बंद करना, और इसके बजाए नियंत्रणों की प्रचुरता से मुक्ति मांगना सीखना चाहिए। उन्हें कृषि क्षेत्र में प्रौद्योगिकियों के आधुनिकीकरण और संपत्ति सृजन की मांग करनी चाहिए।

राय निर्माता, कार्यकर्ता एवं बुद्धिजीवी

ये प्रमुख प्रभावोत्पादक अक्सर महसूस करते हैं कि उनकी आवाज़ सुनी नहीं जा रही है। लेकिन यह सुनिश्चित करना उनका दायित्व है कि देश अगले दो दशकों में स्वयं को बदलने की दिशा में सही क़दम उठाए।

वरिष्ठ नागरिक

उनकी संख्या बहुत अधिक है, कुल मिलाकर लगभग दस करोड़, जो कि अनेक देशों की जनसंख्या से ज़्यादा है। उनमें से अनेक शिक्षित और दक्ष हैं; उन्हें उस बेहतर भारत के निर्माण के लिए जो वे स्वयं नहीं देख सके, युवाओं की मदद और उनका मार्गदर्शन करने में संलग्न होना चाहिए।

डॉक्टर एवं अन्य स्वास्थ्यकर्मी

सभी भारतीयों तक उत्तम एवं वहनीय स्वास्थ्य सेवाएं पहुंचाने में उनकी महत्वपूर्ण भूमिका है। प्रत्येक को यथासंभव उत्कृष्ट तरीक़े से मदद करने का अपना रास्ता तलाशना होगा।

महत्वपूर्ण बात यह याद रखना है कि जब हम 2020 के बाद एक भारत के निर्माण के बारे में सोचते हैं तो प्रत्येक भारतीय को, हममें से प्रत्येक को, एक भूमिका निभानी होगी।

इक्कीसवीं सदी भारत की होगी बशर्ते हम स्वयं को बेहतर बनाने और भारत को अपने सपनों के देश में बदलने की एक सतत प्रतिबद्धता और कोशिश के साथ कड़ी मेहनत करें।

क्या हम ऐसा कर सकते हैं? जैसा कि भिक्षु समर्पण कहते हैं, 'आप उससे कहीं अधिक हैं जितना आप सोचते हैं कि आप हैं, और आप उससे कहीं अधिक प्राप्त कर सकते हैं जितना आप अभी प्राप्त कर रहे हैं।'[1]

जी हां, हम यह कर सकते हैं!

मिशन

राष्ट्र के लिए यह हमारी चार-बिंदु की कार्य योजना है :

1. देश के शहरी क्षेत्रों और 600,000 गांवों में, और सिंचाई के लिए पर्याप्त जल उपलब्ध करवाना। यह सूखे के दौरान पानी की उपलब्धता और बाढ़ों के दौरान जल भंडारण और वितरण को सुनिश्चित करते हुए एक चुस्त राष्ट्रीय जलमार्ग जाल बनाने के द्वारा ही संभव है।
2. प्रत्येक परिवार के लिए, विशेषकर मध्यवर्ग और ग़रीबी रेखा से नीचे मौजूद लोगों के लिए अर्जन क्षमता का निर्माण करना। ये देश के 20 करोड़ परिवारों में से लगभग 15 करोड़ परिवार होंगे। यह 7000 समूहों में भौतिक, इलेक्ट्रॉनिक, ज्ञान और अंततः आर्थिक संपर्क स्थापित करने से ही संभव होगा।
3. भारत के 60 करोड़ युवाओं के लिए रोज़गार संभावनाएं उत्पन्न करके राष्ट्र की स्थिर आर्थिक समृद्धि प्राप्त करने की दिशा में काम करना।
4. भारत के महान नागरिकों को विकसित करना—इसका अर्थ है कि प्रत्येक नागरिक के पास न केवल अर्जन क्षमता या ज्ञान प्राप्ति की क्षमता हो, बल्कि वे उच्च मूल्यों से युक्त अच्छे इंसान भी बनें। ''जहां हृदय में नैतिकता होती है, वहां चरित्र में सौंदर्य होता है।'' यह नैतिकता घर पर माता-पिता और प्रथम शिक्षकों की शिक्षाओं के साथ शुरू होती है।

आभार

इस विशेष पुस्तक के प्रोजेक्ट को स्वीकार करने के लिए हम पेंगुइन बुक्स इंडिया के आभारी हैं। पेंगुइन के उदयन मित्रा की असाधारण संपादकीय सहायता के लिए हम औपचारिक रूप से अपनी हार्दिक कृतज्ञता और आभार व्यक्त करना चाहते हैं।

वाई. एस. राजन इसमें जोड़ना चाहते हैं:

इसरो के अध्यक्ष, डीओएस के सचिव, एवं अंतरिक्ष आयोग के अध्यक्ष डॉ. के. राधाकृष्णन का मैं अत्यंत कृतज्ञ हूं कि उन्होंने मुझे राष्ट्रीय एवं अंतरराष्ट्रीय महत्व के सामाजिक, आर्थिक, तकनीकी और व्यापारिक मुद्दों पर अपना अध्ययन और शोध जारी रखने के लिए सुविधाएं एवं वातावरण उपलब्ध करवाया। लगभग चार वर्ष से इन मुद्दों पर नियमित मासिक स्तंभ लिखने का अवसर देने के लिए *किसान वर्ल्ड* के संस्थापक संपादक डॉ. एन. महालिंगम का भी मैं आभारी हूं; इसने मेरे विचारों को धार दी है। अपने सुपुत्र डॉ. विक्रम राजन को मैं विशेष रूप से धन्यवाद दूंगा जो भारत और विश्व के सामने मौजूद अनेक दार्शनिक एवं व्यावहारिक मुद्दों पर आलोचना करते और मुझे परामर्श देते हुए एक बौद्धिक साथी रहे हैं। डीएसटी/टीआईएफ़एसी में परामर्शदाता एस. विश्वास, एवं उनके सहकर्मियों को विशेष धन्यवाद, जिनकी रसायन एवं जैव-उत्पादों पर रिपोर्ट अत्यंत उपयोगी

रही हैं। अपनी पत्नी गोमा, हमारे पहले पुत्र विजय, मेरी पुत्रवधु महालक्ष्मी उर्फ़ अनु, और मेरे पोतों आदित्य और अश्विन को सस्नेह धन्यवाद जिनके प्रेम और स्नेह ने मुझे संबल प्रदान किया। कार्यालय के नियमित कार्यों को संभालने और मुझे अपने रचनात्मक कार्यों के लिए अधिक समय प्रदान करने के लिए मेरी निजी सचिव शैलजा कृष्णमूर्ति को धन्यवाद। इसरो मुख्यालय में लाइब्रेरी एवं डॉक्युमेंटेशन की प्रमुख श्रीमती आशालता लक्ष्मीनरसैया को भी धन्यवाद जिन्होंने सूचना की तलाशों में दक्षता से मुझे सहायता प्रदान की। अंत में मगर महत्वपूर्ण रूप से, मैं विकिपीडिया पर योगदानकर्ताओं सहित पेपर्स, लेखों, रिपोर्टों, समीक्षाओं और पुस्तकों के उन हज़ारों लेखकों का भी आभार व्यक्त करता हूं जो निरंतर मेरे ज्ञान को बढ़ाते एवं मेरी ग्रहणशक्ति को मज़बूत करते हैं।

टिप्पणियां

भूमिका

1. ए.पी.जे. अब्दुल कलाम एवं सृजन पाल सिंह, टार्गेट 3 बिलियन: पीयूआरए: इनोवेटिव सॉल्यूशंस टुवर्ड्स सस्टेनेबल डेवलपमेंट (नई दिल्ली: पेंगुइन बुक्स, 2011)

अध्याय-1 : 2014 में भारत

1. http:/www.indianbusiness.nic.in/industryinfrastructure/industrial%20sectors/food-process.htm. जब यूरोपीय यूनियन को एक मानकर देखा जाता है, तो भारत दुग्ध उत्पादन में विश्व में दूसरे स्थान पर रहता है।

अध्याय-2 : खोए अवसरों से सीखना

1. सुरभि अग्रवाल, 'व्हाई द चिप्स मे बी डाउन फ़ॉर इंडिया'ज़ फ़ैब यूनिट्स', *बिज़नेस स्टैंडर्ड,* 12 नवंबर 2013।
2. पूर्वोक्त।
3. स्रोत: *मॉडर्न मैन्युफ़ैक्चरिंग इन इंडिया,* मार्च 2013, पृ 20-21।
4. *स्टेज नॉन-मैन्युफ़ैक्चरिंग: गवर्नैंस एंड पॉलिसी स्लैक,* आइरिस नॉलिज फ़ाउंडेशन, मुंबई, फ़ोरम फ़ॉर ग्लोबल नॉलिज शेयरिंग के साथ, 2014।

5. पूर्वोक्त।
6. पूर्वोक्त, लेख, आराधना अग्रवाल।
7. *इंडियन एक्सप्रेस,* 26 अगस्त, 2013।
8. पूर्वोक्त।
9. अरविंद सुब्रह्मण्यम, 'अंडरस्टैंडिंग इवेन इन गुड टाइम्स', *बिज़नेस स्टैंडर्ड,* 22 मई, 2013।

अध्याय-3 : कृषि की मुक्ति

1. 'द इंडियन एग्रीकल्चर सैक्टर: इंवेस्टमेंट्स, ग्रोथ एंड प्रॉस्पेक्ट्स', जनवरी 2013, इंडियन ब्रांड इक्विटी फ़ाउंडेशन (आईबीईएफ़), www.ibef.org.
2. 'ग्लोबल रीव्यू ऑफ़ कमर्शियलाइज़्ड ट्रांसजेनिक क्रॉप्स', *करेंट साइंस,* खंड 84, अंक 3, 10 फ़रवरी, 2003।
3. 'जीएम क्रॉप्स: ए स्टोरी इन नंबर्स', *नेचर,* http://www.nature.com/news/specials/gmcrops/index.html.
4. मतीन क़ायम एवं शहज़ाद कौसर, 'जेनेटिकली मॉडिफ़ाइड क्रॉप्स एंड फ़ूड सिक्योरिटी', *प्लॉस वन,* 5 जून, 2013, http://www.plosone.com/article/info%3Adoi%2F10. 1371%2Fjournal.pone.0064879.
5. डेविड ज़िल्बरमैन, 'जेनिटिक एज', द *हिंदू बिज़नेस लाइन,* 26 मार्च 2014।
6. अशोक गुलाटी, 'अगेंस्ट द डोल मॉडल', *टाइम्स ऑफ़ इंडिया,* 24 अप्रैल 2014।

अध्याय-4 : निर्माण: विशाल संभावनाएं

1. 'इकोनॉमी ऑफ़ इंडिया', http://en.wikipedia.org/w/index.php?=606365315.
2. 'इंडियन मैन्युफ़ैक्चरिंग गोइंग ग्लोबल', आईबीईएफ़ रिपोर्ट, नवंबर 2013।
3. पूर्वोक्त।
4. वर्ल्ड बैंक कंट्री रिपोर्ट: इंडिया, 2008।

अध्याय-5: खनन: हमारे प्राकृतिक संसाधनों का मूल्य संवर्द्धन

1. विकिपीडिया से।
2. अर्न्स्ट एंड यंग रिपोर्ट ऑन माइनिंग, http://www.ey.com/in/indurstry/mining.
3. डीआर खुल्लर, मिनरल रिसोर्सेज़: इंडिया ए कॉम्प्रीहेंसिव ज्यॉग्रैफ़ी (कल्याणी पब्लिशर्स, 2006), विकिपीडिया पर उद्धृत।

अध्याय-6 : बुनियादी सुविधाएं: अर्थव्यवस्था की अस्थि-मज्जा

1. आईबीईएफ़ रिपोर्ट, मार्च 2014।
2. आईसीआरए रिसर्च सर्विसेज़, जून 2013, www.icra.in.
3. आईबीईएफ़, रेलवेज़, मार्च 2014।
4. आईबीईएफ़, मार्च 2014।

अध्याय-7 : जैव विविधता: वाणिज्य और संरक्षण में संतुलन

1. विकिपीडिया से।
2. इन्वायरनमेंट ऑडिट रिपोर्ट, 2010-12 का अंक 17, अध्याय 3।
3. पूर्वोक्त।

अध्याय-8 : जीवन की कैमिस्ट्री

1. 'स्टडी ऑन इंडियन कैमिकल्स इंडस्ट्री, टैक्नोलॉजी इंपरेटिव्ज़ एंड बिज़नेस अपॉर्च्युनिटीज़ फ़ॉर बेसिक कैमिकल्स', टीआईएफ़एसी-आईसीसी रिपोर्ट, जनवरी 2014, www.tifac.org.in.
2. जिस समय *इंडिया 2020* प्रकाशित हुई थी।
3. 'स्टडी ऑन इंडियन कैमिकल्स इंडस्ट्री, टैक्नोलॉजी इंपरेटिव्ज़ एंड बिज़नेस अपॉर्च्युनिटीज़ फ़ॉर नॉलिज कैमिकल्स', टीआईएफ़एसी-आईसीसी रिपोर्ट, 2014, www.tifac.org.in.
4. 'स्टडी ऑन इंडियन कैमिकल्स इंडस्ट्री, टैक्नोलॉजी इंपरेटिव्ज़ एंड बिज़नेस अपॉर्च्युनिटीज़ फ़ॉर स्पेश्यल्टी कैमिकल्स', टीआईएफ़एसी-आईसीसी रिपोर्ट, 2014, www.tifac.org.in.
5. जब 2000-01 में डॉ. कलाम भारत सरकार के प्रमुख वैज्ञानिक सलाहकार (पीएसए) और वाईएस राजन वैज्ञानिक सचिव थे तो हमारे पहले कार्यों में से एक था कार्यबल के माध्यम से हर्बल उत्पादों के लिए एक विस्तृत कार्य योजना तैयार करना। दुखद रूप से, तब से प्रगति मंद पड़ी हुई है।
6. पुनः द सैंटर ऑफ़ रैलेवेंस एंड एक्सेलेंस (सीओआरई), वह योजना जिसे पीएसए और टीआईएफ़एसी के अध्यक्ष के रूप में डॉ. कलाम ने विशेष रूप से आरंभ किया था, उनके और राजन के जाने के बाद धीमी पड़ गई। इस कार्य के लिए हम कम निवेश से बहुत सरलता से भारत के लगभग 200 कॉलेजों को परिवर्तित कर सकते हैं और प्रक्रिया के दौरान दक्ष मानव संसाधन का निर्माण कर सकते हैं।

अध्याय-9 : ज्ञान अर्थव्यवस्था का तंत्रिका नेटवर्क

1. आईबीईएफ़ रिपोर्ट ऑन टेलीकम्युनिकेशन, मार्च 2014, www.ibef.org.
2. इस डाटा को देखते हुए हमें याद रखना चाहिए कि ग्रामीण जनसंख्या शहरी जनसंख्या से लगभग दोगुनी ज़्यादा है।
3. *द हिंदू बिज़नेस लाइन,* 20 जून 2014।
4. 'टेलीकॉम: एनेब्लिंग ग्रोथ एंड सर्विंग मासेज़', डेलॉइट एंड सीआईआई, टेली टैक 2014, www.deloitte.com/in.

अध्याय-10 : अपशिष्ट से समृद्धि तक

1. अशोक कुमार दास, 'सॉलिड वेस्ट मैनेजमेंट इन इंडिया, करेंट सीनेरियो', दास इंडियन इंस्टीट्यूट ऑफ़ कैमिकल इंजीनियर्स के उपाध्यक्ष हैं और यह रिपोर्ट पॉवरपॉइंट प्रेजेंटेशन के रूप में है।
2. 'स्टडी ऑन इंडियन कैमिकल्स इंडस्ट्री, टैक्नोलॉजी इंपरेटिव्ज़ एंड बिज़नेस अपॉर्च्युनिटीज़ फ़ॉर बेसिक कैमिकल्स', टीआईएफ़एसी-आईसीसी रिपोर्ट, जनवरी 2014, में 'प्रोसेस इंटेंसीफ़िकेशन (पीआई) टैक्नोलॉजीज़: एमर्जिंग टूल फ़ॉर एफ़िशिएंट मैन्युफ़ैक्चरिंग, www.tifac.org.in.

अध्याय-11 : सबके लिए स्वास्थ्य

1. पुरुषों के लिए आयु 67.3 और महिलाओं के लिए 69.6 वर्ष थी, 2011-15 के लिए आंकड़े, स्वास्थ्य एवं परिवार कल्याण मंत्रालय, भारत सरकार।
2. संगठित कार्यबल में कुल भारतीयों का केवल छह प्रतिशत है जो रोज़गार में है।
3. *टाइम्स ऑफ़ इंडिया,* 29 जून 2014।

अध्याय-13 : सबके लिए शिक्षा

1. वाईएस राजन, *वे बियांड द थ्री आर्स: इंडिया 'ज़ एजुकेशन चैलेंज इन द ट्वेंटी-फ़र्स्ट सैंचुरी* (नई दिल्ली: पेंगुइन बुक्स, 2010)।

अध्याय-14 : उभरती प्रौद्योगिकियां: बराबरी करना और आगे निकलना

1. साइंस एंड टेक्नोलॉजी इन चाइना: ए रोड मैप टू 2050, मुख्य संपादक यौंगज़ियांग लू, चाइनीज़ अकेडेमी ऑफ़ साइंसेज़ (बीजिंग: साइंस प्रेस, एंड स्प्रिंगर, 2010)।

अध्याय-15 : क्या भारत ऐसा कर सकता है?

1. समर्पण, *तीया: ए पैरट्'स जर्नी होम* (नई दिल्ली: हार्परकॉलिन्स, 2009)।